简约语文的思与行

金立义 著

丛书顾问 周洪宇
丛书主编 刘大伟

南京教育文库

生活·实践教育系列成果

郭明达题

南京出版传媒集团
南京出版社

图书在版编目（CIP）数据

简约语文的思与行 / 金立义著. -- 南京 : 南京出版社, 2025. 1. -- (南京教育文库). -- ISBN 978-7-5533-5108-7

Ⅰ. G623.202

中国国家版本馆CIP数据核字第2025DX0690号

丛 书 名　南京教育文库
丛书顾问　周洪宇
丛书主编　刘大伟
书　　名　简约语文的思与行
作　　者　金立义　著
出版发行　南京出版传媒集团
　　　　　南 京 出 版 社
社　　址　南京市玄武区太平门街53号
邮　　编　210016
联系电话　025-83283873、83283864（营销）　025-83112257（编务）

策划统筹　朱天乐　王晓晨
责任编辑　王　雪
装帧设计　张　淼
责任印制　杨福彬

排　　版　南京新华丰制版有限公司
印　　刷　江苏凤凰通达印刷有限公司
开　　本　787 毫米 × 1092 毫米　1/16
印　　张　16.75
字　　数　238千
版　　次　2025年 1 月第 1 版
印　　次　2025年 1 月第 1 次印刷
书　　号　ISBN 978-7-5533-5108-7
定　　价　60.00元

总 序

不忘本来　吸收外来　面向未来

南京作为六朝古都，历史悠久，底蕴深厚，自古以来就是东南一带的政治、经济、文化中心。南北朝时期，宋文帝首开中国古代教育分科先河，在南京开设儒学馆、史学馆、文学馆和玄学馆，以分科的形式传经授道；梁代的五经博士以考试选拔人才，为隋唐科举制的实施奠定了基础。南京教育在明代更是达到了一个巅峰，不仅全国最高学府国子监设立于鸡鸣山下，且乡试、会试考场也设置于秦淮河畔的夫子庙，“天下文枢”也因此而闻名宇内。与官学相颉颃，私学在南京也有着悠久的传统，宋代的明道书院，明代的江干书院、新泉书院、崇正书院，清代的钟山书院、惜阴书院等，为学术思想的传承、学术流派的形成打下了扎实的基础。

民国以来，南京成为中西方教育思想汇聚的交融地，一大批本土教育家和海归教育家以南京为基点，加入了绘制中国近现代教育改革的蓝图大业中。张謇、沈恩孚、江谦、袁希涛、黄炎培、郭秉文、陶行知、陈鹤琴、邰爽秋、吴贻芳、俞子夷等一批学贯中西的教育家致力于南京教育的改革与发展，“生活教育”“活教育”等教育思想在南京萌芽、丰富与完善，铸就了传承至今的晓庄学院、鼓楼幼儿园等一批教育实践的典型代表。这些源于南京的教育思想与实践以中国基本国情为基础，对西方教育思想与实践进行了创造性转化与创新性发展，走出了一条独具中国特色的教育改革发展之路，一改民初

“仪型他国”的社会风气，也为随后很长一段时间的中国教育改革与发展指明了方向。如果说，北京是近现代中国思想变革的策源地，那么南京一定是近现代中国教育思想变革的策源地，也是中国式教育现代化的起源地。

“敢探未发明的新理，敢入未开化的边疆”，这是我对南京教育的一个直观看法。这既有陶行知、陈鹤琴等教育先辈们对我的影响，也有我与南京教育人交往后的感触。早在1982年，我因为编撰《陶行知全集》，就多次来到南京市晓庄师范学校、南京大学、南京图书馆查找资料，认识了一批南京教育界的朋友。近年来，由于工作的关系，我常常有机会参加南京的基础教育活动，也因此与南京教育界的各位人士结下了深厚的友谊，对新时代以来南京教育的高质量发展有了深厚的感悟。在学前教育普惠优质发展方面，南京普惠性幼儿园覆盖率达89%，优质园覆盖率达92%，率先全市域创成“江苏省学前教育改革发展示范区”；在义务教育优质均衡发展方面，南京义务教育优质资源覆盖率达98.6%，学校标准化率保持在100%，率先全市域通过“全国义务教育发展基本均衡县（市、区）”评估；在高中教育多样特色发展方面，南京整体规划和建设学术型、特色型、综合型普通高中，实施高中布局优化行动计划，全市达省定三星级以上的公办普通高中比例达95.5%；在特殊教育融合优质发展方面，南京建立了特殊教育工作联席会议制度，建立起从学前教育到高等教育全纳性的现代特殊教育体系，实现了全市所有街（镇）学前、义务教育阶段学校融合教育资源中心全覆盖。

南京教育能够取得如此优异的成绩，既有教育行政部门在方向上的正确指引，也有每一位普通南京教育人在岗位上的默默付出，因而我们既要关注教育宏观问题，也要关注微观上每一位教师、每一件事、每一个孩子。2022年1月，我的学生大伟从南京晓庄学院调任南京市教育科学研究所主持日常工作，我建议他既要在宏观上发挥市教科所作为教育智库的功用，也要关注到学校的内涵发展，更要关注到每一位教师的专业发展，因为教师的发展是学校发展的基础，只有教师发展好了，学校才能发展，而最终指向的必然是孩子的发展。因此我提议他能否整理出版一套“南京教育文库”，通过文库工作推动一批专家型教师梳理提炼教学主张、教育理念和学术思想，以时代为观照，立足南京教育实际，解决中国教育问题，推进南京教科研在知识创新、理论创新和方法创新上不断传承与发展。大伟很快邀请了南京一批名特优教师参与“南京教育文库”的编写工作，并规划了持续长达8—10年的发展计划，其中包括了写作指导、出版、评奖、宣传等全方位的保障体系建设。这一宏大体系建设还得到了顾明远先生的肯定与点赞，并欣然赐予墨宝“南京教育文库”六字。

“南京教育文库”的提出与推进，对于基础教育界具有非同寻常的意义，具体我认为有以下几点价值：

第一，独特性。毋庸置疑，每一个城市的教育发展都有独到之处和自身特点，但南京的教育发展与其他城市相比，其特点更加明显、风格更加独特。在江苏提出率先实现教育现代化的进程中，南京确立了“加快建设现代化教育强市、以高质量教育支撑高质量发展”这一战略目标，更加自觉地坚持教育优先发展、科学发展、创新发展。南京教育的主要发展指标已达到或超过OECD（经济合作与发展组织）发达国家和地区的平均水平，教育现代化水平连续六年获江苏省第一，在省对设区市政府履行教育职责考评中连续三年位居江苏省前列。可以说，南京教育在江苏省甚至全国都具有标杆性的独特作用。而如何将这种独特价值展现出来，“南京教育文库”的编撰正好起到了这一作用。这套丛书通过挖掘梳理南京教育的内涵，将南京教育的独特做法与经验理论化和系统化，既是对南京教育光辉历史过往的追溯与总结，也是对南京教育未来的期待与展望，更是可以成为中国教育改革与发展的地方样本。

第二，人本性。人的发展是教育的出发点和归宿，人的活动是教育的核心和关键，这是我近些年来提出的教育活动史的一个重要观点。教师是教育发展中的人，我们各级教育行政部门应该给予他们更多的关注与关心，特别对于一批具有典型性和代表性的教师，我们应该提供各种条件帮助他们总结、凝练、宣传、推广他们的教育理论与实践。就我所知，目前国内还尚未有类似的丛书出版。南京市教科所率全国之先，关注教育活动中的人，为教师的研究提供物质保障和学术指导，帮助他们在研究中发展，在实践中成熟，在推广中完善，可谓真正地将教师置于教育活动的中心地位，实现了以人为本的目的。

第三，开放性。对于这套丛书的设计与出版，我跟大伟提议，除了考虑名特优教师的教育思想总结与凝练外，还要在未来考虑对青年教师的支持，特别是要支持一批“学带”“优青”等具有基础的青年教师。南京教育近年来提出了如“宁教杰青”等一系列教师培育计划，我想我们的工作在未来还要吸收这样的教师参加“南京教育文库”的编写工作，加快对青年教师的培养速度。在学段上，我建议他要综合考虑各学段人员的配置，中学、小学、幼儿园各学段教师都要涉及，还要考虑在教师发展中心、教研室、教科所等单位工作的人员，更要考虑在学校管理岗位有丰富经验的教育管理者，这样就可以让我们这项工作更加开放、更加多元。

第四，持续性。南京教育的发展历史是一个整体，我们要做到不忘本来，吸收外来，面向未来，既要思考南京教育从哪里来，也要想好往哪里去，更要做好走向的持续性。因而对于这套丛书我还是有一个期待的，期待这套丛书能够持久地做下去，做成制度，做成系列，做成品牌，让更多的教师参与其中，享受到教育改革发展的红利，并在这项工作中得到发展、得到进步。我还希望将来“南京教育文库”能够借鉴“教育智库与教育治理 50 人圆桌论坛”的思路，形成一支队伍、一项制度、一套丛书、一个论坛、一个品牌的“五个一”发展思路，为南京教育的高质量发展注入持续不断的动力。当然，我也知道为了这套丛书的出版，大伟费尽了心思，他跟我说他要以陶行知办学的事迹为榜样，四处化缘筹措出版经费，找寻出版社确保进度，策划高级别平台宣传，以及筹划、参与各级各类评奖。我希望他能够保持这种工作激情的持续性，将这项工作一直做下去，实现陶公所说的“为一大事来，做一大事去”的理想目标。

合抱之木，生于毫末；九层之台，起于累土；千里之行，始于足下。“南京教育文库”的出版在不久的将来必然会成为中国教育界重要的一棵“合抱之木”、一座“九层之台”。我也衷心希望参与到文库编写工作的同志们千里之行，永不停歇！

是为序。

周洪宇

2022 年 11 月 22 日

于武昌东湖

（作序者系第十三届全国人大常委会委员、湖北省人大常委会副主任，中国教育学会副会长、中国教育发展战略学会副会长、长江教育研究院院长、华中师范大学国家教育治理研究院院长，博士生导师）

目　录

守望简约　轻盈行走

——访江苏省特级教师金立义

《小学语文教学》记者

记者：金校长，您好！非常感谢您接收本次专访。您是正高级教师，也是江苏省特级教师，这么多年一直扎根一线，潜心研究小学语文，对您提出的“简约语文”教学主张，我们很感兴趣，您是如何想到这一教学主张的？

金立义：我曾经读过这样一个故事：一位哲人把一个小孩、一位物理学家和一位数学家同时请到一个封闭的、黑暗的房间里。哲人吩咐他们：“请你们用最廉价又最能使自己快乐的方法，尽快把这房间装满东西。”物理学家马上伏在桌上开始画这个房间的结构图，然后埋头分析这个季节哪儿是光照最佳的方位，在哪堵墙哪个位置开扇窗最合适。而数学家连忙找来了卷尺丈量墙的长度与高度，之后伏案计算这间房间的面积，苦苦思索能用什么最廉价的东西恰到好处地把房间迅速填满。只有那个孩子不慌不忙，他找来一根蜡烛，从口袋中掏出火柴点亮它。昏暗的房间一下子明亮了。在物理学家和数学家还在皱眉设计种种方案的时候，小孩已经在屋里围着摇曳的烛光幸福地跳舞歌唱了。

多么睿智的孩子，他用了最简单、最廉价的方法，创造了丰盈的内容——烛光摇曳、满屋生辉、温馨浪漫、快乐无限。这方法无疑是最有效的、最佳的。

庄子言：“文灭质，博溺心。”老子说：“少则得，多则惑。”周国平先生也说：“在五光十色的现代世界中，让我们记住一个古老的真理，活得简单才能自由。”

读着这样的故事，咀嚼着名人的话语，我突然顿悟到语文教改的方向：语文教学真的应该除去浮华，追求简约，轻盈行走。

记者：那么，您正式提出“简约语文”这一教学主张大概是什么时候？

金立义：正式提出“简约语文”教学主张大概是2010年下半年。这一主张的提出其实是源于著名特级教师潘文彬校长对我一次公开课的指导。

2010年5月，我参加了江苏省特级教师后备培训班，我的导师是潘文彬校长。培训班每个学员都要上一次公开课，那次我执教的是《詹天佑》，试上下来自己并不满意。于是潘校长组织了几位名师帮我评课，修改，他非常独到地提出了本课的教学思路：“学习这课就是要带领学生研究——‘题目是詹天佑，但课文二、三两节为什么要写帝国主义的阻挠、要挟和嘲笑？’把这个问题研究好了，课文中蕴含着的课程价值就体现出来了。语文课，一定要抓住核心问题，要上得简约而不简单。”

“简约而不简单！”多么富有哲理的话语！道出了语文教学的真谛，也让我如梦初醒，“简约”对于我来说，是个多么熟悉的词语！一直在苦苦地找寻着自己的教学主张，今天真是踏破铁鞋无觅处，得来全不费工夫！“简约”在潘校长的牵手下，与我不期而遇！尔后正式成为我的语文教学主张。

记者：请问“简约语文”这一理念的具体内涵是什么？

金立义：简约语文是形简内约，重点突出为简，厚积薄发为约。简约不是简单，而是对丰富和博大的一种有效表达。简约语文的核心理念是坚守语文初心，回归语文本真，追求本色语文，抛弃奢华，轻盈行走，丰厚学生语文核心素养。

记者：“简约语文”理念下的课堂教学又具有哪些特点呢？

金立义：“简约语文”叩问了语文教学中三个本源问题——为什么教，教什么，怎么教；也回应了这三个问题：为什么教——理念简朴、目标简明，教什么——内容简要，怎么教——环节简化。

关于理念简朴，我想就是语文育人的问题。立德树人是教育的根本任务，语文课程应该充分发挥其独特的育人价值和奠基作用，从支持儿童成长出发，顺应儿童的个性需求，实现学科育人的目标，提升语文核心素养。

而目标简明是针对问题提出的，语文课目前存在的最大问题就是目标不明。一堂课教师什么都想要，结果什么也要不到。其实放弃也是一种智慧。“伤其十指，不如断其一指。”“千鸟在林，不如一鸟在手。”我们希望语文课堂教学目标要精简、单纯、集中。使用统编教材，要力争追求一课一得，尤其要让语文要素落地生花。

内容简要就是要做到围绕教学目标和语文要素，精准选择教学内容。选择的教学内容要和教学目标相呼应，最好能一一对应起来，这样教学目标就能实现了，而不是悬在空中的楼阁。当然，筛选简要的教学内容不是一件容易的事情，因为语文本体的教学内容都蕴藏在文本之中的，要跳出课文教语文，教师要有一双慧眼，精准解读文本，而不是凭经验在教学。好在统编教材解决了这一问题，希望老师们多琢磨文后助教助学系统的设计，就知道该教什么了。

至于环节简化，我希望语文教师要有整体性思维，结构化设计，学会架构板块教学。板块教学主线清楚，高效聚合，整体性强，缩短了烦琐、冗长的教学环节。教学流程简化了，课堂上能腾出更多的时间和空间，用来强化学生听说读写的训练，实现实践育人，增长学生能力，让言语和精神同构共生。

“简约语文”的教学目标、内容和环节应该是一脉相承的，具有一致性、连续性和整体性。教学目标起着统领作用，决定着选择什么样的教学内容，如何优化教学环节，而教学内容和环节都是为高效地达成教学目标服务的。教学目标、内容和环节只有一体化设计，才能实现教、学、评的一致性。

记者：那您及团队的老师在多年的教学实践中，又是如何落实“简约语文”教学主张的呢？

金立义："简约语文"是建立在教师对文本的深度解读、对学情的准确把握之上实施的。

首先有效备课是保障。

著名特级教师余映潮说:"如果说,新颖的教学创意是美妙的灵感火花,那么课文研读就是漫长的钻木取火的过程；如果说精彩的课堂教学是动人的音乐旋律，那么课文研读就是苦心孤诣的谱曲时光。""简约语文"实施的前提就是有效备课，没有有效备课，简约无从谈起。因为简约是触摸课文核心价值的一次深度认识，又是对课文教学价值作深入浅出的一种有效表达。

其次两次转身为关键。

语文教学要实现两次转身，一次是从"教课文"向"教语文"转身，就是把课文当作一个例子来教,凸显语文本体的内容,统编教材提出了"语文要素"这个概念，基本解决了第一次转身的问题。第二次转身是从"教语文"向"学语文"转身，语文教学须从儿童成长立场出发，倾力打造"让学"课堂，加强语文实践活动，把学习的方便和好处让给学生，师生互动，教学相长，使学生觉悟、聪慧，真正做学习的主人，真正让学习发生，让学生成长于课堂。

最后即时评价要到位。

教师在实施教学过程中，要注意聆听学生的发言，对学生的发言要作出即时性评价，评价要及时到位，简捷有效。在学生的疑难处点拨启迪，顺学而导，让学生能"自奋其力，自致其知"，经历从不会到会的过程，在经历中感悟、理解、迁移、运用，实现成长与提升。

记者：听您介绍了这么多，真是深刻地感受到简约并不简单。金特，您的简约语文研究大概经历了哪几个阶段?

金立义：简约语文的研究大概经历了三个阶段：第一个是酝酿阶段（2000–2010 年），这段时间里，我总觉得语文教学问题颇多：少、慢、差、费，教学效果不尽人意，自己也很困惑，很想突破，就是力不从心，找不到方向，其实是突破前的酝酿阶段。第二个是突破阶段（2011–2015年），这五年对于我来说，真的是破茧成蛹，化蛹为蝶。鲜明地提出了“简约语文”观，并践行了“简约语文”，初步理清了“简约语文”的内涵、特质，并提出了实施的路径。带领工作室团队的小伙伴们，围绕“简约语文”，解读教材，研磨课例，不断反思总结。我本人围绕“简约语文”写了十几篇文章，设计了十余篇教学设计。两次获得江苏省苏教版教材课堂教学竞赛一等奖，“江苏名师课堂”播出了我的“简约语文”教学主张和《詹天佑》课例，2013年《语文教学通讯》第六期介绍了我的“简约语文”，本人还成了封面人物，2013年11月，《小学简约语文的实践研究》获得了江苏省首届教学成果奖二等奖，还出版了个人专著《守望简约——我的小学语文教学观》。第三个是提升阶段（2016年–至今），2015年，我申报的“简约语文”南京市规划课题顺利结题，但我总觉得研究还不够深入，还有很多领域没有触及，于是我又翻篇归零，重新出发。2018年申报了江苏省规划课题《小学简约语文的创新教学实践研究》，并成功立项，经过四年多的研究，也顺利结题了。这次研究的领域宽了不少：识字、阅读、习作、评价同步开展；不同的课型、文体如何上得简约而高效；学生在课上如何学得更主动有效等。研究取得了一定的突破，有了一些新收获。“简约语文”获得了2019年南京市首届教科研创新奖二等奖，团队小伙伴们对外上了几十节公开课，多篇论文也陆续公开发表。

记者：听您介绍了这么多，真是深刻地感受到简约语文的魅力，在采访快要结束之际，金特，想请您给全国的青年语文教师留下几句鼓励的话语吧。

金立义：从教学问题出发，寻求解决的路径，且行且思，坚持不懈，你苦苦找寻的教学主张就会与你不约而遇。

记者：太好了，我代表全国的青年语文教师谢谢您，也感谢您接收我的采访。

（此文刊载于2021年第10期《小学语文教学》）

第一章　简约语文的基本要义

第一节　简约语文的研究背景

简约语文的产生，是适应时代变革的需要，是语文学习本质的回归。

一、实现立德树人之需

2022年版《语文课程标准》提出：教师应理解核心素养的内涵，全面把握语文教学的育人价值，突出文以载道、以文化人。把立德树人作为语文教学的根本任务，清晰、明确地体现教学目标的育人立意。

在众多学科中没有哪门学科像语文学科对学生的影响那么久远绵长，学科育人是新时代的要求。

核心素养是学生通过课程学习逐步形成的正确价值观、必备品格和关键能力，是课程育人价值的集中体现。义务教育语文课程培养的核心素养，是学生在积极的语文实践活动中积累、建构并在真实的语言运用情境中表现出来的，是文化自信和语言运用、思维能力、审美创造的整合体现。

新的课程标准明确了语文教育的目标是致力于学生核心素养的培养。文化自信、语言运用、思维能力和审美创造是语文教学的任务和目标。语文教学只有明确了目标，才能让课堂教学实现简约而高效，提升学生的语文核心素养，最终实现立德树人的任务。所以，语文教学无需折腾来折腾去，教师要心无旁骛，“咬定核心素养不放松”，坚守语文教学的初心不改。

二、彰显汉语特点之需

汉语，无论是口语还是书面语，无论是文言文还是现代文，都有简约之美。即言简而意赅，辞少而意丰，非常符合人类大脑的记忆特征。

汉语的简约性体现在用词上。作者用词讲究，精心锤炼，以少胜多，能用一个字表达得明白生动的，绝不用两个字，所以古文常见于短句。比如欧阳修写《醉翁亭记》，初说“滁州四面有山”，后改为“环滁皆山也”。虽是少一字，但是读起来更简洁、更有韵味。

汉语的简约性还表现在篇幅上。文言文大多短小精悍，少有长篇大论。苏洵总结六国灭亡的经验教训，写出的《六国论》也仅有六百多字。六朝时刘义庆的志人小说《世说新语》，语言成就极高，简约含蓄，隽永传神，深受后人的赞许与传阅。

汉语的简约之美产生出丰富、丰厚、丰腴的表达效果，也对汉语言的教学提出了诉求：语文教学应该遵循汉语言的特点，化繁就简，轻装上阵，大道至简，回归本质。

三、变革语文教学之需

静观当下语文教学课堂，发现四大问题，导致语文教学高耗低效。

1. 教学理念偏颇

当下语文课堂无视儿童存在的现象还是存在的，有些教师以权威的姿态凌驾课堂，儿童的声音被遮蔽，被忽视，造成了儿童主体地位的缺失。把儿童至于课堂的中央，让儿童成为课堂的首席，还停留在口头上，没有落实到具体的教学行为上。“简约语文”的核心理念就是聚焦学生的发展，精简教学内容，减少教师的问与讲，增加学生自主学习与探究，让教服务于学，追求教与学的日臻和谐，实施教学相长。

2. 教学目标模糊

目前语文课堂教学目标不明比较突出。具体表现在：

目标泛化——目标过多，不集中；目标越位、缺位——年段、课时、文体目标不清；目标错位——把课文内容的分析与感悟作为教学的终极目标，在人文内涵上深挖洞、广积粮，强化了人文性，弱化了工具性，虚化了语文要素。

3. 教学内容不当

很多老师混淆了“课文内容”与“教学内容”两个概念，把课文内容当作了教学内容的全部，于是教学仍然纠缠于课文内容的分析，嚼来嚼去，课文被弄得支离破碎，学生学得索然无味，收获甚微。“简约语文”强调解读文本要盯住语文要素，精选文本的核心教学内容，教学设计与开展指向语言文字运用能力的培养，做到教学内容简要不杂。

4. 教学环节繁琐

一些课堂教学目标不明，又过于追求圆满，为了呈现亮点，精心设计了一个个包袱，不断地抖露，导致环节烦琐，臃肿，挤占了学生实践的时空，教师成了课堂表演的主角，学生被冷落为旁观者，导致学生的成长成为空谈。

四、落实语文要素之需

统编教材创造性地提出了语文要素这一概念，3–6 年教材每个单元课文呈现的方式是双线组合，即语文要素和人文主题并行。语文要素主要表现为语文知识、习惯、方法和能力。语文要素对于教师来说就是教学目标，对于学生来说就是学习目标。语文要素的提出试图解决语文教学长期存在的一个症结：语文不知道为什么教和教什么。有了语文要素，至少教学的方向是明确的，目标是清晰的。如何让语文要素真正地落地生花，实现统编教材的价值，这是需要广大教师做出思考和回答的。

其实要真正落实语文要素，语文教师要有较强的文本解读能力，要有大胆取舍教材的勇气和能力，要紧扣语文要素，大刀阔斧，在教学内容上“瘦身”，在教学环节上“减肥”，实施简约而高效的课堂教学，让学生感知语文要素，理解语文要素，迁移语文要素，真正提升学生语言文字的运用能力。

第二节　简约语文的理论依据

一、认知理论

认知主义提出：学习就是面对当前的问题情境，在内心经过积极的组织，从而形成和发展认知结构的过程。学习的本质在于学习者大脑中的认知结构发生变化，而不是行为上的变化，强调学习是学习者利用原有认知结构对外部刺激信息主动选择、加工的过程。简而言之：学习就是认知结构的重组。

认知主义的代表者皮亚杰指出：认知结构是以图式、同化、顺应和平衡的形式表现出来的。布鲁纳认为：任何学科的内容都可以用更为经济、富有活力的简约方法表达出来，从而使学习者易于掌握。

基于认知主义的理论，我们认为语文教学就是要倡导教师化繁为简，顺应学生学习的规律和需求，寻找最有价值的教学内容，实施有效的信息刺激，便于学生选择、接受、储存、内化和迁移，让学生开展积极的语言实践活动，积累语言经验，体会语言文字的特点和运用规律，提升语言文字运用能力，同时，带动文化自信、思维发展和审美创造的提升。

二、人本主义

人本主义体现了学生的主动发展思想和主体发展地位，体现了以人为本的现代教育理念。它关注儿童学习的潜能及情感在学习中的作用，让儿童更好地感受自己，悦纳自己。

人本主义主张变传统教学关系中的“惟教”为“惟学”，变传统师生关系中的“惟师”为“惟生”，让学生真正成为学习的主体，让教师由知识的传授者、灌输者转变为学生发展的帮助者、促进者，让儿童以自己独特的学习方式学习，帮助和引导学生发掘自己的潜能，更好地发展自我。

美国课程专家拉尔夫泰勒说得好：“学习是通过学生的主动行为而发生的，学生的学习取决于他自己做了什么，而不是教师教了什么。”

简约语文的教学理念就是树立以人为本，彰显学生主体地位的，倡导从教课文向教语文转身，从教语文向学语文转身，以问题为驱动任务，构建有内在关联的板块式实践活动，探索学习任务群，让学生围绕学习任务，自主阅读，同伴分享，教师点拨，成为积极的实践者，成为课堂的真主人，助力学生幸福成长。

三、最近发展区理论

维果斯基提出了“最近发展区”理论，他认为学生的发展有两种水平：一种是学生的现有水平，指独立活动时所能达到的解决问题的水平；另一种是学生可能的发展水平，也就是通过教学所获得的潜力。两者之间的差异就是最近发展区。教学应着眼于学生的最近发展区，为学生提供带有难度的内容，调动学生的积极性，发挥其潜能，超越其最近发展区而达到下一个发展阶段的水平。

“顺木之天，以致其性。” 教育要顺应儿童的天性，尊重儿童的身心发展规律，寻找最近发展区，这样才可能让儿童的成长和发展的可塑性成为一种可能性。

语文课堂应该是儿童发现问题、探究问题、解决问题的场域。简约语文的课堂基于学情，紧扣目标，创设情境，任务驱动，让学生实践探究，教师智慧点拨，学生在解决问题的过程中，不断挑战自我，超越自我，教与学贴近学生最近发展区，丰富学生成长的经历，促进学生最优发展，敞亮自身的生命，让生命不断拔节与提升。

四、生活教育

陶行知先生提出了生活教育。生活即教育，社会即学校，教学做合一。他的“教学做合一”主要有三点：第一、先生的责任不在教，而在教学生学；第二、教的法子必须根据学的法子；第三、先生不但要拿他教的法子和学生学的法子联络，而且还必须和他自己的学问联络起来。即教学合一，教学相长。

陶行知先生是我校的第一任校长，我校一直在坚守和发展陶先生的生活教育理论。基于生活教育理论，“简约语文”十分关注教与学的契合度，让教服务于学生的学，让教促进学生的学，使学与教相辅相成，统合成一个有机的整体；同时更强调先行后知，知行合一，让学生先自主学习，在自主探究的基础上，和同学分享收获，获得真知，体验真情，掌握方法，形成能力，生发智慧。

五、先哲思想

孔子在其《乐记·乐论篇》中曾指出："大乐必易，大礼必简。"提倡简易之美。

《孟子·离娄下》提出："博学而详说之，将以反说约也。"

老子著有《道德经》，虽然仅有五千言，内容却博大精深，他提出的"少则得，多则惑"，正好能够说明自己的宗旨。

"四十年来画竹枝，日间挥写夜间思。冗繁削尽留清瘦，画到生时是熟时。"郑板桥画竹画了40年，他悟出了真谛：画竹就要画出竹子内在的精神——"清瘦"。怎么才能凸显出竹子的"清瘦"？就是要"冗繁削尽"。

任何问题的复杂化是因为我们没有抓住事物的本质，没能揭示出事物的内在规律。其实越简单越接近事物的本质，先哲们不约而同地提出了"简约"之观，给我们语文教学带来了启迪，开启了一扇大门，"简约"应是语文教学追求的理想境界，它合乎语文教学的本质与规律，语文教学就是要由博返约，删繁就简，返璞归真，轻盈行走。

第三节　简约语文的价值追求

一、儿童立场的回归

教育的根本任务是立德树人，而语文学科是育人的重要学科之一。学生是语文学习的主人，教师是学习活动的组织者和引导者。简约语文课堂，教师首先要考虑的是减少什么，增加什么。教师要剪去教学中的枝枝蔓蔓，留下主干，减少不需要的花架子与干扰，腾出更多的时空给学生，让学生安安静静地读书、思考，让学生生疑、探疑、释疑，注重培养学生自主学习、自我管理的意识和习惯，引导学生掌握语文学习的基本方法和规律，积极参与语文实践活动，砥砺能力，提升语文核心素养。而教师只做“穿针引线”“牵线搭桥”的工作，真正牵挂着学生是怎么学的。因此，简约语文是回归儿童立场的，背后折射的是对学生主体意识的唤醒，对学生生命的拔节，对学生真切、真诚、真实地关爱。

二、教师智慧的升腾

简约，不是重在简，而是要通过简达到约，简约是智慧的灵魂。爱因斯坦说：“如果你无法用简单的话来说明一件很复杂的事情，就代表你没有真懂。”

简约语文对教师提出了很高的挑战。教师要能读懂教材，要从丰富的课文信息中筛选出文本的核心内容，重组教材，寻找到精要的教学内容。教师要会精简设计。教师要依据课标、教材、学情，创造性地设计教学，简简单单，实实在在，但高效地实现教学目标。教师要灵动上课。上课绝对不是走教案，面对意外的生成，教师要处变不惊，随机应变，从容理答，展现自己的教学机制。因此，简约语文的背后是一种创造性劳动，是智慧的凝结、彰显、升腾。

三、优雅境界的打造

语文教学的最高境界是什么？大道至简，教学无痕。简约的课堂应该是既安静又很丰富；既朴实又很大气；既扎实又很高效。洗尽铅华始见真。简约的课堂去掉了浮华，远离了急功近利，删除了繁文缛节，扔掉了一些所谓的包袱，让课堂回归一种宁静，回归一份本色。课堂飘逸着浓浓的语文味，洋溢着切切的人文情。简约的课堂带给学生的是明净澄澈如秋天天空一般的感受，干干净净，清清爽爽，让人心旷神怡，浮想联翩。因此，简约的背后是精要、干练、丰富，是一种纯美、优雅的境界。

第四节　简约语文的概念界说

《现代汉语词典》对“简约”有两种解释：一个意思是简略；另一个意思是节俭。“简”是形式，“约”是本质。

“简约”是简要与精约的集合体。它和简单既关联，也有区别。简单常与繁杂相对，而简约则与精要相融，它含有去掉不必要的、留下必要的意思，因此简约是一种聚焦、选择、整合、智慧，简约并不简单。

简约语文，强调“精于心而约于形”。所谓“精于心”，就是把握住文本的基本特征和核心内容，准确把握学生的基本学情；“约于形”，就是选择恰当的教学形式，让“教什么”与“怎么教”相契合，形成最佳的路径，让课堂走向高效，让学生真正发展。

简约语文，是以沉静的心态，从儿童发展出发，把握语文教学真谛，坚持本色语文，遵循语文教学的规律，摈弃一切不需要的奢华与作秀，让语文教学返璞归真，让语文课瘦身、干净，走向丰富，真正提升学生的语文核心素养。

简约语文，是倡导的一种教学主张，形在简，质在约，坚守语文初心与本色，用简约化的路径，回归语文学科的本质属性，焕发学生的生命活力，实现语文教学走向内在的丰盈和诗意。

简约语文，大道至简，约而易知。是语文教学变革的深情呼唤，是语文教学本真的必然回归，应成为语文教学应有的路向。

第五节　简约语文的课堂特质

“简约语文”课堂的特质主要体现在“三本”和“四简”：

一、“三本”

1. 学科本质

语文就是语文，语文教学应该坚守语文学科的育人初心，干语文的事，走语文之路，遵循语文教学的规律，致力于学生语文核心素养的形成和发展，千万不要种了别人的地，荒了自己的田。

2. 儿童本体

语文课程的性质决定了儿童应该成为课堂的首席，学习的主体，倾听儿童的声音是课堂教学的应然诉求。学习的获得最终不是依靠教，而是依靠学生自己主动地学。过度施教，既是浪费，也是漠视学生的存在，因此，语文教学要体现了学生的主体地位，尊重儿童的认知规律，以学定教，教向学转身。

3. 素养本位

语文课程目标是培养学生的核心素养，聚焦学生的文化自信、语言运用、思维能力和审美创造，在学生积极的语文实践活动中积累、建构素养，并在真实的语言运用情境中表现素养，形成正确的价值观、必备的品格和关键能力，最终实现教育的根本任务立德树人。

二、“四简”

1. 理念简朴

简约语文教学的立场有三条基准线：教学是为了谁的，是依靠谁来展开和进行的，又是从哪里出发的。毋庸置疑，教学是为了学生，是依靠学生展开和进行的，应从学生实际出发。真正简约、真实的课堂，教师就要做到眼里有学生，心里更有学生，树立为生而教、为学而教、让教服务学的理念，让教与学臻于和谐，相得益彰。让学生真正置于课堂中央，成为学习的首席，让课堂成为学生心灵放松、学有所得、抹亮生命底色的场域，为学生的健康、快乐成长助力。

2. 目标简明

简约语文的教学目标要精简，要集中，要聚焦，要清晰，可观可测，指向语言文字运用能力的培养，落实语文核心要素的达成与提升。在实际教学中力求做到一课一得，让学生真正知道学什么，怎么学，学得如何，融教、学、评一体化、一致性。

3. 内容简要

教师在深度解读文本，重构教材的基础上，紧紧围绕教学目标，瞄准语文核心素养，依据文体特征，聚焦学情，精选教学内容，做到有所为，有所不为，取舍恰当。教师要清晰地知道教什么，学生知道学什么，聚焦简要而精准的内容，教与学聚合发力，高效实现教学目标。

4. 环节简化

教学环节化繁为简，舍去浮华，瞄准目标，聚焦语文要素、核心素养和学习任务群，整体设计教学板块。注重情境性、综合性和实践性，把学习的权利还给学生，让学生带着任务，在语文实践中学语文，用语文，学会自主探究、合作交流、主动分享，逐步积淀语感，积累语文学习的经验，体验学习的快乐，感受母语的魅力。

第六节　简约语文的操作要领

一、解读文本有高度

文本是以自己的个性而存在的。每一种文本都有自己独特的表达方式和教学价值取向，解读文本，只有把握了文本的独特性，才能真正找到文本的核心价值。

文本解读是教学的起点，也是教学的根基。文本解读能力是教师最核心的能力，它关乎教学设计的质量，教师要成为文本的知音。文本解读得透，教学内容方能取得准，语文课才能上得简约而高效。但是文本解读是一个漫长的钻木取火的过程，是一个苦心孤诣寻找真金的过程，是一个从模糊走向清晰的过程，是一个从肤浅走向深度的过程。虽然过程痛苦、纠结，但如果真的找到了文本的“真金”，那份快意不言而喻，内心充盈着幸福感。

解读文本要回答“教什么”“选什么教”“教什么最好”这个问题。

1. 强化文体意识

语文课千课一面，是目前语文教学存在的一大问题。文本体式教学是中国语文教学的传统，依体而教也是语文教学的重要法则。

每一种文体的文本都有自己不同的审美特点、教学价值和教学去向。解读文本，只有具备文体意识，才能真正找到文本的核心价值。

比如名人故事的文本解读要聚焦“事件、场景、细节”，寻找主人翁独特的人格魅力。统编教材中出现的英雄人物赵一曼和黄继光，虽然都是英烈，但是作者把他们塑造出的光辉形象大相径庭。

小说的解读要聚焦三要素“人物、情节、环境”。人物是小说的中心，要琢磨情节、环境是如何为塑造人物形象服务的，要重点研究人物性格的多重性和丰富性，要回避用贴标签的方式简单分析人物性格特点的做法。

写景状物类文本解读要聚焦“结构、物象、表达手法、语言。”要理清文章的构式，把握物象的特点，认识表达的方法，品味语言的特色。

而古诗词解读要聚焦“诗意、诗境、诗情”三要素。首先要“疏言”，弄清诗意；其次要发挥想象，连缀画面，进入诗境；最后要知人论世，联系背景，体会诗情。

再比如统编教材中出现的特殊单元——习作单元课文，如果我们把它上成普通的阅读课，又是内容的理解，又是人文精神的熏陶，那就偏了，也丧失了这类文本的基本功能和价值。这类课文教学目标一定是指向表达的，教学的内容一定是聚焦文本的表达方法，让学生感知写法，理解写法和运用写法。

2. 强化追问意识

文本的核心价值是蕴藏在文本之中的，但是不易察觉，追问常常是有效的发掘方式。教师在解读文本时可以自我追问：课文为什么这样写，不那样写？这样的追问，可以寻找到文本独特的“这一个”，而“这一个”往往指向文本的核心价值。

比如统编教材五上《太阳》和《小松鼠》都是说明文，但是课文的语言风格差异较大。《太阳》的语言通俗、平实、精准，而《小松鼠》语言活泼、生动。同样是说明文，为什么语言风格会迥然不同？这样的追问就能倒逼教师细读文本，仔细推敲文本。追问可以向文本深处漫溯，促进深度思考，练就一双慧眼，提升教师文本解读的能力。

3. 强化转化意识

文本解读的最终目的是什么？是为教学选择有用的教学内容，为学生寻找有效的学习内容。因此，教师解读文本要转化角色，站在学生的角度，想一想：学生读这篇课文，主要学习什么，重点在哪里？难点在哪里？

学习的意义与价值就在于让学生从不懂到懂，从不会到会。学生读不懂的地方、体会不到的地方、感受不了的地方，教师在解读文本时要特别关注，停下来，为学生想一想。

比如统编教材三年级下册《海底世界》，课文说“海底真是个景色奇异、物产丰富的世界”，两个中心词“景色奇异、物产丰富”，作者重点想反映哪个方面呢？仔细解读课文，可以看出作者主要是反映海底世界“景色奇异”这一中心，作者分别从光亮、声音、动物活动方式、植物差异等方面，采用了对比的方法，写出了海底的“景色奇异”。而这一点是学生认识不到的，而教师要能看出来。

4. 捕捉文眼意识

文章中最能显示作者写作意图的词语或句子叫文眼。文眼是反映主题思想的窗口，理清全文脉络的筋节，掌握文章各部分相互联系的关键。

清代学者刘熙载说：“文眼揭全文之旨，或在篇首，或在篇中，或在篇末。”

教师在解读文本时抓住文眼，可以帮助自己提高解读文本的效率。

比如解读统编教材四年级上册《西门豹治邺》，可以抓住文眼“治”来展开。西门豹不仅治人（巫婆、官绅头子），还治水（开凿渠道、兴修水利），最重要的是治心（让百姓亲眼看见河伯娶媳妇就是一场骗局，巫婆和官神头子相互勾结，骗财害人的，老百姓识破真相，才能从迷信、愚昧中走出来，后面不会再上当了。）

二、教学设计有厚度

文本解读完之后，教学设计是关键。简约语文的教学设计需要明晰、聚焦、整合，让目标从模糊走向清晰，教学内容从复杂走向精要，教学环节从繁琐走向简洁。

1. 整合目标

清晰的教学目标能够牵引着整个教学沿着正轨前行。简约语文的课堂必须有一两个核心目标，让教学方向明确，让学生知道要学什么。弱水三千，只取一瓢。面面俱到，什么都不到。

核心目标的制定要依据课标年段的要求、文本的核心价值、单元的语文要素和文后的助教系统，进行有效地统合。

统编教材最大的亮点是让老师们清晰地知道教什么，怎么教。每个单元的导语、交流平台和文后安排的练习是非常好的教与学的助手。

比如统编教材四上课文《麻雀》，故事情节一波三折，场面惊心动魄，老麻雀舍身护子的精神足以动人，人文性很强，教学方向很容易偏离和游走。这篇文章的核心目标是什么？是让学生学习作者如何把一件事写清楚的，理由如下：一、这篇课文是习作单元中的课文，功能具有特殊性，指向表达的；二、本单元的语文要素是“了解作者是怎样把事情写清楚的；写一件事，把事情写清楚。”三、课文的写作特色是按照事情发展顺序来写的；作者又通过看、听、想，把老麻雀和猎狗搏斗的场面写得很具体；四、文后安排的两道练习一道是指向本课的写作顺序，一道是让学生思考老麻雀和猎狗搏斗的场面作者是如何写清楚的。

再如统编教材四下《记金华的双龙洞》文后的两道题目，其实是最好的教学目标：1. 理清作者游玩双龙洞的顺序，学习写游记要按照游玩的顺序来写景物；2. 体会作者是如何把孔隙特点写清楚的，学习作者从多角度去表现景物特点的方法。这两个目标既是本单元的语文要素，也是本文的核心价值。

简约语文的教学目标要综合考虑，统筹安排，由博返约，聚焦重点问题，突出核心任务，尽可能追求一课一得。

2. 整合问题

简约语文是以问题为驱动展开教学的，教师首先要能设计出核心问题。核心问题在语文教学过程中起主导作用、支撑作用、推动作用，让学生真正进行整体性地阅读课文，让学生思维的触角深入到文本，让学生真正成为语文课堂实践活动的主体。教师通过有着内在牵引力的核心问题的设计，可以串起教与学的活动板块，避免零碎的、肤浅的、繁杂的提问。

核心问题的数量要精简。每篇课文抓一到三个核心问题即可，问题切忌不宜多，千万不要满堂问，精简才是智慧的体现。

核心问题的靶心要精准。问题要瞄准教学目标、文本的核心教学价值和语文要素。一个文本的价值很多，但是作为课文，它就承载着核心的教学价值，问题的设计只有瞄准了核心的教学价值和语文要素，目标才会聚焦，教学才能精准，学生才会学有所得。

比如学习统编教材三年级上册《大青树下的小学》，只要引导学生讨论：这所学校有哪些特别的地方？这个问题既能帮助学生理解文本的内容，也能提高学生品味语言文字的能力，还能发展学生的思维能力，让学生学习作者从多方面来表达这所学校特别的构思方式。

核心问题的起点要精确。核心问题还需要瞄准学生的真实学情，关联学生的难处和需求，关注学生的发展点和生长点，贴近学生最近发展区。学生学习一篇课文，重点是什么，难点是什么，教师首先要清清楚楚。课前预学单是了解学情的好抓手，有助于核心问题的设计。

比如学习统编教材四上《麻雀》，本单元的语文要素是把事情写清楚，其实把事情写清楚，从课后两个问题的设计来看，传达了编者的两个意图：一是按照事情的发展顺序把事情写清楚；二是把事情过程中的重点场景写清楚。两个问题，第一个问题学生通过读课文，很轻松就能理出事情的发展顺序；第二个问题学生就不容易搞清楚了，这是学习的难点。教学时，应该花时间引导学生自主探究、自主发现。教师可以利用课件和助学单，把作者看到的、听到和想到的内容，让学生进行分类，再观察，学生很快就会发现、顿悟，原来作者是从看到的、听到的和想到的三个方面来具体描写了老麻雀和猎狗搏斗场面的。

核心问题的提出要多元。提问者不仅是教师，更应该是学生。2022版语文课标提出了“思辨性阅读与表达”任务群的学习，其中一个任务就是鼓励学生大胆提出生活和学习中遇到的问题。学语文应从学会提问开始，加强学生的问题意识，为此，统编教材专门安排了提问策略单元，教师要让学生学习提问的角度与方法，更要通过平时的教学，让学生养成提问的意识，历练提问的能力，学会提出有价值的问题，发展思维，落实语文核心素养的要求。

3. 整合内容

叶圣陶先生说：“教材无非是个例子。我们要借文本之力，使学生得语文之力。我们不能紧紧盯着文本的内容，满足于文本意思的获取。我们要跟着内容跳出内容教，教什么？我们要有清醒的认识，将非语文的元素剔除，确保语文教学不缺位。”

课文是教学内容的载体，但教学内容却隐藏在课文之中。课文内容不等于教学内容。教学内容需要教师深度解读课文，进行甄别、比较、遴选、整合。不是所有的内容都要传递给学生的，要围绕教学目标精选内容。

① 内容的整合首先要聚焦语言运用

让学生在丰富的语言实践中，通过积累、梳理，培养良好的语感，了解语言文字的特点及其运用规律，发展在具体语言情境中有效交流沟通的能力，培养学生热爱母语的深厚情感。

要让学生学会品味语言文字。语文课最好的境界是丰富的安静。简约语文的教学要义在于品味语言的内涵与妙用。课堂上要给学生足够的时间触摸文本，让学生披文入境，潜心会文，含咀英华，圈点批注，培植指尖上的智慧，与文字发生碰撞和共鸣，让学生在语言品味中读出文本语言文字的韵味，力求字字句句敲打和穿透自我的内心，力求达到古人所说“我与文化，文与我化”的阅读境界。

比如统编教材五上《慈母情深》第33小节“母亲说完，立刻又坐了下去，立刻又弯曲了背，立刻又将头俯在缝纫机板上了，立刻又陷入了忙碌……”这段文字不长，字字珠玑，值得玩味。四个“立刻”刻画了母亲忙碌的姿态，说明母亲在争分夺秒地抢时间，挣钱养家糊口，表达了母亲的含辛茹苦，也传递了作者的愧疚之情。语言有温度，字词知冷暖。作者巧用反复的表达手法，让语言文字饱蘸着浓浓的情感，足以震撼人心。

还要让学生学会运用语言文字。语文课要从根本上把繁杂、浮华的课堂拉回语文本体，还语文本来面目，化繁为简，聚焦语用，设计听说、读写结合练习，让学生充分经历实践过程，获取规律性、可迁移的语文知识经验，形成语言文字运用的能力。

比如统编教材三上《搭船的鸟》有这么一段话：“我正想着，它一下子冲进水里不见了。可是，没一会儿，它飞起来了，红色的长嘴里衔着一条小鱼。它站在船头，一口把小鱼吞了下去。”这段话描写的是翠鸟捕鱼的场景，最大的特色是用了一连串动词，反映了翠鸟捕鱼时动作很敏捷。学习完这段话后，让学生可以模仿写一段话，学会用系列动词，表达动作的特点。比如小狗贪婪地吃食、妈妈熟练洗碗的场景等。

② 内容的整合还要聚焦思维能力

发展学生的语言运用能力和思维能力，是语文学习的两大主要任务，是每个语文老师要牢记和坚守的。语言是思维的物质外壳，思维借助于语言而展开。语言和思维是相互促进、相互推动的。学习语文，通过言语运用，逐步发展学生的直觉思维、形象思维、逻辑思维、辩证思维和创造思维的能力。语文学习要让学生保持好奇心、求知欲，崇尚真知，养成积极思考的习惯。整合的教学内容要指向思维的发展，不断提升学生思维的品质：逻辑性、灵活性、深刻性、批判性和独创性。

比如学习统编教材五上《圆明园的毁灭》，让学生思考：题目中心词是“毁灭”，而文章用了很大的篇幅在描写圆明园的辉煌，这是为什么呢？讨论这样的问题，指向学习作者逆向思维的方式，用“辉煌”来反衬“毁灭”，突出表现圆明园的毁灭是中国文化史上不可估量的损失，也是世界文化史上不可估量的损失。

再比如习作教学中让学生学会对他人的习作或自己的习作评头论足，既是一项习作能力的训练，也是一种批判性思维能力的培养。评价他人的习作，要有目标，要围绕习作的要求进行评价；其次要有观点和依据，成功之处和不足之处要能看出来；最后要有能力，指出问题，还要能修改问题，完善他人的习作。

4. 整合活动

孟子说：“君子深造之以道，欲其自得之也。”所谓自得，就是学习者不依赖外力，能返身体验，默识心通，达到自然而得。在空中学飞翔，在水中学游泳，在语文实践中学语文。

简约语文的课堂须“俯身为儿童”。教学环节要减肥、瘦身，使其苗条、流畅。倡导板块式的整体架构，立体设计教学线索。因为板块教学主线清楚，高效聚合，整体性强，缩短了繁琐、冗长的教学环节，教学流程简化了，课堂上腾出了时间和空间，可以强化学生听、说、读、写的训练，增长了学生的能力，实现言语和精神的同构共生，以及工具性和人文性的和谐统一。

2022版语文新课标提出了四种学习的方式：识字与写字、阅读与鉴赏、表达与交流、梳理与探究。这四种方式涵盖了语文的实践活动。语文实践活动既包括听说读写各种外显的语言行为，也包括思考这样内隐的语言行为。语文活动是语言学习实践性的体现，也是语文学科学习的自然诉求。

无论是识字与写字、阅读课，还是习作课，都要做到板块清晰、任务引领、活动充分。可采用自主、合作、探究的方式，让学生解决问题、完成任务，促进学习的发生，促进学生的真正成长。

阅读课板块设计可以为：“问一问”“认一认”“填一填”“品一品”“说

一说”“读一读”“写一写”“演一演”“背一背”等。

习作课板块设计可以为：情境激趣、明确要求、例文导思、草拟提纲、尝试练习、片段赏评、自我修改等。

比如在执教统编教材四下《巨人的花园》一文时，可以设计这样的实践板块有：板块一：感受童话奇妙的景象（可爱的——凄凉的——奇特的）；板块二：认识童话奇妙的人物（花园的变化和谁有关系？）；板块三：明白童话奇妙的道理（这篇童话告诉了我们什么的道理？）；板块四：创编童话奇妙的情节（描写孩子们在巨人花园里尽情玩耍的情景）。四个板块紧紧围绕“童话奇妙”这一语文要素，展开语文实践活动的。

三、上课操作有温度

备课时心中要有学生，上课时心中更要有学生。教师要依据学情，及时调整教案，给学生释放温度，给学生传递学习的正能量。

1. 搭支架

叶圣陶先生曾说的：“教师之为教，不在全盘授与，而在相机诱导。必令学生运其才智，勤其练习，领取之源广开，纯熟之功弥深，乃为善教者。”

再好的教案仅仅是一种预设。是否符合学情？是否匹配？是否有助于学生的学习与发展？不确定的因素还是很多的，需要课堂的检验。所以上课不是走教案，走预设流程。上课，教师应该眼观六路，耳听八方，注意学情的变化，课堂的生成，适时调整教案，为学生排难解忧，真正为学生的学考虑，彰显人文关怀。

在现实语文课堂中，我们常常会看到一种窘境：老师提出的一个问题，学生老是答不上来，在兜圈子，教师于是一个劲地在追问，学生一个问题接着一个问题在答，为此这个教学环节琐碎，耗费了很多时间，这样的语文课谈何简约高效？问题症结在哪儿？其实是教师对学情预设不够，手上没有预先准备好的法子，当静态的教案遇上了生龙活虎的学生时，教师就显得力不从心了，甚至是手忙脚乱的。

语文的课堂有时就是教师领着学生在桃园里摘桃子，学生难免有够不着的时候，教师就需要给学生准备一副梯子，助他一臂之力，让学生借着梯子，自己能摘到桃子，既能发展语言能力，也能提升思维品质，还能让学生体验到踔厉奋进获得成功的喜悦，把课堂变成学生成长的殿堂。

比如在执教统编教材四上《西门豹治邺》，我问学生：西门豹通过走访老大爷，已经知道了邺这个地方田地荒芜、人烟稀少是官绅和巫婆勾结在一起干的坏事，为什么不直接把官绅和巫婆抓起来惩罚，还要演出一幕河伯娶媳妇的精彩好戏？当我把这个问题抛给学生的时候，学生也是愣住了，一时语塞。于是我给学生搭了一个梯子：

河伯娶媳妇这样的悲剧产生的原因究竟有哪些？

学生带着这样问题，细读课文，展开讨论。最后集中在两个方面：一是官绅、巫婆狼狈为奸，谋财害命；二是老百姓愚昧无知，上当受骗了。

当学生理解到这个地步的时候，再回到原来的问题上，学生豁然开朗，原来即使西门豹把巫婆、官绅处置了，还会出现新的官绅和巫婆，老百姓依然会上当，因为他们的愚昧没有得到根治，只有让老百姓亲眼看见河伯娶媳妇是个骗局之后，他们才会幡然彻悟，不至于后期再上当，这是西门豹的智慧，原来他是在根治老百姓的愚昧之心。

支架有时候是一个问题，有时候是一张图片，有时候是一段补充文字，有时候是一张思维导图……它可以帮助学生顺学而导，廓清思路，匡正思维，指点迷津，让学生自奋其力，自致其知，经历读通、读懂、会读的过程，实现峰回路转，柳暗花明，化难为易，最后迎刃而解。支架能把学生牵引到文本理解的高度，思维发展的进阶，精神体验的高峰。

2. 巧理答

华东师大崔允漷教授认为："理答就是教师对学生回答问题后的反应和处理，是课堂问答的重要组成部分。它是一种教学行为，也是一种评价行为。它直接影响着学生对某个问题的理解和下一步的学习进程，也影响到学生对一堂课甚至一门课的学习兴趣与态度。"

简约语文的课堂教师的理答应简洁、明了、有效、巧妙、机智，给学生传递温度，提振学习语文的信心。

①研判性理答

对于学生的发言在是非、对与错上，教师的立场要旗帜鲜明，该肯定给予肯定，相反，当学生的发言明显背离了文本的价值，或者是错误的观点，教师如果还不及时出手制止，那是老师的失职，该否定必须否定，教师的主导作用不能缺位。

②激励性理答

教师要善于发现学生回答中的优点，尤其是学生出乎意料的精彩发言，教师要不吝啬自己的语言，及时给予点赞。“不是聪明的孩子常受表扬，而是表扬会使孩子更聪明。”表扬一个，带动全体。激励一个，鞭策一批。教师鼓励的话语就是学生生命的阳光，为学生的成长给力。所以课堂上教师要注意倾听学生的发言，做出正确的教学指令，及时释放温度，用夸奖去提升学生的自信，用激励去拔节学生的生命。

③提升性理答

课堂充满了变数，时刻考验着教师的教学机制，也处处潜伏着能够精彩生成的契机。有时候学生的回答或肤浅，或零碎，教师要及时捕捉生成的机会，作巧妙地引导，激活学生的思维，把学生的认识由表及里，由此及彼，引向高度，引向深度，引向广度。

比如在执教《清平乐·村居》这首词时，在理解“醉里吴音相媚好”一句时，我是这样做提升性理答的。

师：“醉”在句子中是什么意思？

生：酒醉了。

生：我认为门前的美景让这对老夫妻也醉了。你看“溪上青青草”，多美的景啊！

师：你理解得很有新意。同学们我们一道沿着这样的思路，想想老两口还陶醉在什么之中？

生：你看夫妻俩恩恩爱爱，很和谐，幸福指数肯定很高。陶醉了。

生：他俩还陶醉在幸福的生活中。一家人和和睦睦，其乐融融。

师：有道理，还有什么让他俩也感到幸福呢？

生：三个儿子让他俩感到满意和自豪。老大、老二懂事、勤快，主动承担农活和家务活，老三虽然很小，但是可爱、活泼，阳光！三个儿子的表现让两位老人得意、满足，所以醉了。

师：通过同学们的发言，我们对“醉”字有了更深刻的理解，这里的“醉”字不仅是酒醉了，更是老两口陶醉在安宁、幸福、和谐的生活中了。好一个“醉”字！

教师及时捕捉了学生对“醉”字的不同理解，通过转问、引导、提升，让学生向着阅读的深处漫溯，避免了学生阅读时的浮游状态，实现了生本深层次的信息交流。

提升性的理答就像放风筝的引线，可以把学生从茫然的低飞状态逐步调整到高飞的姿态，让学生在课堂上尽情地释放生命的能量。

四、课后反思有效度

苏霍姆林斯基三十年如一日，坚持撰写教育随笔，随笔被后人称为“活的教育学”和“教育的百科全书”。的确，反思是促进教师专业化发展的有效路径。

研究简约语文的教师要做一根能思想的苇草，走“实践—反思—实践”之路，自我评价，主动匡正，及时自我调节，不断逼近“简约”的境界。

首先，对教学环节进行反思。教学之后，检查教学目标是否恰当，教学内容是否符合文本价值、目标和学情，目标达成的板块是否简洁高效，对学生的发言理答是否到位。翻盘回顾，反思得失，为的是下一次更好地出发。

其次，要及时整理文案。把上过的教案及时修改、整理，以备下次再用。最重要的是写教学反思。一线的教师都不喜欢写作。其实，写作是教师专业快速成长的必由之路。教师可以围绕自己所上的课，撰写教学论文、教学设计、教学案例，也可以撰写教育教学叙事、教学随笔……用写作促进自己对简约语文的深度思考，用写作改变自己的思维品质，用写作怡养自己的性情，用写作记录自己的教育生涯，用写作敞亮自己生命的旅程。

一次有效的反思，就是一次改进；每次改进，就是一次蓄能、升腾、涅槃。

有效的反思，促进教师对教学的深度理解，更好地推动教师的专业成长。

第二章　简约语文视域下识字教学探微

第一节　识字教学要领

一、识字教学问题透视与对策

“人生聪明识字始。” 识字写字不仅是低年段教学的主要任务，也是中高年段需要完成的教学任务。早识字，早阅读，早启智。低年级老师深谙这一道理，非常重视识字教学。但是，随着年级的升高，教师对识字写字教学越来越不重视，甚至有省略的现象，于是乎现在的学生错别字连篇，书写不工整，这种境况亟待改变。

（一）识字教学问题透视

1. 低年段识字存在的问题

①人为割裂，丢失整体

汉字是表意文字，是音形义的结合体，十分灵动，充分彰显了古代劳动人民的智慧。识字就是统一地掌握字的音形义，也就是使汉字的音形义在学生的脑中建立牢固的联系。因而汉字的教学要有整体意识，要遵循构字规律，选择适切的方法，教出汉字特有的蕴意和情趣。但是一些老师认识不到汉字这一特点，人为割裂，破坏了汉字的整体性，也丢掉了汉字的灵气。

比如教学“固”字，老师让学生先读一读，再告诉孩子外面的框表示密不透风的城墙很坚固，里面的“古”表示读音，这样的教学乍一看没毛病，许多形声字都是这么教的。但进一步思考：为什么框里面是“古”，而不是其他字呢？因为“古”表示年代久远，整体来看，年代久远而屹立不倒的城墙真的很坚固，所以这个字读“固”。如此教学，学生不仅知道了这个汉字的读音，也弄清楚了它的字义和字形，在头脑中真正建立了汉字音形义的关联。

②脱离语境，语义单薄

字不离词，词不离句，这是识字教学的基本规律。汉字和词语在不同的语境中有着不同的意义和韵味，所以汉字教学不能离开具体的语境，离开了语境语义就显得单薄了。

比如统编教材二下《大象的耳朵》中有这样一段：“可是，大象的耳朵眼儿里，经常有小虫子飞进去，还在里面跳舞，吵得他又头痛，又心烦。”“舞”是生字，一个老师出示了古人手执绸缎跳舞的样子来教学，教完了读一读“跳舞”这个词就过去了。这个“舞”字在文中这一处的独特价值完全没有体现。古人是这样跳舞的，文中小虫子在大象耳朵里又会怎样跳舞呢？跳舞是一件很赏心悦目的事情，可大象对小虫子的跳舞又是什么反应呢？如果能把“舞”这个字与文本语境勾连起来，识字就会更加饱满与丰盈。

③环节繁琐，效率低效

很多低段老师认为，出现的生字都要教，而且每一个生字的音形义都要讲到，于是为了让每一个生字出来，设计了很多的环节，生字出来后，为了讲清楚它的音形义，采用了很多识字的方法，十八般武艺全用上，结果环节繁琐，老师讲的内容，学生根本听不懂，接受不了，造成课堂环节多、节奏慢，效率低。

课堂教学应该有详有略，有急有缓，有疏有密。识字教学同样应该有所为，有所不为，有得有舍，不要面面俱到，每个字都教一遍，结果教识字像赶集似的，走马观花，学生所得就非常有限。

2. 中高年段识字存在的问题

①认识不到位

透视一：老师1执教统编教材四上课文《观潮》，同学们，读了课题，你有什么问题？（生答钱塘江大潮奇在哪儿呢？）好的，下面就让我们带着这个问题去读课文。学生读完一遍课文之后，概括了课文的主要内容，就进入精读感悟阶段了。

这样的教学场景在中高年级教学中比较常见，甚至在一些名师的公开课教学中也是屡见不鲜的。课时不清，第一课时和第二课时界限非常模糊。识字教学环节更是无从寻觅，直接省略。究其原因，老师认为：识字是低年级的教学任务，高年级的任务就是阅读与习作。这是典型的认识误区，殊不知《语文课程标准》（2011 年版）写得很明确："识字、写字是阅读和写作的基础，是第一学段的教学重点，也是贯串整个义务教育阶段的重要教学内容。"可见识字、写字是中高年级教学内容的有机组成部分，不可省却。

现在中高年级学生作文错别字多，追溯根源，与老师不重视识字教学不无关系。有的在教学中直接省略识字环节，有的放在课前让学生预习，但是课上缺少检查与反馈，识字教学实际处在虚化的状态。

识字是阅读与表达的基础，没有较强的汉字素养，阅读与习作也是空中楼阁，岌岌可危，识字教学在中高年级教学中绝不可偏废，亟待高度重视。

②过程不详细

透视二：老师 2 在执教统编教材五上课文《白鹭》，同学们，课前大家都预习了课文，下面拿出听写本，听写一下本课的生字词：精巧、身段、寻常、忘却、悠然、恩惠、美中不足。学生听写后相互批改，并订正，生字词的教学告一段落。

这样的教学情景在中高年级教学中也是常常不期而遇。生字词教学过于简单，会导致学生对生字词学得不扎实，效果也是不尽人意。《白鹭》这课生字词在字音方面有几个难点：嗜好、清澄、镜匣、铿锵，几个加点的字学生很容易读错；"嫌、嵌、韵"这三个生字学生也容易写错。如果像这位老师这样粗放式教学，教与不教没有什么区别，学生就会一读就错，一写就错。

③方法不恰当

透视三：老师3给五年级学生教生字“罚”，问学生：“罚”这个字较难写，怎么记住这个字呢？学生说这个字是由三个部件组成的，上面是“四”字头，下面是言字旁和一个利刀旁。老师夸奖说，这种部件拆分法记字形真不错。

乍一看，学生用的这种方法确实也没有大问题。但是，这种方法割裂了汉字形和义之间的联系，违背了汉字构字的规律，让汉字的灵性荡然无存。

“罚”可分解为罒（网）、言、刀三个部件，系会意字。触犯法网，情节轻者受言斥责，情节重的将被用刀处以极刑。如果依据这个字的字理开展教学，学生既记住了字形，也理解了字义，可谓一举两得，还能感受到汉字文化的魅力，激发学生热爱母语的感情。

④主次不分明

透视四：老师4在执教统编教材四下课文《海上日出》时，出示了课文的8个生字“扩、范、努、刹、烂、替、镶、紫、仅”，然后指名学生逐一朗读，再一个一个地分析字形，最后出示“清净、刹那、夺目、灿烂”等词语让学生解释。

这个老师看起来对生字词的教学非常重视，教的也很细致。但中高年级生字词教学有必要这么细致吗？仔细分辨一下，这9个生字，从字音来看学生最容易读错的是“刹那”，从字形来看，学生容易写错的是“镶”，老师这样教生字平均使力，显然是不顾学情，主次不分，重难点不突出。

中高年级的识字教学，既不能像低年级那样字字落实到位，也不能过高地估计学生，完全放手让学生自学。教学要有选择性和针对性，关注难点，突出重点，并在方法上予以示范和引导。其他的字可以放手让学生自主梳理与探究，做一定的检查与反馈即可。

⑥效率不高效

透视五：老师5正在执教公开课统编教材四上课文《梅兰芳蓄须》，请一个学生把课文的第二小节有感情地读一读，该生激情饱满，开始朗读第四小节，学生读着读着把“宁可”的“宁”音读错了，其他同学给予纠正，朗读的同学有点不自信了，感情跑了不少，紧接着又把“破绽”的“绽”音也读错了，下面的同学一阵叹息声，让这个同学更不自信了，匆匆把剩余的课文读完就不好意思地坐下去了。

这样的课堂场景我们并不陌生。责怪学生？毫无道理。问题出在第二课时，根源在第一课时。教师可以扪心自问：我第一课时怎么教的？这两个字音本身就是学生容易读错的，第一课时为什么不给予纠正与强调？感情诵读是建立在正确、流利基础上的，根基不牢，地动山摇。教学中，在感情朗读课文时，我们发现有些孩子感情处理得确实不错，但是错误连出，这样的朗读让人听得很不舒畅。

（二）识字教学矫正对策

1. 处理好取与舍的关系

对于识字教学，学生其实都不是零起点，学生多少都储备了一定的识字量，也具备了一定的识字能力，针对这样的学情，识字教学就要有选择性，不要面面俱到，事无巨细。教师要正确取舍，舍易取难，舍熟取生，以学定教，顺学而导，重点关注难读的字音（多音字或误读字），难写的字形，更要引导学生理解字义和词义，体会字词的表达效果。

比如苏教版六年级课文《钱学森》一课生字“裕”的教学：要聚焦这个字的字形和字义。因为学生常常把 “衤” 写成 “礻”。针对这种情况，教师可以这样点拨：“衤”表示衣服，“谷”表示粮食，有衣服穿，又有粮食吃，家境就是富裕的。还要可以结合课文的语境进行深入教学：说一说钱学森在美国过着怎样富裕的生活？如果回国，会面对什么样的生活？说明了什么？这样的教学非常有张力，从字形入手，牵出字义，再深入文本，从字到人，层层深入，生字的教学很饱满，很有成效。

2. 处理好扶与放的关系

汉字要不要教？答案是肯定的。关键是思考教什么和怎么教。教给学生一些汉字的知识和识字方法应该成为首选的内容，学生具备了这些汉字的素养，在今后的学习中就能主动识字，提升能力。还要教得有情趣，教得很灵动。

①比较法

中高年级学生随着识字量的增加，经常把汉字混淆，特别是形近字、同音字分辨不清，教师要教给学生用比较的方法，分清是非，提高识字的质量。

比如学习“山清水秀”和“青山绿水”时，学生经常把“清”和“青”混淆。学生之所以混淆，是因为对这两个字的意思没搞清楚。教师可以结合语境把两个字的意思作一个比较。“山清水秀”中的“清”表示清秀的意思，即“山水”都很“清秀”。“清秀”一词被拆开使用，是一种互文修辞手法；而“青山绿水”中青和绿都是表示颜色的词，这样一比较，学生今后使用这两个词就不会混了。

②归类法

《语文课程标准》（2022年版）提出了“语言文字积累与梳理”学习任务群。本学习任务群旨在引导学生在语文实践活动中，积累语言材料和语言经验，形成良好语感；通过观察、分析、整理，发现汉字的构字组词特点，掌握语言文字运用规范，感受汉字的文化内涵，奠定语文基础。

让学生学会依据课文的内容，把文中的一些词语按照一定的规律进行归类、整理，可以帮助学生积累语言，丰富语言素养。

可以把同一偏旁部首的汉字进行归类，这样的汉字在教材中很多，要让学生学会梳理与探究；还可以按照一定的语境去归类，形成词串，丰富学生的语言积累。比如想到“秋天”，我们可以帮助学生积累“火红、金灿灿、黄澄澄、丹桂飘香、硕果累累、层林尽染”等。

③字理法

汉字构字有自己的规律，适当地给学生传授一点汉字的基本知识，比如汉字的几种字形：象形字、会意字、指事字、形声字，能激发学生学习汉字的兴趣，感受汉字无限的魅力，提高独立学习汉字的效率。

对一些字理比较明显、且通俗易懂的汉字，通过揭示其内在的构字理据，可以帮助学生形象地理解字义，掌握字形，建立音形义之间的关联，感受汉字文化的灿烂。如小土为“尘”；“尖”的东西前面是小小的，后面是大大的；“集”字，讲解时首先让学生了解“隹”是短尾巴鸟的总称，因此，“集”的本义就是鸟停在树上，繁体字为三个“隹”一个“木”，故引申为集合的意思。这样的教学可谓知其然，也知其所以然。经常这样教学，可以帮助学生掌握一些构字的规律，久而久之学生就能形成举一反三，触类旁通的能力，为学生自主识字能力的形成奠定坚实的基础。

④语境法

学习汉字，语境是最好的温床。吕叔湘先生说：“词语要嵌在上下文里才会有生命。”因此，学汉字要让学生联系语境，把字词放到具体的语境中去理解，才能准确无误。比如教学“负荆请罪”和“负隅顽抗”，两个“负”的意思不一样，只有联系具体的语境，学生才能体会到它们不同的意思，认识汉语中一字多义的现象。

3. 处理好识与用的关系

《语文课程标准》指出：“识字教学要注意儿童心理特点，将学生熟识的语言因素作为主要材料，结合学生的生活经验，引导他们利用各种机会主动识字，力求识用结合。”

评价学生识字不仅要看数量，更要看质量。学生只有真正达到读准字音，认清字形，了解字义，学会运用，才算识了字。在识字教学中，学用结合是开启儿童心扉的好办法。识了字就要用，用多了，用熟了，就能“生巧”。这个“巧”，就是生长智慧。因此，识字必须和听说读写结合起来，不能人为地把它们分割开来。

① 识字和词汇积累结合

字音、字形对于学生来说有时候不是难点，但是在字义上需要重点关注。学生认识这个字，但不代表会用这个字。学生平时也习得了很多词汇，但是未必知道词汇中就有这个汉字。所以教学中可以让学生通过组词、扩词、读成语、读佳句等形式，以一个字带出一串词，带出一组句子，这样的识字教学就丰厚了，不仅丰富了学生的词汇，而且培养了学生联想和类聚的思维能力。

② 识字和阅读结合

识字教学必须与课文学习同步，把生字词放在课文语境中感知、理解和积累，让文本成为识字的重要依托，把认识字词、理解文本、认识事物、培养审美情趣融为一体，统合优化。

有专家研究证明，一个学生的课外阅读量只有达到课本的4–5倍时，才会形成语文能力。识字教学还须与课外阅读同步，有益的课外书是对教材的补充和拓展。在读书活动中，既能多识字，又能积累语言，还能怡情养性。因此，可以开展多种形式的读书活动，如读书分享会、朗诵会、评选“阅读小书虫”、读书征文竞赛等，培养学生读书的兴趣和习惯，让学生在海量阅读中丰富识字，增加识字量。

③识字和写字结合

鲁迅先生曾说：“汉字意美以感心；音美以感耳；形美以感目。”

写字教学是识字教学的重要组成部分，在描摹、书写汉字的过程中，学生要辨清生字的书写位置、间架结构、笔画穿插挪让，在感受汉字形体美的同时，也再次对字形进行了细致分析和综合记忆，有助于字形在学生脑中的建构。

首先低年级每节课必须留足十分钟时间来保证指导写字；其次要渗透一些写字的方法。比如一看起笔，布局整体，二看宽窄，三看高低，四看关键笔画，尤其是穿插。在教学时，不要讲概念，要结合具体的汉字，慢慢渗透，日积月累，学生终有一天会自我顿悟的。再者要狠抓写字的姿势。要不断提醒学生做到“头正、身直、肩平、臂开、足安”，还有“一尺、一拳、一寸”等。起始年段，习惯很重要，常抓不懈，定有效果。最后要注重评价。写字教学一定要有评价的环节，评价的标准是该字指导的要领，学生达到了要求，就应该给他加星，鼓励为主，提振学生写字的兴趣和信心。

④ 识字和写作结合

识字是手段，读写是目的。识写要统合，要相辅相成。写作是最能检测学生识字的效果。写作一方面帮助学生正确运用汉字来表达意思和情感，同时也是让学生在写作中巩固汉字和扩大汉字量。因为要做到文从字顺，学生在写作的过程中总会遇到不会写的字，可以通过查字典、问老师和同学，认识一些汉字，掌握汉字，所以写作是识字最有效的路径之一，让学生写写日记、随笔等，学生掌握的汉字将越来越多。

4. 处理好识字和了解文化的关系

《语文课程标准》（2022 年版）提出了核心素养“文化自信”。文化自信是指学生认同中华文化，对中华文化的生命力有坚定信心。通过语文学习，热爱国家通用语言文字，热爱中华文化，继承和弘扬中华优秀传统文化、革命文化、社会主义先进文化，关注和参与当代文化生活，初步了解和借鉴人类文明优秀成果，具有比较开阔的文化视野和一定的文化底蕴。

古老的汉字承载着中华文明源远流长的历史，是中华民族无与伦比的文化奇观，有着深厚的文化意蕴，绽放着独特的文化魅力。

识字教学，不能仅仅停留在认识这个汉字上，更要通过汉字的教学，让学生感悟汉字的意趣，了解汉字的渊源，培养学习汉字的兴趣，激发学生热爱汉字的情感，增强对民族文化的认同感和自豪感，提升文化自信。

古人造字之始，即以字形像物之形；即以字音像物之声。立象以尽意。一个视觉符号，对应一个听觉读音，表达一个完整意义，形成一个形、音、义联系非常密切的融合体。象形字、指事字、会意字、形声字无不表现了这一特点，直观形象，可以析形索义，无需借助其他工具就能猜出它的大意，这就是汉字独特的魅力。

比如:“立”字像一个人站立在地面之上，人的脚下一条横线代表地面;“本”的下面一横表示树根；“鸣”是小鸟张开嘴巴在叫；“源”左声右形，从水从原。

（此文刊载于2017年第12期《小学语文教学》，略有改动）

二、识字：要彰显文化的魅力

汉字作为交流工具和文化载体，为民族文化的保存与繁荣贡献了力量，并进一步推动了中华民族多元一体格局的形成，在中华文明发展过程中，发挥了铸牢中华民族共同体意识的重要作用，因而汉字绽放着独特的文化光芒。

（一）汉字文化的魅力何在

1. 意象直观

我国著名汉字研究专家萧启宏先生说:“汉字，字形藏理，字音通意，同形同宗，同音意通。”

汉字承载着五千年华夏文明的基因，深邃而内敛，古老而优美，韵味十足。一字一世界，每一个汉字是形、音、义联系非常密切的集合体。

象形字：友——像两只同时伸出来的手，两手相交表示握手，握手即“友”；立：甲骨文、金文的“立”字像一个人站立在地面之上，人的脚下一条横线代表地面。

指事字：本——一横表示树根；末——一横表示树梢。

会意字：裕——有衣有谷，富裕之家；尖——上小下大，形成尖形；删——“册”是我们祖先的书，在竹简上写字时难免出错，怎么修改?先用刀把竹简上的错字刮掉或者削去，然后重写。“册”右边加一把刀，记录的就是这种修改方法。“删”字最初表示的就是删除、去掉的意思。

形声字：澡：有水方能洗澡；藻：水草；燥：缺少水分就干燥；躁：性急烦躁；噪：群鸟鸣叫成噪音。

这些汉字直观形象，彰显出“美、趣、智”的特点。

2. 功能强大

任何拼音文字构字构词能力远不如汉字来得直接。独体字虽然在整个汉字系统中数量并不多，但地位重要，它是合体字构成的重要部件，是汉字系统的根字。例如以“木”为偏旁构成的现代常用汉字就有400多个，足见汉字构字能力的强大。

汉字的构词能力也强大无比。以“时”字作为语素，和其他汉字组成的词语不少于一百个。正是因为汉字的构词能力强，所以一些常用字使用频率高，大大地减轻了学习汉字的负担，这也是汉字的优势所在。据说，联合国的会议用中、俄、英、法、美等国文字记录，结果中文版本最薄，俄文最厚。

据相关统计，陈鹤琴九十万字的文集仅用了4719个不同汉字；毛泽东所有著作仅含3136个汉字；孙中山《三民主义》用了2134个汉字；老舍的《骆驼祥子》用了2413个汉字。

有关专家研究，大约2000个常用汉字出现频率占总汉字的90%左右；3700个常用字的出现频率可达99.9%以上。语文课标提出的认识“3500”个左右常用汉字是很有道理的。

汉字的适应能力还很强。随着社会发展的需要，用现成的汉字加以组合，就能轻而易举地创造出很多新鲜词语，表达崭新的概念，丰富了汉语。比如“网民”“刷屏”“低碳生活”“人工智能”等。

3. 富有哲理

凝视着一个个奇妙的汉字，会让你生发哲思，领悟真谛，开启智慧，深受启迪。

赶：说干就干，必然走在别人前头；路：各人都有足，路靠自己去走；灯：只要心中有一盏不熄的灯，哪怕只有一丁点火苗，也会点亮人生；夭：正义的天平一旦倾斜，任何新生事物都会夭折；仁：心中不仅要有自己，还要有他人，所以是两人；忍：刀放在心上都要忍住，方能做大事。

4. 反映历史

汉字不仅是记录汉语的工具，还是中国古代社会的活化石，反映了社会的价值，记载了历史的变迁。

比较一组与“钱”有关的汉字，可以看出货币变化的历史。“财、货、贵、贱”等字以“贝”为形旁，“币、帛”以“巾”为形旁，而“钱、银”则以“金”为形旁，这些汉字不同的形旁，可以了解到我国古代曾先后用过贝壳、丝帛和金银来作货币的，反映了劳动人民对货币价值的认识变化。

再如在母系氏族社会里，以妇女为中心，很多姓氏都用“女”旁表形，如“姜、姚、姬”等。一些美好的字眼也用上“女”字旁，如“好、姣、姝”等。可是到了男权社会，则出现了许多侮辱女性的文字，如“嫉、婪、嫌、妓、妨”等字。“女”字旁不同的汉字，反映了时代和社会的变迁。

5. 传承美德

古人造字时，把自己的道德标准也融入了构字之中，给后人以启示。

如“信”字，从人从言，意为“人”“言”须诚信，诚信乃为人之本；“忠”字，从心，中声，尽心尽力，赤诚无私为忠，这是指对他人、对国家的一种态度；“孝”字，从老声，从子义，子女尽心侍奉老人为“孝”。

（二）教学如何彰显汉字文化魅力

自古以来，汉字教学是中国一切文化教育的基石与起点。汉字文化魅力无穷，在教学中如何彰显其独特的魅力，达到简约高效呢？

全国小语会原会长崔峦先生指出：“识字教学必须遵循两个规律：一是汉字本身的规律——汉字的特点和汉字的文化；二是儿童学习的规律——儿童学习汉字的兴趣和语言环境。”

识字教学要遵循这样的两个规律，要体现“四性”，方能彰显汉字文化的魅力，提升课堂的效率。

1. 趣味性

著名的心理学家皮亚杰指出：“所有智力方面的工作都依赖于兴趣。”赞可夫也曾说：“教学法一旦触及学生的情绪意志领域，触及学生的精神需要， 便能发挥高度有效的作用。”因此，要运用多种识字教学方法和形象直观的教学手段，创设丰富多彩的教学情境，提高识字的教学效率。

①图示呈现

用图画将汉字的本义表示出来。如教学“飞”字，可以画一只飞鸟，与“飞”这个字作对照，说明“⺄”是鸟的身躯，弯钩里的两笔是小鸟展开的翅膀。教学“采”字可绘出手在树木上采摘的简笔图。由于图画形象生动，有利于将汉字的形与义紧密联系起来记忆，可以达到事半功倍的效果。

②动作演示

有些汉字，动感十足，可用动作演示，形象直观，加深识记字形，巧妙突破字义。

如教“看”字，可用一只手在眼睛上遮住阳光，往远处“看”；教“掰”字让学生做做这个字表示的动作，学生就明白了这个字为什么这么造了。

③谜语竞猜

喜欢猜字谜是学生的天性。把汉字编成谜语，让学生在猜谜中识字。如教“午”字：远看像头牛，近瞧没有头，要问是啥字，看看日当头。

④编写歌诀

儿童对歌诀有一种天生的亲切感，利用歌诀可以帮助学生轻松地掌握一些难识难写的字。

如教“碧”字，可编这样的歌诀：一个王老头，一个白老头， 两人同坐大石头， 碧波荡漾乐心头；教“朝”字，用“一轮红日升草间，一弯残月落天边”这样的歌诀来识记，形象生动。

⑤辨形析义

在汉字中合体字占了 80% 以上，通过辨析汉字的结构和部件，理解汉字的意义，这样教学简单实用有效。

如“从”，一个人跟着另一个人向前走；“臭”，自大一点，会惹人讨厌；“孙”就是儿子的小孩。

2. 科学性

识字教学要遵循汉字构字的规律和识记规律。汉字是世界上唯一集形、音、义于一体的文字。字音是它的名称，字形是它的躯壳，字义是它的灵魂。识字要坚持音形义结合的原则，见形而知音义，闻音而知义形，表义能写字形辨字音，做到“知其一，推知其二”。

字理识字是我国传统的识字方法，也是一种科学的识字法，最容易被儿童接受。字理识字追溯造字的本源，依据构字规律，通过揭示和解析字理，帮助学生建立音、形、义三者之间的联系。

①象形字的教学

象形字大多与实物非常相似。教学时，可把汉字与一幅幅形象生动的图画联系起来，使学生能直观地识记字形，理解字义。如教学“舟、石、泉、川、燕”等象形字时，可以通过多媒体演示，让学生看到这些汉字的演变过程，从而记住字形。

②指事字的教学

指事字首先要引导学生辨析出指事的符号，然后根据指事符号在字形里的位置，分析其表达的意义。如“曰”中的一横表示说话时气从口出；“刃”中的一撇表示刀最锋利的地方；“本”下面的一横表示树根的位置；“末”上面的一横表示树梢的位置，本和末意思相反，所以有个成语叫“本末倒置”。

③ 会意字的教学

采用拆分法是会意字教学的主要方法。在教“歪”字，拆分成“不”和“正”，不正就是“歪”；“雀”拆分为“小”和“隹”，身子小小的，尾巴短短的鸟就是“雀”。“旦”，一轮红日从地面上升起，表示天亮的意思。

④形声字的教学

形声字的形旁多表义，声旁多表音，掌握这种规律，可以引导学生先辨析出这个汉字的形旁和声旁，然后理解它的字形、字义和字音，建立三者之间的联系。如“铜”字，从“金”义，表“同”音。

需要注意的是，根据北大汉字学者苏培成教授的抽样统计，现代汉字的理据度大约在50%。因此字理识字不是识字的唯一方法，也不可能是唯一的方法。凡是能说清楚字理，而且字理易于被学生接受的，可以利用字理。有些字单从现代的字形不易说清字理，通过溯源可以说清的，也可以适当联系字源识字。对那些说不清字理的汉字千万不能勉强作解，可采用别的识字方法去教学。

3. 应用性

识字教学要注意儿童心理特点，将学生熟识的语言因素作为主要材料，结合学生的生活经验，引导他们利用各种机会主动识字，力求识用结合。

①把识字和生活结合起来

语文作为一门工具性学科，与我们的日常生活有着密不可分的联系。许多学生在生活中习得了不少汉字，这就启示教师要把识字教学和学生的生活紧密结合，鼓励学生在生活中主动识字，独立识字，培养学生识字的习惯和兴趣。比如生活中的路牌、广告牌、商品名称、店名等都是识字的有效资源。

②把识字和阅读结合起来

识字教学必须与课文学习同步，要遵循“字不离词，词不离句，句不离文”的规律，把生字词放在一定的课文语言环境中来感知、理解和积累，让文本成为识字的重要依托，把认识字词、理解文本、认识事物、熏陶情感融为一体，统合优化。

识字教学还必须与课外阅读同步。让学生广泛阅读，读整本书，无形之中就扩大了识字量，同时也提升了学生对汉字的理解力，获取丰厚的知识，积累丰富的语言，发展学生的智力，提升语文核心素养。

③把识字和写字结合起来

写字教学是识字教学的重要组成部分，写字可以对字形进行细致分析和综合记忆，有助于字形在学生脑中的建构，巩固学生所学的汉字。同时在写字的时候，通过教师的指导，学生认识到汉字结构的对称、笔画的变化、穿插挪让等，充分感受到汉字的形体美，提升了审美的情趣和能力。

4. 创造性

识字教学也要与时俱进，充分发挥师生的主体精神，融入师生的智慧，创造性地采用一些方法，提高识字效率。

①抓住部首，联想类推

部首是代表同部字所表示的词义类别，相同部首的字大多表示同一类别的事物。抓住部首，联想类推，就能实现“举一形而统众形”，批量识字，大大地提高识字的效率。

如学了“火”字，并懂得“火”作偏旁时，有时变成四点底“灬”，当学到“热”“煮”“熬”“熟”“烈”等字时就能自觉地用“火”去析解它们的意义；学了“首”字（表示人头），懂得了“首”作形旁时写为“页”，当学到“顾”“项”“颜”“顶”等字时，就能把该字与“人头”联系起来理解。学生学会这样联想类推，识字就会进入“无师自通”的境界。

②母体衍生，韵文识字

在汉字中有些独体字可称作“母体”，因为它能衍生很多汉字。如果能抓住汉字这一独特的构字规律，充分利用，可以创造性地开展识字。

如学习“青”时，让学生想一想由“青”可以衍生出哪些字？（请、清、情、晴、睛等）如果围绕这几个汉字再编一则小韵文《小青蛙》：河水清清天气晴，小小青蛙大眼睛，保护禾苗吃害虫，做了不少好事情，请你保护小青蛙，它是庄稼的小哨兵。这样识字教学就十分丰厚了，学生不仅在成串识字，学习韵文，丰富语言，还提高了辨识事物的能力。

③ 展开想象，自主建构

学习是一种个体行为，适合的才是最好的。识字教学应该鼓励学生用自己的方法来识字，实现自我建构的目标。

如教“庆”字，有个老师是这样设计的：

师：“欢庆”的“庆”字是“广”字下面加个“大”。我们已经知道了“广”与房屋有关，那么“庆”这个字你准备怎么记呢？可以展开合理的想象。

生1：“广”表示房子，一间“大”房子建好了，当然要庆贺一番了。

生2：“广”表示房子，房子就是家，家里有了“大”喜事，亲朋好友都来祝贺。

生3：“广”表示房子，房子是家，而我们的祖国就是一个大家庭，这个大家庭最大的喜事就是国庆节，所以到了十月一日我们就要庆祝新中国的生日。

总之，识字教学要让学生深切地感悟汉字的意趣，了解汉字的渊源，培养学生学习汉字的兴趣，激发他们热爱汉字的情感，认同中华文化，提升文化自信力。

（此文刊载于2014年第10期《江苏教育研究》）

第二节　识字教学设计

一、《比尾巴》第一课时教学设计

【教学内容】

统编教材一年级上册《比尾巴》

【教学目标】

1. 认识11个生字，学习提手旁、八字头两个新偏旁。会写“巴、把”2个生字。

2. 正确朗读课文，学会朗读疑问语气的句子。

3. 知道课文写了哪几种动物，了解动物尾巴特点，激发学生喜爱动物的情感。

【教学重难点】

正确朗读课文，学会朗读疑问语气的句子。

【教学过程】

板块一：了解赛事—— 聚焦“比”字

1. 出示狮子图片，问：这是谁？（狮子）

狮子大王邀请我们去森林王国，它们要举行一场特别的比赛，看看，比什么？（出示课题）你能读好课题吗？

2. 出示“比”字的古文。古时候的“比”字就是两个人一前一后并列靠着。那小朋友之间可以比什么？

3. 出示“尾巴”

（1）再来看看“尾巴”这两个字，尾巴一般都有毛，所以“尾”的下半部分是个“毛”字。

（2）“尾巴”这两个字里也分别藏着一条尾巴，你能找到它吗？

（原来“竖弯钩”就是“尾巴”呀，这多有意思啊！）

4. 让我们一起大声读读课题。小动物们的比赛就要开始了！

【评析：用儿童喜欢的卡通动物——狮子大王导入新课，创设森林王国比赛的情境，激发学生的学习兴趣，营造了一个生动活泼的课堂氛围。在极短的时间内吸引学生，给人一种“课伊始，趣亦生”的感觉。】

板块二：认识“选手”——比谁读得好

1. 森林王国里有比尾巴大赛，课堂上同学们也来比一比。比谁会听，听老师读，读到哪，看到哪。下面听老师读课文。请小朋友们将语文书打开到 82 页。

2. 我们再来比比谁会读。请同学们自由朗读课文，看清音节读准音，连词成句读通顺，不和别人一条声。读完想一想，都有哪些小动物来参加比赛，把它们的名字圈出来。

3. 到底有哪些小动物来参加比赛呢？

评：你们和他一样吗？真厉害，一下子就把小动物都找出来了，让我们把掌声送自己吧。

4. 今天，老师把小动物们也请到了课堂上，我们一起叫叫它们的名字。

（贴板贴，出示动物的名字）

5. 出示：猴子 兔子 鸭子

（1）这六个小动物里，有三个小动物的名字里都有轻声，你能读好它们吗？指名读。

（2）出示“兔”古体字，猜猜这是什么字？就藏在刚刚的名字里。

（你是怎么猜出来的？请你上来指一指。原来斜刀头就是兔耳朵，最后一笔点是短短的兔尾巴）

（3）让我们一起来读好它们的名字。齐读。

6. 还有三个小动物名字里都有后鼻音，你能读好吗？

（1）指名读。

（2）出示“公”：

①骄傲的大公鸡也来参加比赛呢。看“公”这个字上半部分是什么？

②“八”作为偏旁时叫“八字头”，跟老师读，“八字头”。

③在动物世界里，“公”表示雄性动物，比如公牛、公羊。

（3）让我们一起再来读读它们的名字。齐读。

7. 小朋友们最会读，不仅读准了字音，还找出了小动物。小动物都准备好了，狮子大王想请你们来做播音员，提醒小动物们的出场顺序。想要当播音员的小朋友要注意，声音响亮，发音标准，话说完整。谁来当？

指名说：大家好！参加比尾巴大赛的动物们有（　　）、（　　）、（　　）、（　　）和（　　）。

【评析：一年级学生非常喜欢小动物，对于动物奇特的尾巴更是兴趣盎然，这就为本节课的教学奠定了坚实的感情基础。找准学生的兴趣点，打开识字的大门，学习小动物名字中的生字。在师生的互动交流中，老师采用字理识字、联系生活实际、图文对照等多种识字方法，且在字音、字形、字义方面各有侧重，识字扎实有效，为阅读理解打下了基础。】

板块三：尾巴大赛——比谁问得好

1. 比尾巴大赛一共分为两场，比尾巴的什么呢？现在第一场比赛正式开始。

2. 出示三个问句，指名读。谁想来读？（评价中指导：咬字清晰，你读得很流利。你的发音标准，你注意到了“谁的”的发音，“的”要读得轻而短。跟老师读“谁的”。你真会读书，这三句话你都读准了）

3. 看来第一场比赛，我们就是要“比长”“比短”“比好像一把伞”。

4. 识字：

（1）出示：长

“长”是个象形字，表示一个人长发飘飘的样子。你们看，“长”的每一个笔画都是长长的。

（2）出示：短，读“短”，开火车读。

（3）指着大屏幕，小朋友们，你们看，长和短是一组反义词，生活中，你知道什么是长的？什么是短的呢？

（4）出示：词卡“一把伞”，谁来读读这个词？指名读（开火车读）

A. 出示“伞”：再看“伞”这个字，老师现场打开一把伞，请学生仔细观察“伞”字上面的“人”是伞的哪个部位？（伞面）你还发现了什么？（伞骨、伞柄）跟着老师一起读读这三个词。

B. 谁能上来帮老师拿这把伞？

C. 出示“把”

①用手握住就叫“把”，“把”的左边是提手旁，跟读。

②出示“一把伞”，生活中，我们会说“一把伞”，还会说一把什么呢？（一把刀、一把钥匙、一把扇子）

【评析：低年级识字教学要以文本为依托展开，字不离词，词不离句，学文与识字要紧密结合。在教学中，老师注重引领学生在语言环境中识字，把识字融入文本的学习之中。随文识字，不仅提高了学生的识字效率，也更能激发学生的识字兴趣，提升学生汉字的素养，感受祖国语言文字的魅力。】

5. 认识了这些生字，你们能读好这三句话吗？指名读。

（1）仔细观察这三句话，你发现了什么？

（2）小问号可特别啦！要想读好它，可要注意语气要上扬！先听老师来读第一句。

（3）谁能学着老师的样子，读第一句？

评价：①语气上扬，你读出了心中的疑问。

②老师听出来了，你不仅读好问号，还注意到了“谁”要读的重重的。看来你特别想知道答案。

（4）谁会读第二句？（你也读出了你的疑惑！看来你也很想知道比赛结果了）

（5）第三句，谁来读？（你的语气也上扬了。听出来，你有点迫不及待想要知道答案了）

（6）那三个问句放在一起，你们还能读好吗？齐读。

6. 出示：猴子 兔子 松鼠

（1）我们问了这么久，答案到底是什么呢？请同学们仔细看图，老师来问，比比谁会答。

（2）在小朋友们的评比下，第一场比赛的结果出来了！下面请同桌之间互相问答。

（3）同桌展示。

（4）现在老师想请一位同学上来播音员，他问一句，你们答一句。这个播音员的要求可高了，不仅要会问，还要做动作。

（5）女生问，男生答。

【评析：语文课要重视朗读，要让学生充分地读。范读、指名读、师生合作读、生生合作读等，不同形式的朗读，让学生一步一步加深对课文的理解。以读代讲，以读促悟，以读促思，让学生在朗读中认识问句，体会问与答的特点。学生也在比尾巴大赛的情境中自然体会到问号、句号所表达的效果。】

板块四：一起写字，比谁写得好

1. 教写“巴”

（1）一看笔画，仔细看“巴”的笔顺，一起说“巴”字怎样写？

（2）二看位置，你发现了哪些关键笔画位置？（首笔定位 竖弯钩）

一笔横折，起笔左上格，横长折短，横略向上斜，折往里收。

二笔竖，短竖在横折横的中间起笔。

三笔竖提，横中线起笔，略向上扬。

四笔竖弯钩，要舒展，超过上面的横，钩要钩出来。

（3）老师范写并说要领：行笔轻快，落笔重。竖要直，顿笔重，向上轻快。

（4）学生书写，老师巡视。

（5）评价学生书写作业。

2. 教写“把”

（1）比一比，你发现什么？当“巴”作为部件时，有什么变化？

（2）书空笔顺。

（3）师范写“把”，并念出口诀：左高右低，左窄右宽，竖勾挺直，露出尾巴。

（4）屏显学生作品，师生共同评价。

【评析：语文新课标要求低年级学生：掌握汉字的基本笔画和常用的偏旁部首，能按笔顺规则用硬笔写字，注意间架结构，初步感受汉字的形体美。写字，是低年级教学的一大基本任务。教师在指导学生书写“巴”和“把”时，引导学生先观察汉字书写的特点，再说书写要领，接着教师板书示范，学生书空练习，描红试写、相互评价。教学的每一步都很实在，一步一个脚印，久而久之，学生未来自主写字的能力就会增强。】

五、全课小结

这节课我们在森林王国里当了一回最棒的小裁判，还认识了许多生字，小朋友们，你们开心吗？第二场比尾巴大赛的结果究竟怎么样呢？我们下节课再继续学习。

（设计 / 金立义名师工作室王丹　评析 / 金立义）

二、《动物儿歌》教学实录

【教学内容】

统编教材一年级下册《动物儿歌》

【教学目标】

1. 认识“蜻、蜓、迷、藏、造、蚂、蚁、食、粮、蜘、蛛、网”12个生字，读准音，认清形，了解义，初步建立音形义之间的联系。

2. 会写“间、迷、造、运、池、欢、网”7个生字，书写正确、规范。

3. 学习用普通话正确、流利、有感情地朗读儿歌。

4. 读懂儿歌内容，了解蜻蜓、蝴蝶、蚯蚓、蚂蚁、蝌蚪和蜘蛛这六种小动物的部分生活习性。

【教学过程】

板块一：复习导入

师：亲爱的小朋友们，你们好！大家喜欢小动物吗？

生齐：喜欢！

师：你们喜欢的小动物都是在哪里认识的？

生1：家里，我喜欢我家养的小狗。

生2：我最喜欢到动物园里看小动物！

……

师：其实，在我们的语文书里也见到过很多小动物，你还认识它们吗？

（课件出示，开火车认读）

飞鸟　小虫　白马　青蛙　黄牛

花猫　黑狗　乌鸦　公鸡　金鱼

师：孩子们学的可真棒，这节课老师再带你们去参观动物王国，学习一首动物儿歌。

【评析：从学生的生活出发，选择一年级学生喜闻乐见的动物来吸引学生的注意力，创设参观动物园的情境，调动学生学习的兴趣，同时通过词语复现来复习上节课所学的动物名称，也为后文学习动物儿歌打下基础。】

板块二：认识动物

1. 示范朗读

师：儿歌里有哪些可爱的小动物呢？陈老师读给你听。注意啦，老师读到哪儿，你的小眼睛就看到哪儿。听清读音，听清停顿。

2. 自由朗读

师：下面，请你们自己读一读。

生自由朗读。

3. 整体感知

师：小朋友们，这首儿歌里出现了哪些小动物？

生：蜻蜓、蝴蝶、蚯蚓、蚂蚁、蝌蚪、蜘蛛。

师：你们不仅听得认真，找动物也很有方法。只要我们学会按顺序找，就不会漏掉小动物啦！

4. 认识事物，学习生字

（1）师：你们瞧，最先飞来的是哪个小动物？（出示蜻蜓图片和词语）

生：是——蜻蜓。

师："蜻"字右边的"青"有美好的意思，当我们看到蜻蜓在空中飞舞时，就知道美好的夏天到来了。"蜓"字右边的"廷"表示笔直挺立的样子。"小荷才露尖尖角，早有蜻蜓立上头"，你看，小蜻蜓就喜欢轻轻地立在小荷上，多像一个跳芭蕾舞的小姑娘！请女生一起读读这句话。

女生齐读——蜻蜓半空展翅飞。

（2）师：再看看地上的可爱精灵吧，它是谁呢？

生：是——蚂蚁。

师：蚂蚁的"蚁"右边是个"义"，蚂蚁是注重合作、很讲团结的昆虫，如果有只蚂蚁发现了美食，它可不会自己饱餐一顿，而是喊上小伙伴一起享用美食。遇到危险，它会为了保护大家不惜牺牲自己的生命，多有情义啊！你会读这句话吗？男同学一起试试吧！

男生齐读——蚂蚁地上运食粮。

（3）师：屋檐还有一只小动物在和你打招呼呢，它是谁呀？

生：是——蜘蛛。

师：对。“蜘”字右边的“知”有智慧的意思，古人认为别的动物直接捉猎物，而蜘蛛却知道编织一张网，在网上等待猎物，这是一种智慧。和老师一起读读这句话。

师生读——蜘蛛房前结网忙。

（3）你瞧，又来了三只小动物。蝴蝶穿着色彩鲜艳的衣服飞来啦，蚯蚓一拱一拱地爬来啦，蝌蚪从水中探出小脑袋来啦。小朋友，我请一个小组开火车读读这三行。

生读：蝴蝶花间捉迷藏，蚯蚓土里造宫殿，蝌蚪池中游得欢。

【评析：在参观动物园的情境中，自然而然地识记生字“蜻蜓”“蚁”“蜘”，采用随文识字的方式，结合动物本身的特点，将生字的形义巧妙结合，体会汉字与部件之间的关系，无形中增添识字的趣味性，提高识记的效率。】

5. 总结规律

师：细心的小朋友们，小动物的名字放在一起，仔细观察一下，这些小动物的名字有什么特点？

生：我发现这些小动物的名字里都有“虫字旁”。

师：你的发现真了不起！最早的时候，这些小动物都是古人眼中的“虫子”。你看，小虫变魔术啦！虫，是我们的祖先根据蛇的样子造出来的，后来，他们给天上飞的、地上爬的、水里游的动物起名字的时候，通常会用上虫，表示昆虫或像虫子的动物。再看看，去掉虫字旁，右边部分字的读音和原来这些字还很像呢！这样的字啊，我们叫它——形声字。

6. 强化识字

师：亲爱的小朋友，请和小动物打个招呼吧！

生：你们好呀！蜻蜓、蝴蝶、蚯蚓、蚂蚁、蝌蚪、蜘蛛。

【评析：采用集中对比识记的方式，引导学生认识带有虫字旁的字，自主观察字形，主动探索相同偏旁进行归类，初步感知形声字的造字规律。】

板块三：发现位置

师：那么，这些小动物在哪儿活动呢？你能用朗读告诉大家吗？

生：蜻蜓半空展翅飞。

师：听出来了，蜻蜓不是在高空，是在半空展翅飞呢！

生：蝴蝶花间捉迷藏。

生：蚯蚓土里造宫殿。

生：蚂蚁地上运食粮。

生：蝌蚪池中游得欢。

师：蝌蚪生活在水中，所以“池”是——

生：三点水。

生：蜘蛛房前结网忙。

【评析：字不离词，词不离句。在识记带有虫子旁的词语之后，引导学生在寻找动物在哪儿活动的情境中朗读词语所在的句子，既是对上个环节的复习，又是对儿歌内容的感知理解，可谓一举两得。】

板块四：认识本领

1. 过渡

师：小动物们各有各的本领，可厉害啦！这些小动物都在干什么呢？你还能用朗读告诉大家吗？

2. 学习第一句

师：蜻蜓和蝴蝶飞来啦，听老师读——蜻蜓半空展翅飞，蝴蝶花间捉迷藏。

师：看，蜻蜓在半空展开翅膀飞行，多么自由自在啊！我们一起来伸长小手臂，做一只小蜻蜓，快乐地展翅飞吧。

生齐读——蜻蜓半空展翅飞。

师：咦？蜻蜓的好伙伴蝴蝶飞着飞着，不见了，你能找到它藏到哪里去啦？在这呢！蝴蝶很聪明，它知道用花草掩盖身体，把自己藏起来，所以，“藏”字上面就是“草字头”。看，蝴蝶飞到花丛中，让人分不清哪是花叶哪是蝴蝶。

师：小蝴蝶可喜欢捉迷藏啦，我们小朋友捉迷藏时都会走来走去，找到一个最隐蔽的地方藏起来，所以，“迷”的偏旁是“走之”。你走过迷宫吗？迷宫里的道路弯弯绕绕的，“迷”字里面的“米”，就像四通八达的道路，走在这样的路上很容易让人辨不清方向。“米”也表示微小，捉迷藏时要把自己身体蜷缩起来，变小一点，这样隐藏起来，不容易被找到。

师：蝴蝶在花丛中捉迷藏，其实就是在——飞舞。蝴蝶在花丛中飞舞，就像小朋友们在玩“捉迷藏”，有趣极了！我们一起再来开心地读读。

生齐读——蝴蝶花间捉迷藏。

3. 学习第二句

师：蜻蜓和蝴蝶在半空玩得这么开心，地上的蚯蚓和蚂蚁又在做什么呢？跟老师读——蚯蚓土里造宫殿，蚂蚁地上运食粮。

师：刚刚我们知道捉迷藏会走来走去，所以偏旁是“走之”，那聪明的你想一想，“造”宫殿的“造”的偏旁为什么也是走之旁吗？

生：我认为“造”的偏旁是“走之”，是因为蚯蚓在土里造宫殿，要钻来钻去，就像我们小朋友在走路。（出示蚯蚓造宫殿图片）

师：老师非常赞同这位小朋友的观点，蚯蚓一会儿往上钻，一会儿往下钻，一会儿往左边钻，一会儿又往右边钻，就像在忙着造自己的宫殿呢！

师：“造”字，表示到达，前往。“造访”就是登门拜访的意思，古人为了更好地拜访远方的朋友，就要制造交通工具，如造船，造马车。“造”还有建造的意思，比如造房子，造宫殿。

师：你瞧，这是我们人类的宫殿，多壮观呀！（出图）蚯蚓造地下宫殿其实是在挖地洞，为地球松土，可以增加土壤之间的空隙，让植物们更好地呼吸。泥土会变得更松软更营养，蚯蚓和人类的工程师一样了不起！我们一起读一读。

生齐读——蚯蚓土里造宫殿。

【评析：“造”的教学很有层次感。从字形入手，再结合文本的语境，再拓展到它的引申义，把识字和学词结合起来，把识字和学生的思维培养结合起来，课堂教学就很丰盈了。】

师：蚂蚁爬来啦，它们排着队正在运食粮呢。食粮，在这里就是我们经常说的——粮食。我们吃的大米，大豆等谷物和豆类都是“粮食”。小朋友仔细看看这两个字，你发现了什么？

生：我发现两个字都有“良”这个字。

师：多会发现呀！“良”有好的意思，粮食对于我们人来说就是好东西，没了粮食，我们人可就要挨饿啦。

师：小朋友你看，米是粮食，人们可以吃。所以“食”的上面有个“人”，“粮”的左边有个“米”。小朋友凑近看看小蚂蚁在运什么粮食呢？

生：我看到它们运了米粒、玉米粒、面包屑，还有糖果。

师：你的眼睛可真厉害。这些可都是小蚂蚁们心爱的食粮。不过说到这，老师有一个小问题，我们经常说“粮食”，为什么这里要说成“食粮”呢？看看老师圈画的这三个字的读音，你有什么发现？

生：我发现这三个字的韵母里都有 ang。

师：我想邀请全班同学一起为你鼓掌！在儿歌里，都用 ang 是为了押韵，读起来朗朗上口。我们一起读读再感受一下吧。

生齐读——蚂蚁地上运食粮。

4. 学习第三句

师：蚯蚓和蚂蚁真勤劳呀！蝌蚪和蜘蛛又在哪里做什么呢？跟老师读——蝌蚪池中游得欢，蜘蛛房前结网忙。

师：小朋友们看，这是小蜘蛛的网，“网”字和蜘蛛网放在一起看，是不是有点像？“网”字的两个撇点多像蜘蛛网上的线呀。“网”字最初像一张捕捉鱼或鸟兽的网，“竖”+“横折钩”就像木棍等做的支架，“撇，点，撇，点”就像支架之间用绳索编织交叉的样子。

师：生活中还有很多“网”，这是——

生：篮球网。

师：这是——

生：足球网。

师：这是用来捕鱼的——

生：渔网。

师：看，疫情期间，小朋友们在家——

生：上网课。

师：小蜘蛛在房前忙着结网，小蝌蚪在池塘里欢乐地游，我们一起读——蝌蚪池中游得欢，蜘蛛房前结网忙。

5. 整体朗读

师：小动物的本领可真大！小朋友的朗读本领一定也很大。跟着老师拍起手，把儿歌读正确、读流利。

师生齐拍手读。

6. 识记词组

师：小朋友读得太棒了！在我们课文下面的习题第二题中有6个词组，也向我们展示了小动物们的本领！我们一起读一读，记一记。

生开火车读：蜻蜓展翅　蝴蝶飞舞　蚯蚓松土　蚂蚁搬家　蝌蚪游水　蜘蛛结网

【评析：随文识字是提高识字效率的有效策略。此环节采用随文识字的方式，巧妙地将“藏、造、粮、网”的字形、字义与动物本身关联起来，使学生在参观动物园的情境中，饶有兴趣地了解动物，又识记了有意思的汉字，也感知了儿歌内容，认识了“谁在哪里干什么”的语言表达形式，实现了学文识字的有机融合。】

板块五：指导写字

1. 复习生字

师：你们都是朗读大王！蚯蚓邀请你们到它的地下宫殿去玩，只有读对了生字，才能走出它的地下宫殿哦。开始吧！

生开火车复习生字。

2. 做写字操

师：真棒！生字读准确了，小动物们要带我们练写字功。我们先跟蜘蛛来织网，横着织，竖着织；再跟蝌蚪数雨滴；接着跟蚯蚓造宫殿，先上下造，再造圆形的。

3. 写字教学

师：生字朋友来啦，它们是——

生："网""间"。

师：（范写指导）我们一起来结张网，小手伸出来：先支起两根栏杆，再织网线，左一根，右一根，左一根，右一根。瞧，我们的网结好啦。

师：（范写指导）我们接着写"间"。先写四四方方一扇门，门缝里有阳光照进来啦，日写在正中间。

师：又来了三个生字朋友，它们是——

生："运""造""迷"。

师：你发现这三个生字的共同点了吗？

生：它们都是半包围结构，偏旁都是走之。

师：说得对！要想写好偏旁"走之"可不容易。小朋友们看，走之就像这个小女孩一样，身体向前倾斜，走路的时候一只脚要抬起来。点和折要对齐，横折折撇向前倾，捺脚平平能托住小球。

师：（范写指导）有走之的字都应该先写里面，再写外面。看老师写"迷"。米的捺变点，走之点对横折折撇，捺脚平平托小球。

师：（范写指导）"造"和"运"的结构相同，造，口字扁而小。

师：（范写指导）运，云靠竖中线，走之，点对横折折撇，捺脚平平托小球。

师：小朋友看得很仔细。请你端正坐姿来写字吧，相信你和图上小朋友的姿势一样棒！头正、身直、肩平、臂开、足安、一拳、一尺和一寸，你一定能把字写得很好！

师：今天的课就上到这儿，同学们再见！

生：老师再见。

【评析：写字也是低年级语文学习的重点，教师化枯燥的写字练习为具有创意的学习活动，将生硬的笔画书写要点转变为富有挑战性的笔画搭建，再次点燃学生的学习热情，渗透了写字方法。写字口令的使用也有助于学生良好写字习惯的养成。】

【点评】

陈瑶老师将课文的教学内容进行了梳理与重组，形成了“识字”“朗读”“写字”三个相互关联的教学板块，每个板块聚焦一个核心目标，教得准，学得透。在教学中，注重情境的创设，指导学生进行随文识字与有层次朗读。

1. 课堂教学与言语情境相结合

为了让学生在愉快轻松的氛围中主动识字，要根据低年级学生的年龄特点，有意识、有目的地创设情境，激发他们的识字兴趣，利用多种渠道拓宽识字途径，提高识字能力。身边的小动物对于一年级学生来说真实有趣，充满了吸引力。本课的教学设计，以“参观动物园”为主题情境，将教材提供的识字资源和学生已有的生活经验、当下的学习兴趣紧密勾连，创设三个生动有趣的动物主题的学习情境：认识动物、发现位置、认识本领，引导学生在真实情境中感知儿歌内容了解动物，同时，运用归类识字、偏旁识字、实物对比识字等多种方法认识生字，感受识字的乐趣，提升独立识字的能力。在指导写字环节，依旧在主题情境下，化枯燥的识字为有趣的拼搭游戏，让学生轻松掌握写字要领，提升学生对写字的兴趣。

2. 词串识记与随文识字相结合

课文中要教的生字很多，陈老师采用了集中识字与分散识字相结合的办法，分类教学，逐个突破。先将虫字旁的生字进行归类识记，形象地展示“虫”字的字源，而后从情境图中找到各种“虫”，串成一组带“虫”字的词语——蜻蜓、蝴蝶、蚯蚓、蚂蚁、蝌蚪、蜘蛛。这样的词串学习，由字理贯穿识记过程，好学易记。再随文教学“藏”“网”等生字，边朗读边识字，随着形象化的字义理解，自然而然地理解了句意。最值得学习的是“运”字的教学，通过表演蚂蚁不同的“运粮”方式，揭示“都在道路上”这个要点，点明了“辶”的含义，给学生留下了深刻的印象。“网”字的教学，则通过边写边念“口诀”，帮助学生掌握笔顺、记住字形，把汉字的识记过程变得轻松愉快。

3. 节奏朗读与有层次朗读相结合

低年段语文教学，指导学生把课文读正确、读流利是最重要的任务。在正确认读字词的基础上，陈老师将教学的重心转移到“正确朗读”上，提出了“读出儿歌的节奏”这个教学任务，可谓是切中要领。因为这是一首儿歌，句子结构相似，准确把握“停顿与重音的落点”，便能读得很有节奏感，打着节拍更能读得朗朗上口，最终熟读成诵。陈老师通过范读、学生领读、男女生互读等形式，由扶到放，帮助学生们读好了儿歌的停顿，感受了朗读的节奏美，培养了学生的语感，这样的教学真正体现出了前后联系、循序渐进的教学原则。词语、句子训练贯穿在小学阶段各年级的语文教学过程中，在一遍又一遍地层次朗读中，学生在潜移默化中感知了儿歌的语言表达形式，使得语文课不仅仅是识字，还在学习表达，提升了学生的语文核心素养。

（设计 / 金立义名师工作室陈瑶　评析 / 金立义）

三、《妈妈睡了》教学设计

【教学内容】

统编教材二年级上册《妈妈睡了》

【教学目标】

1. 认识本课“润”“哄”“先”等11个生字，知道多音字“发”并组词。

2. 能够规范、端正地书写“哄”“脸”2 个字。

3. 能够正确、流利地朗读课文，读好长句子、儿化音和含有“的”的短语。

【教学过程】

板块一：图片导入，引出课题

1. 课前诵读：《游子吟》

2. 课前演讲：学生推荐绘本《我妈妈》

3. 在《游子吟》中，孟郊的母亲担心着即将远行的儿子，大家还认识了一位无所不能的妈妈，那我们的妈妈又是怎样爱着我们的呢？

4. 出示学生及其妈妈的照片，播放背景音乐。

老师搜集了一组照片。妈妈陪着我们学习，和我们外出旅游，还一起参加各类表演，无时无刻地都在关爱着我们呢！

5. 出示书上插图。

瞧，这位妈妈又在干什么呢？指答。

6. 对啊，她哄着哄着孩子自己先睡着了。今天，就让我们一起去看看《妈妈睡了》这篇课文。

出示课题，齐读课题。

7. 认读“睡梦中”。

妈妈不仅睡着了，还在做梦呢！

出示字卡：睡梦中。指读，强调后鼻音，开火车读，齐读。

【评析：语文新课标指出，创设情境，应建立语文学习、社会生活和学生经验之间的关联，符合学生认知水平。因而，巧借课前三分钟的诵读与演讲引出话题的主角——妈妈。在舒缓的背景音乐中，一张张真实的照片勾起了学生与妈妈相处的点滴回忆，既从实际生活出发激发了学生学习的兴趣，又奠定了本课轻柔的朗读基调，更为体会母爱做了铺垫。】

板块二：初读课文，整体感知

1. 教师范读

睡梦中的妈妈是什么样子的呢？请小朋友们打开语文书第36页，听老师读课文。双手捧书书外斜，老师读到哪里，你的小眼睛就看到哪里。

2. 学生自读

你们听得可真认真！现在，就请你们自己读读课文，找一找睡梦中的妈妈是什么样子的？注意看清音节读准音，连词成句读通顺，不和别人一条声。

3. 整体感知

课文读完了，你知道睡梦中的妈妈是什么样子的呢？指答。

相机板贴句子：

睡梦中的妈妈真美丽。

睡梦中的妈妈好温柔。

睡梦中的妈妈好劳累。

齐读句子。

【评析：课文的第2–4段均围绕着第一句话，用三个并列式的段落详细描写了睡梦中妈妈的样子——美丽、温柔和劳累。在初读课文这一环节，通过一个总问题引导学生听文章、读文章，尝试根据提示提取文本的关键信息，从而提高学生整体感知文本的能力。】

板块三：随文识字，积累词语

1. 教学第一自然段

过渡语：咦，那妈妈怎么会睡着了呢？

出示第一段，指读。

（1）教学“哄”。

过渡语：原来妈妈在哄我午睡呢。

①出示字卡：哄。指读，开火车读。

②“哄”左边是（生：口字旁），你们猜猜为什么是口字旁？对啊，

小时候，妈妈会怎么哄你睡觉呢？指答。

③这些都要用到嘴巴。其实“哄”不仅只用嘴巴，妈妈还用手轻轻地拍着孩子，哄他午睡呢！一起读。

相机出示课文插图。

（2）教学“先”。

过渡语：可是，哄着哄着妈妈先睡着了。

①出示字卡：先。“先”这个字啊，特别有意思，在古代，“先”的上面指一只脚，下面是一个人，脚在人前面，领先一步，这就是（生：先），那脚在人的后面呢，就是（生：后），对啊，所以我们可以组词（生：先后）。

相机出示“先”的字理图。

②（出示插图）瞧，午睡的时候，妈妈先睡着了，睡得好熟，好香。谁再来读读这段话？指读，齐读。

2. 教学第二自然段

过渡语：我睁着大眼睛看着熟睡的妈妈，发现睡梦中的妈妈（生：真美丽），美丽在哪里呢？

出示第二段，指读。

（1）是啊，美丽的妈妈有（生：明亮的眼睛），有（生：弯弯的眉毛），还有（生：红润的脸）。

相机出示短语：明亮的眼睛　弯弯的眉毛　红润的脸

（2）教学“润”。

过渡语：瞧，妈妈的脸多么红润啊！

①出示字卡：润。“润”这个字左边是（生：三点水），土地有了水，就变得（生：湿润），植物有了水，就会被（生：滋润），我们的脸有了水色，就会（生：红润）起来。

相机出示词语：湿润　滋润　红润

②我们小朋友的脸又红又水灵灵的，多红润啊，一起读。

③妈妈的脸也像我们小朋友的脸一样红润，指读词语。

【评析："润"字的教学很丰厚，从字形，到字义，再到扩词，朗读，既建立了汉字音形义之间的整体联系，又丰富积累了词语，真是一举两得。】

（3）指导读好短语。

妈妈还有（生：明亮的眼睛）和（生：弯弯的眉毛）呢！谁来美美地读读这三个词呢？注意词儿要连读哦！指读，齐读。

（4）教学"闭"。

过渡语：现在妈妈睡着了，明亮的眼睛也闭上了。

①出示字卡：闭，出示古代关门图。"闭"这个字外面是个门字框，指的是把两扇门关起来，而古时候的门，后面都有这样的门闩（出示实物图），为了把门关紧点儿，门闩两边还会加上两根小木棍，所以"闭"的里面是个"才"。

（5）教学"紧"。

①妈妈的眼睛现在像门一样闭上了，而且是（生：紧紧地闭着），指读，强调"紧"的前鼻音。

②小朋友们，眼睛紧紧地闭着是什么样的啊，你们做一做？学生做动作，指读短语，齐读。

（6）妈妈眼睛紧紧地闭着，睡得好熟，好香，眉毛弯弯的，脸红润润的，真美！捧起书，请女生读读第二自然段。

3. 教学第三自然段。

过渡语：睡梦中的妈妈还好温柔呢！

出示第三段，指读。

（1）相机正音，强调儿化音"等会儿"。

（2）指读，男生齐读。

【评析：识字是第一学段的教学重难点，也是低年段阅读教学的基础，要让学生在朗读文本的过程中自然地识字，积累词语，感受汉字之美，体会文字之韵。教师在课文情境中，结合学生的生活经验，采用字理、图片、动

作演示等形象直观的教学手段，让学生在多种形式中识字，学得生动有趣，大大提高了识字的效果。】

4. 教学第四自然段。

过渡语：美丽、温柔的妈妈忙碌了一天，真辛苦，太累了。请小朋友们和同桌一起练读第四自然段。

出示第四段。

（1）闯关挑战，指导读好长句子。

过渡语：这一段中，有一句话特别长，很难读，我们一起去挑战一下吧，挑战成功的小朋友，奖励陶娃贴哦！

①第一关，词语挑战。

教学"头发"（出示字卡：头发）：指读，开火车读。这里，藏着一个多音字，你发现了吗？是的，"发"字有两个读音，一个读成"fā"，第一声，你可以组哪些词呢？指答。还能读"fà"，第四声，你又可以组哪些词呢？指答。咦，老师发现了一个小秘密，读"fà"的时候，都与我们的头发有关，但注意哦，发和头组在一起就是轻声，一起读。

教学"粘在"（出示字卡：粘在）：指读，开火车读。"粘"这个字左边是（生：米字旁），右边是（生：占），我们小朋友吃饭的时候，一不小心就会把黏黏的米粒粘在脸上。

教学"汗珠"（出示字卡：汗珠）：而妈妈是把（生：汗珠）粘在了额头上。开火车读，汗有水，才能粘在额头上哦！齐读。

教学"额头"（出示字卡：额头）：你们知道额头是哪里吗？指一指。对啊，摸摸额头，读读这个词。

现在谁来挑战这四个词语呢？指读。

②第二关，句子挑战。

词语挑战成功，就进入第二关，句子挑战。谁有勇气直接来挑战这个高难度的句子？指读，范读，同桌练读，指名读。

出示句子：她乌黑的头发粘在微微渗出汗珠的额头上。

（2）睡着时的妈妈还在出汗呢，可她好累，睡得那么沉。谁来给我们读读这段话？指读，齐读。

出示句子：窗外，小鸟……好好睡一觉。

5. 小朋友们，妈妈在哄我午睡的时候，自己先睡着了，睡梦中的妈妈——齐读板书，课文又是怎么写出妈妈的美丽、温柔和累的呢？我们下节课再去学习。

【评析：朗读能感受语言文字之妙，体会课文思想感情之深，更能培养语言直觉能力。在这样一个由词到句的闯关情境里，用同伴之间的不断挑战激发学生的内驱力，从而反复练读，让他们在螺旋上升的阶梯式练习中轻松高效地完成识字与朗读，增强他们的学习主动性。】

板块四：巩固识字，规范书写

1. 下面，妈妈要来看看小朋友们这些词认得怎么样呢？

出示生字，开火车读，齐读。

2. 做手指操。

3. 教学“脸”“哄”的书写。

（1）出示生字。今天，我们要写的两个字分别是（生：脸、哄），仔细看看，这两个字有什么共同点？

（2）引导学生进行观察：左右结构比高低，比宽窄，比高低。

（3）教师范写，边写边说。（脸：月字瘦而长，撇捺要舒展，中间短横不要忘。哄：口字小而上，右竖略略长，撇点对等稳稳站）

（4）强调书写常规，学生练写；教师巡视，不断强调坐姿及书写姿势。

（5）展示，评价。

【评析：低年段中要书写的汉字大多具有构形简单、重现率高、构词能力强的特点，要充分发挥这一特点，为学生的书写打好基础。授人以鱼不如授人以渔，教师要把观察同类型范字的方法教给学生，并不断复习巩固，以促进其举一反三，提高写字能力。教师引导学生比较观察、编写口诀、板书

示范、学生练写、评价反馈，实实在在，旨在落实课标的要求：培养良好的写字习惯，书写规范、端正、整洁。】

（设计 / 金立义名师工作室肖圆圆　评析 / 金立义）

四、《拍手歌》第一课时教学设计

【教学内容】

统编教材二年级上册《拍手歌》

【教学目标】

1. 正确认读“孔、雀、锦、雄、鹰、翔、雁、丛、深、猛、灵、休”11个生字，会写“歌、熊、猫、深、丛”5个生字以及“隹”“鸟”偏旁表义的特点，用部件归类法识字。

2. 能正确、流利地朗读儿歌。

3. 在反复朗读中了解8种动物的形象和特点，感受他们生活的自由和快乐。

【教学过程】

板块一：创设情境，走进动物园

1. 今天，我们跟着少先队员们一起去动物园玩，那里的动物非常多，有人把它们写进了一首儿歌里。这首歌还很特别，可以拍着手唱，所以就叫拍手歌。

2. 板书课题，教学“歌”字。（“歌”：左边的“哥”上面的“可”没有钩，“欠”第一撇稍高，“人”的撇起笔在横中线）

3. 齐读课题，《拍手歌》。

【评析：《语文课程标准（2022年版）》中指出：教师要给学生“创设真实而富有意义的学习情境”。因此，在导入部分，教师从整体单元出发，创设贴近学生生活的情境：让学生跟着单元中的少先队员一起去动物园玩。】

板块二：认识动物，做小小规划师

1. 教师范读儿歌，注意听读要求：声声入耳，字字入目。

2. 动物园里有哪些动物呢？请小朋友们自读课文，并圈一圈。不认识的字，可以借助拼音多读几遍。

3. 交流反馈：你们找到了哪些动物？指名说，教师板贴含有动物名字的卡片。

孔雀　锦鸡　雄鹰　雁群

猛虎　黄鹂　百灵　熊猫

4. 识记动物：动物园里有这么多的动物呀！让我们一起来认识它们吧！

（1）（出示孔雀的图片）看，谁来了？孔雀（开火车认读），正音："孔"是一个后鼻音，大家一起读"孔雀"。

（2）（出示锦鸡的图片）这是谁？锦鸡。正音："锦" 是前鼻音。瞧，锦鸡的羽毛真漂亮！在南京有一种精美的丝织品叫云锦（出示云锦的图片）。锦鸡的羽毛和云锦一样漂亮。大家再来读一读"锦鸡"这个词。

孔雀和锦鸡都有一身漂亮的羽毛，怪不得它们是伙伴呢！（出示句子"孔雀锦鸡是伙伴。"）请你邀请你的好伙伴一起读这句话。

（3）（出示老鹰的图片）小朋友，抬头看，动物园的天上飞来了一只什么？（雄鹰）正音：鹰是一个后鼻音，请再读它的名字。老鹰可是一只天空霸主，男生一起来读"老鹰"。

（4）（出示一群大雁的图片）看，天空中又飞来了什么？（一群大雁）一群群大雁就叫"雁群"。开火车认读词语，女生一起来读"雁群"。

（5）（出示老虎的图片）远处的丛林里有什么？（猛虎）老虎是一种兽类，所以是反犬旁，猛是后鼻音，指名读词语。猛虎可是丛林之王，谁来叫叫它的名字，看它答不答应？（出示老虎的吼叫声）它回应我们了，大家一起叫它的名字！

（6）（出示黄鹂和百灵的图片）听，丛林里，谁在唱歌？（播放黄鹂、百灵的歌声），它们的歌声可真好听，女生一起来唤一唤它们（黄鹂百灵）。

（7）（出示熊猫的图片）听着这悦耳的声音，可爱的熊猫宝宝正在愉快的嬉戏呢！大家一起读这可爱的名字吧！（熊猫）

（8）动物园有这么多的动物，让我们一起来读一读它们的名字。

5. 归类认识动物。

（1）动物园的馆长听到你们认识了这么多动物，可开心了。但是，最近他发现动物园里部分动物居住地分布不清晰，你能帮他给动物们分类吗？（学生把动物分为兽类和鸟类）

（2）你们很适合做动物园的规划师，鸟儿们可高兴了。看，天鹅也飞来了，大家仔细观察鸟类朋友的名字，你发现它们的秘密了吗？

（3）学生交流。

①“孔雀、大雁、老鹰”都有隹字旁。（出示“隹”的象形字）“隹”表示一种善于飞行的鸟儿，后来专指短尾巴鸟。

②“锦鸡、黄鹂、天鹅”都有鸟字边。（出示锦鸡、黄鹂、天鹅的图片）我们发现它们的尾巴都很漂亮，（出示甲骨文“鸟”），表示尖嘴、长尾巴的鸟，后来专门指长尾巴鸟。

③你还知道哪些带有“鸟字边”“隹字旁”的字吗？

学生交流，教师随机板书，学生认读。

【评析：语文教学要注重引导学生在语文实践活动中，运用观察、分析、整理等方法，积累语言文字。在本环节中，教师在创设动物园规划师的情境教学中，让学生发现动物名字的不同，从而对动物进行分类，并通过观察、分析含有鸟字边和隹字旁字的不同意义，从而让学生识记生字。】

板块三：走进儿歌，做小小导游

1. 看来，大家都认识这些动物了，把它们送回《拍手歌》里，你能做小小导游，介绍给大家听吗？（出示儿歌，拍着手，开火车读课文。）

2. 学生交流。读到相关的段落，就出示图片及句子。

（1）（出示第三小节）看，雄鹰在云彩里飞翔呢！“飞翔”的“翔”，后面是羽字，表示鸟儿挥动翅膀在飞翔。雄鹰有一双有力的翅膀，它们喜欢在高空里，在云彩间尽情翱翔。谁能加上动作，做这只雄鹰，读这句话？男生读这句话。（雄鹰飞翔云彩间）

（2）（出示第四小节）天空中，雁群一会儿排成“一”字，一会儿排成“人”字，怪不得说“天空雁群会写字”！指名读句子，齐读。

（3）（出示第五小节）猛虎藏在哪里呢？（丛林深处）学习词语“丛林”：很多树聚在一起就叫做“丛林”。许多花在一起，叫“花丛”，一大片草，可以叫“草丛”。猛虎就藏在丛林的深处。学习生字“深”：你有什么方法记住这个字？（“深”原指水很深，）丛林深处表示离丛林的边缘很远，那里更加幽深茂密，猛虎就藏在那里，不容易被发现。我们一起来读这句话。（丛林深处有猛虎）

（4）（出示第6小节）听鸟鸣叫，黄鹂和百灵像是在开音乐会，一曲接着一曲，都不知道要休息。学习“休”字：（出示一个在树旁休息的图片）能借助图片说一说，你是怎么记住这个字的？（一个人走路累了，看到一棵大树，就靠着大树休息一会儿，停下脚步不再往前行走了）“唱不休”是鸟儿一直在唱歌，不停止。请女生来做森林歌唱家，读这句话。（黄鹂百灵唱不休）

3. 动物园真是一个新奇的世界。让我们再来读一读这首有趣的儿歌。

（1）同桌合作拍手拍手打节奏读儿歌。

（2）男女生合作拍数读儿歌。

（3）看图片，出示儿歌填空，师生合作拍手读儿歌。

【评析：语言文字的积累与梳理“重在培养兴趣、语感”。因此，本环节中，教师在让学生识记生字的同时，利用图片、音频等多种方式，以开火车同桌合作、男女生合作、师生合作读等形式让学生正确、流利的读课文，既培养了学生学习的兴趣，也培养了学生的语感。】

板块四：复习词语，写馆名

1. 复习词语。听着你们的介绍，动物朋友们可开心了，我们再来和他们打声招呼吧。（教师指着板贴，学生认读词语）

2. 写字指导

（1）动物园的熊猫馆在搞扩建，工程已到最后阶段，还缺少一个馆牌，我们一起做个小小书法家，给熊猫馆写一个馆牌吧。

（2）出示生字“熊、猫”：写之前，仔细观察，写好馆牌，我们要注意什么呢？（学生交流）

（3）教师范写：“熊”上下结构，四点底扁又宽。“月”字撇变竖，起笔在横中线上侧，月中第一横在横中线上，两横左靠右不考。上“匕”在右上格，四点底上开下合，左点偏左，第二三点分写在竖中线左右，末点偏右。

（4）教师范写：“猫”左右结构，左窄右宽。左边反犬旁，末笔撇从横中线上起笔。

（5）学生练写，教师巡视，反馈点评。

（6）学生自主练写“歌、丛、深”。

【评析：写字是第一学段的教学重点，在教学中引导学生掌握基本的书写技能，更应该激发学生书写的兴趣。因此，在本环节中，教师以大情境设计为基础，创设给熊猫馆写馆牌的情境，让学生既完成了本课的写字任务，也乐于书写。】

（设计 / 金立义名师工作室张玲玲　评析 / 金立义）

第三章　简约语文视域下阅读教学探微

第一节　阅读教学要领

一、阅读教学问题扫描与转身

当下的阅读教学“乱花渐欲迷人眼”，广大语文教师对此如坠五里云雾，有的甚至发出了无奈之声：“语文课究竟怎么上？”教师对阅读教学之所以迷茫，究其原因，主要还是对阅读教学的一些本源性问题认识不清。阅读教学究竟为什么教？教什么？怎么教？对这三个问题教师没有多少人说得清，道得明。

（一）阅读教学问题扫描

1. 教学目标不明

目前阅读教学存在目标不明的弊端：（1）泛化——目标过多，不集中，一节课不知道想干什么；（2）越位、缺位——年段目标不清，文体目标一样；（3）错位——把课文内容的分析与理解作为教学的终极目标，在人文内涵上“深挖洞，广积粮”，强化了人文性，弱化了工具性，导致语文课的变味与走样。

2. 教学内容不当

同一篇课文，教师在选择教什么时，差异很大。不同的教师依据自己对文本解读的理解，选择了适合自己特色但未必适宜的教学内容。

有研究表明，学生对知识的掌握符合“二八”定律，即一篇课文有80% 的内容学生自己能够读懂，仅有 20% 的内容需要教师引导、点拨。可阅读课上，很多教师常常在学生已懂的内容上花功夫，而忘了学生不懂的内容。这样开展教学，效果可想而知。

3. 教学环节不简

静观当今语文课堂，多以围绕怎么教而展开，始终走不出以教为主的窠臼，使课堂原本的“不确定性”扭曲为教师精彩表演的“确定性”，教师把注意力更多地放在了课堂亮点的呈现上，设计了很多包袱，导致环节繁琐、流程冗长，不简洁，而课堂的主人——学生却被冷落在一旁，处于“走失”状态。

任何问题的复杂化是因为人们没有抓住事物的本质，没能揭示出事物的内在规律。其实，越简单就越接近事物的本质。阅读教学必须化繁为简，轻盈行走，回归本质。简约，应该是阅读教学的美好境界，成为阅读教学的应然追求。

（二）阅读教学转身策略

1. 教学目标要简明

教学目标是教学的出发点和归宿点，对教学全过程起着决定和导向的作用。教师只有清楚地知晓为什么而教，方能教得清楚，学生学得明白。

（1）目标要精简集中

放弃也是一种智慧。一堂课，面面俱到，结果就是什么都得不到。阅读教学的目标必须瘦身，要精简、单纯、集中，做到少而精，小而实，力争追求一课一得。课堂的提问要减少再减少，要能抓住牵一发而动全身的核心问题，引领学生理解课文。比如学习统编版四上课文《西门豹治邺》，有学生提出：“西门豹究竟是怎么治邺的？”学生提出的问题正是课文内容的统领性问题，教师完全可以以此问题为抓手，带领学生品读课文，理解内容，了解西门豹是如何治人、治心、治水的，感受西门豹的雄才大略。

（2）目标要指向核心

语文课要做自己该做的事，荒了自己的地，种了别人的田，那是得不偿失的事。阅读教学的根本任务是“培养学生语言文字运用能力”，教学目标的确定必然要指向这一核心任务。

阅读教学要和课文内容的繁琐分析说“拜拜”。教学目标在关注人文性的同时，更要关注语文的工具性。在实现工具性中渗透人文性，实现言意兼得。比如苏教版六上《詹天佑》一文的教学目标研制，如果从教课文这个角度来看，可以定为：认识到詹天佑是一位杰出的爱国工程师，教育学生学习詹天佑的爱国精神。如果关注“语用”能力，跳出课文教语文，目标则应转化为：在自然环境和社会环境中认识詹天佑的爱国精神和杰出才能，体会环境描写的作用，学会环境描写。这样的教学目标不仅让学生深度地认识了詹天佑，且学习了环境描写法，并迁移运用，提高了学生的表达技能。

课文总是特点鲜明、富有个性的，为什么这样写，不那样写，这是作者独一无二的智慧，也是“语用”特色的彰显之处。教师解读文本，要重点细究这样的问题。研制的教学目标要带有该文本特有的印记，要依文而定，直指“语用”能力。

2. 教学内容要简要

现实教学中，教学内容的确定存在两个明显的短板：一是长期以来，很多教师一直认为“教语文”就是“教课文”，课文写什么，我们就教什么，结果导致教学内容选择不当，教学内容囿于课文的思想内容，语文课变味走样。二是教学内容是教师在长期的教学实践中提炼总结形成的，带有很大的经验性，其内涵和外延非常模糊。同一篇课文，教师在选择教什么时差异很大。

上海师范大学吴忠豪教授提出了“语文课须围绕本体性教学内容组织教学”的理念。他认为“教学内容是体现语文课程基本性质的核心要素。本体性教学内容是反映了语文学科本质特征的、区别于其他课程的教学内容，包括语文知识、语文方法和语文技能”。而现实是，由于教材的助教系统不够，本体性教学内容是隐藏在课文中的，不易发觉的，教师需要有较强的文本解读能力。教师只有对教材进行二度开发、挖掘、梳理、甄选与重组，依据教学目标，才可能选择到最简要、最适宜、最能发展学生言语能力的教学内容展开教学，实现跳出课文教语文的目标。

（1）发现语言密码

歌德说："内容人人看得见，含义只有有心人得知，而形式对于大多数人而言是一个秘密。"文本的秘密就是言语的表现形式，它蕴藏在内容之中，是隐性的，不易察觉的，教学的过程就是引领学生解开言语表达密码的过程。

"一字未宜忽，语语悟其神。"品词析句是学习语文的基本功。阅读教学要引导学生仔细推敲词句，想想作者为什么用这个词而不用那个词，用这种说法而不用另一种说法。引导学生"沉入词语""在汉语中出生入死"，发现语言密码，读出微言大义，领悟遣词造句的特点、作用及效果。

"语言有温度，字词知冷暖。"语言是作者表达思想感情的一种独特形式。语文教学应当自始至终关注课文的言语表达形式，比较、揣摩、品味、鉴赏课文中富有表现力的词语、句子、段落，领悟如此言说的精妙、传神之处，从而磨炼学生对言语的敏感性。

至于文本中的修辞化语言、陌生语言、重复的语言、看似多余的语言等，它们都是作者匠心独运的锤炼，不能让学生游走过去，应引导学生细读批注，玩味评析，内化吸收，提升学生语言素养。

比如统编教材五上《四季之美》第一小节"春天最美是黎明。东方一点儿一点儿泛着鱼肚色的天空，染上微微的红晕，飘着红紫红紫的彩云。"

细细品味这段话，作者的遣词造句真是神奇。首先用了很多颜色的词语来表现春天黎明的美丽"鱼肚色""红晕""红紫"，其次春天黎明的美丽还表现在一种动态的美："泛着""染上""飘着"。动静结合的描写，突出了春天的黎明一份独特的美丽。学生在品读这段话的时候是看不出来语言特色的，需要教师去引导，让学生发现，进而玩味、诵读。

（2）学习读写方法

伟大的人民教育家陶行知说："人师之责，不在教学生，而在教学生学。"笛卡尔说："最有价值的知识是关于方法的知识。"崔峦先生指出："教师应加强对学生阅读的指导、引领和点拨，注重阅读方法、策略的指导。”

阅读教学重在让学生习得方法。学生如果学到有用的方法，就可以举一反三，提高学习力，实现自能阅读。

阅读教学要重点从“读”和“写”两方面引导学生学习一些基本方法。

一是阅读方法：怎样提问；怎么体会关键词句的意思及表达效果；怎么进行批注阅读；怎样概括段意、课文主要内容、事物特点；如何提取有价值的信息，整合信息对一些问题作出合理的解释；如何对文中的人物、观点作出自己的评价，并说出依据等。

二是表达方法：文章架构方式（总分总、时间顺序、事情发展顺序、情感变化等），段落结构（总分、并列、因果、承接等），叙述方式（顺叙、倒叙、插叙等），描写方法（正面描写、侧面描写、细节描写、环境烘托等），说明方法（列数字、作比较、打比方）等。

如学习统编教材四上第六单元，让学生通过课文《牛和鹅》《一只窝囊的大老虎》《陀螺》的学习，学会从有疑问的地方、写得好的地方、有阅读体会的地方、有启发的地方进行阅读批注。学生通过学习，感知方法，加上后面的训练，逐渐就能形成批注阅读的能力。

（3）发展各项技能

培养学生的语言文字运用能力是语文教学的根本任务，而语言文字运用能力就是听、说、读、写、问、思、背等能力。

叶圣陶先生说：“学好语文就是学好听、说、读、写四项本领。这四项本领有连带的关系：听和读是一路，都是为了了解别人的思想；说和写是一路，都是为了表达思想叫别人了解。了解和表达又是互相影响的，提高了了解能力，表达本领就能加强；提高了表达能力，了解的本领就能加强。”

如执教苏教版《九色鹿》，我设计了三个板块来培养学生三种能力：一是评价能力：你喜欢课文中的谁？为什么？（用文中内容说理由。）二是复述能力：把这个民间故事说给其他人听听。三是写作能力：调达后来对自己背信弃义的行为感到后悔，请描写一段他忏悔的心理活动。

3. 教学环节要简化

静观当今阅读教学，多以围绕怎么教而展开，始终走不出以教为主的窠臼，使课堂原本的“不确定性”扭曲为教师精彩表演的“确定性”，教师把注意力更多地放在了课堂亮点的呈现上，设计了很多包袱，造成了环节繁琐、流程冗长，而课堂的主人沦为配角了。

阅读教学要减肥、瘦身，使其苗条、流畅，就要倡导板块式的整体架构，立体设计教学线索，强化学生的听、说、读、写的训练，增长学生的能力，实现言语和精神的同构共生，以及工具性和人文性的和谐统一。

如何组构板块进行教学？笔者以为，要以主线为抓手，整合内容，形成板块。

（1）以理解内容为主线，组合板块

以理解文本的内容为主线，把教学内容有机整合，形成板块，开展教学。这里的主线可以是主题线，可以是情感线，也可以是写作的线索。如著名特级教师卢雁红执教《地震中的父与子》时，设计的是主题线：父与子始终信守诺言：“不论发生什么，我总会跟你在一起。”整合了两个教学板块：一是“父亲了不起”，二是“儿子了不起”，然后引导学生披文入境，感悟父亲了不起在哪儿，儿子了不起在哪儿。这样的教学设计，从线性梳理走向了立体把握。

（2）以语言实践为主线，组合板块

学习的基本规律是“听到的，忘记了；读过的，记住了；做过的，理解了”。语文课程是实践性课程，应着重培养学生的语文实践能力，而培养这种能力的主要途径也应是语文实践。在水里学游泳，在空中学飞翔，在语文实践中学语文。任何一门语言的学习都是在反复应用中学会的。从理解到运用，是学生认知水平的一次飞跃，而完成这次飞跃，只有靠语文实践活动。因此，阅读教学的环节要简化，要淡化教，强化学，整合出几个语言实践活动板块即可。简明的板块，才能突出教学的重点，才能夯实“语用”的训练。

语言实践活动板块可设计为“问一问”“认一认”“填一填”“品一品”“说

一说”“辩一辩”“读一读”“写一写”“演一演”“背一背”等。

如笔者在执教统编教材四上《西门豹治邺》时，根据教学目标，重组教学内容，安排了这样的六板块：

说一说：根据课文叙述的三件事，说说主要内容。

理一理：西门豹通过和老大爷的对话，摸清了哪些情况？

品一品：品读课文10–15小节，西门豹采用了什么方法来惩治巫婆和官绅头子的？

评一评：你认为西门豹惩治巫婆和官绅头子的办法妙在哪里？

学一学：课文是如何塑造一个智慧的西门豹的？

演一演：根据课后“阅读链接”排演西门豹治邺的课本剧。

六个板块指向学生的语言实践活动，彰显学生的主体性，较好地体现了文学阅读与创意表达学习任务群的特点。

（3）以学生疑问为主线，组合板块

日本教育家小原国芳说：“儿童是哲学家，是真理的热爱者，疑问丛生，一个接一个。其中有异常宝贵的东西在闪耀，有无数神秘的萌芽。然而这些被麻痹的、平庸的、愚蠢的教师所践踏、压抑。”小原国芳一针见血地指出当今课堂的症结所在：教师泯灭了学生的好奇心，漠视鲜活生命的存在。这样的课堂上，学生的生命是窒息的，思维是凝固的，精神是压抑的。

教学的立场应有三条基准线：教学是为了谁的，是依靠谁来展开和进行的，又是从哪里出发的。毋庸置疑，教学是为了学生，是依靠学生展开和进行的，应从学生实际出发。

学语文应从学会提问开始，加强学生的问题意识，培养学生质疑问难的能力，并按照学生提出的问题，调整教案，把教的起点建立在学生的疑点之上，这样教得更有针对性，学得更有实效性。

比如在上统编教材四下《猫》一课时，有学生提出“猫的性格古怪在哪儿？”这个问题。教学中，我就以学生提出的问题为主线开展教学，设计了两个板块的教学内容：①品读课文1–4小节，体会猫的性格古怪：乖巧——贪玩，温柔可亲——不高兴，怕——勇猛；②作者写猫的性格古怪，想表达什么。两个板块的设计，从文本的内容入手，到作者的写作宗旨，由表及里，拾级而上，学生思维的发展经历了进阶的过程。

教师如果在课堂上真正尊重学生的主体地位，尊重学生的生命，那就让他们拥有质疑的话语权。课堂上学生一旦开始学会质疑提问，就会处在主动求知、积极思维的状态之中，这样的课堂充满着活力与张力。

4. 教学语言要简洁

教学中要除却一切不必要的繁文缛节，省去不必要的言说。教师语言力求做到：简、准、巧、精、实。那些诗意的、书面化的、学生根本听不懂的语言要远离课堂。让课堂用语儿童化、生活化、口语化、形象化、幽默化。

比如于永正老师执教《翠鸟》时有这样的一个片段：

师：最难读的是翠鸟捕鱼的句子，大家在下面自己先念念。

生 1：翠鸟蹬开苇秆……

师：听出来了吗？翠鸟的动作快不快？谁比他快？

生 2：（再读）师：比刚才那个同学只快了一点点，谁更快？

生 3：（仍读同一句）师：第一句话很快，但后来又慢了下来，大概是翠鸟累了。谁再来和他比赛，看谁最快。

生 4：（读，效果好）

教师用简洁、生动、形象的语言，实实在在地指导学生如何读好书。这样的语言学生听得懂，想得明，改得快。

简约，阅读教学的一种美好境界，也是阅读教学的应然诉求。阅读教学无需复杂化，教师也无需折腾自己。教者要摈弃一切不需要的奢华与作秀，坚守简约，方能行走在语文教学的正道上。

（此文刊载于 2016 年第 5 期《小学语文教学》，略有改动）

二、几类文本解读要素探析

文本是以个性而存在的，每一种文体都有自己独特的审美价值。解读文本，只有把握了文本的独特性，才能真正找到文本的核心价值。

方智范教授曾经说过：“语文教师要成为文本作者的知音。”著名特级教师王崧舟称“文本是语文教师漂亮的倒影”。

文本解读是一个不断追问的过程，是一个从模糊走向清晰的过程，是一个从肤浅走向深度的过程。既痛苦、纠结，又幸福、快乐。

（一）名人故事

1. 文本概说

名人故事是小学语文教材中很常见的一种文本。此类文章常常讲述名人成长、成功的经历，侧重弘扬逆境成长、不屈不挠、积极向上的精神。这类文本内容丰富，取材广泛，人物涵盖古今中外，反映了不同地域和时期的名人所具有的与众不同的人格特质，折射出人物伟大的人性光辉。

2. 解读要素

名人故事的解读要聚焦三要素：事件、场景、细节。

名人故事的解读要聚焦人物，感受其独特的人格魅力。可以抓住事件、场景和细节去感受。

名人一生做了许多事，可写的事很多，但作者依据写作意图，对事例进行了遴选，选择了最具代表性的材料，这就意味着事例具有典型性和独特性。解读这类文本，首先要概括事例，分析事例，认识人物。可以问一问：为什么要选择这样的事例来写人物？这些事例表现了人物什么样的特点？

场景是具体描写人物活动或行为的场所。人物总是在一定独特的社会背景和自然环境中生存与活动的，场景描写对塑造人物形象具有一定的烘托作用，所以解读文本时，一定要把人物和场景联系起来，想想场景描写对塑造人物形象起到了什么作用。

细节决定成败。细节描写是指抓住细微而又具体的典型情节，以近镜头的形式加以放大，用极其精彩、细腻的笔墨对人物进行刻画。没有细节描写，就没有活生生、有血有肉、有个性的人物形象。这些细节具有丰富的内涵，且是人物独有的，与其他人物丝毫不雷同。解读文本，教师要寻觅细节，玩味细节，通过细节认识人物。

3. 课例列举

《詹天佑》是一篇典型的名人故事，同时入选苏教版和人教版教材。作者选用了“勘测线路、开凿隧道、设计‘人’字形线路”来表现了詹天佑是一位杰出的爱国工程师。解读课文可以追问：作者为什么要写这样的三件事？可见，在修筑京张铁路过程中，勘测线路、开凿隧道、设计“人”字形线路这三件事是最难做的，最能表现詹天佑的胆识、才能和爱国之心，所以作者选择的这三件事是最具典型性的。

课文的 2、3 小节写了帝国主义的阻挠、要挟和嘲笑，看似和詹天佑没有多大关系，但把它和詹天佑接受修筑京张铁路这件事联系起来，你就会发现詹天佑真的了不起的，别人不敢接这样的任务，他接了，目的就是为中国人争一口气。其实詹天佑背负着巨大的压力，而这恰恰表现了他的拳拳爱国之心。在叙述三件事的过程中，作者还对恶劣的自然条件作了描写，这也考验了詹天佑的智慧和才能。

作者为了塑造詹天佑这个人物的形象，把他置于险恶的社会环境和恶劣的自然环境中去刻画，这样的环境描写衬托了詹天佑的伟岸形象。

课文还具体描写了詹天佑是怎么做的，怎么说的，怎么想的。这其中有很多细节描写。在品味这些细节时，可以不断追问：勘测线路时詹天佑为什么要强调精确，不能有一点马虎？他为什么亲自坚持在野外工作？詹天佑为什么能发明开凿隧道的方法？为什么能设计出“人”字形的线路？扣问题，品细节，你就能深入文本，感受到詹天佑的人格魅力：在他的心中国家至上，为了国家的颜面与尊严，他化压力为动力、创造力，身体力行，丹心碧血，智慧迸发，的确是一位杰出的爱国工程师。

（二）小说

1. 文本概说

小说就是讲故事，是以刻画人物形象为中心，通过讲完整的故事情节与环境描写来反映社会生活的一种叙事性文学样式。人物、情节、环境是小说的基本三要素。

2. 解读要素

小说的解读要聚焦四要素：人物、情节、环境、细节。

人物是小说的中心，情节和环境都是为塑造人物形象而服务的。在剖析人物形象的时候，我们要研究人物性格的多重性和丰富性，要回避用贴标签的方式简单分析人物性格特点的做法。

小说的情节一般包括开端、发展、高潮与结局，它反映了人物命运的起伏变化。在解读文本时，特别要注意情节的冲突、悬念、巧合、误会等手法，要琢磨这样安排情节有什么好处。

环境描写是小说不可缺少的要素之一。环境包括社会背景和自然环境。环境描写通常的作用有烘托气氛；推动情节发展；衬托人物品格；预示人物命运的转变；表达人物或作者的情感。在解读文本时，作为读者要追问一下，文中的环境描写究竟有什么作用。

细节最能表现人物性格的特点，也是最能打动读者的。在解读文本时，还需紧盯细节，好好玩味，体会细节描写的好处。

3. 课例列举

《爱之链》是苏教版教材中的一篇小说。主人翁乔依是一个很有爱心的穷人。为人善良、淳朴、热心。

这篇小说的故事情节安排很有艺术性。乔依因失业，心情灰暗，途中无私地帮助一位素不相识的老妇人修车，老妇人要给他报酬，被乔依拒绝了，后来老妇人到餐馆用餐，看到怀孕的女店主很疲惫，他想到了乔依所说的话，便悄悄地留下钱去帮助她，而怀孕的女店主却是乔依的妻子。情节的精彩就在于结尾的巧合。温馨的结尾是作者匠心独运的设计。它告诉读者：好人有好报，付出爱才能得到爱，享受爱。

文中几处的环境描写也是作者着力渲染的笔触。比如开头对寒风和风雪的描写，衬托出乔依心情的凄凉。

课文第 4 小节描写了乔依是如何帮助老妇人修车的。这一过程有很多细节描写令人感动。“他的脚腕被蹭破了，因为他没穿袜子。为了干活方便，他摘下了破手套，两只手冻得几乎没有知觉。”“他喘着粗气，清水鼻涕也流下来了，呼出的一点点热气才使脸没被冻僵。”“他的手蹭破了，也顾不上擦流出的血。当他干完活时，两只手上沾满了油污，衣服也更脏了。”透过这些细节，我们能触摸到乔依金子般的心灵。因为他是在不计报酬地帮助老妇人，干得那么艰难，但又那么卖力。在他看来，帮助别人是天经地义的事。他是这样想的，也是这样做的。

（三）寓言故事

1. 文本概说

寓言是用假托的故事或者自然物的拟人手法，来说明某个道理或教训的文学作品，常带有讽刺和劝诫的性质。

17 世纪法国寓言诗人拉封丹说：“一个寓言可分为身体和灵魂两部分。叙述的故事好比是身体，给予人们的教训、启示好比是灵魂。”

2. 解读要素

寓言故事的解读要聚焦四个要素：寓体、寓法、寓言和寓意。

寓体：指故事本身的内容。寓言故事情节比较简单，教师在解读文本时，首先要弄清楚故事的起因、经过、结果；其次要把握人物的形象。寓言中人物除了人，还有动物、植物或无生物，这些奇奇怪怪的形象，说着人的话，做着人的事，但大多数具有人性的缺陷，所以在把握人物形象时想想他们身上有什么缺点。

寓法：要弄清楚寓言的表达方法。寓言采用的手法大多是讽刺、夸张、比喻、拟人等。

寓言：寓言的语言有叙述式语言和描写式语言，在解读文本时要体会其生动、轻松、幽默、含义深刻等特点。

寓意：隐含在故事之中和主要人物身上，解读教材教师要能把寓意揭示出来。

3. 课例列举

《揠苗助长》的故事情节很简单：禾苗不长，农夫心里焦急；想出办法，拔苗助长；最后禾苗全部枯死了。从故事可以看出农夫想出来的办法是愚蠢的，违反了事物发展的规律。作者采用了讽刺、夸张的手法来刻画这个农夫的。

“可他总觉得禾苗一点儿也没有长，心理十分焦急。”“将禾苗一棵一棵地往上拔。他从中午一直忙到天黑，累得筋疲力尽。”读着这些带有嘲讽的语言，我们忍俊不禁，真是心急而愚笨的农夫，忍不住要对他说：“做事要符合事物发展的规律，不要急于求成啊！”

（四）写景状物

1. 文本概说

有些文章是描写自然现象的：（如风、雨、雪）、地理环境（如森林、高山）、名胜古迹（如故宫、长城）的，我们称之为写景类文章；有些是描述和介绍事物的，如动物、植物、静物，我们称之为状物类文章。由于写景和状物常常是分不开的，所以我们把这类文章统称为写景状物类。

2. 解读要素

写景状物类文本解读要聚焦四要素：结构、物象、表达手法、语言。

结构：写景状物类文本的结构，一般采用总分式，包括“总分”“分总”“总分总”。

物象：写景状物类文本写作目的是描摹景象或物象的特点，表达作者的喜爱或赞美之情。一些文本物象的特点是含在文字之中的，作者并没有直接点明。解读文本要品词析句，提炼出景象或物象的特点。

表达方法：写景状物类文本为了突出景象或物象的特点，常采用描写和说明两种方法。描写的方法有具体描写和概括描写结合、虚实结合、正面描写与侧面描写结合、详写和略写结合、静态和动态结合等。说明的方法有摹状貌、打比方、作比较、列数字、举例子、分类说明等。

语言：写景状物类文本在语言上有三个显著的特点：一是精准、严密；

二是简洁、明晰；三是生动、形象。

3. 课例列举

统编教材五年级上册《鸟的天堂》全文按照时间的顺序来组织材料的。先写了傍晚第一次去了鸟的天堂，看到了一棵大榕树；再写第二天早晨第二次去了鸟的天堂，这次看到了很多鸟。文章条分缕析，脉络清晰。

课文主要描写了大榕树和鸟。作者通过对枝干、树叶两个方面的细腻描写，突出了大榕树茂盛、充满活力与生机的特点，回应了课题大榕树是“鸟的天堂”，这是一种静态的描写。而作者在描写鸟的时候，不仅着重表达了鸟的数量多，而且鸟很欢乐，呼应了课题“鸟的天堂”，这是动态的描写。动静结合，有力地说明了这里的确是“鸟的天堂”。

课文的语言生动传神。比如第八小节描写的是大榕树的树叶：既有实的描写，“那么多的绿叶，一簇堆在另一簇上面，不留一点儿缝隙”，画面感强烈。也有虚的描写，“那翠绿的颜色，明亮地照耀着我们的眼睛，似乎每一片绿叶上都有一个新的生命在颤动”，想象富有张力。对鸟的描写，抓住了鸟的动作，突出了鸟儿的兴奋与快乐，表达了课题“鸟的天堂”的内涵。

（五）古诗词

1. 文本概说

在中国传统文化中，古诗词有着极为独特而崇高的地位。它是中国灿烂文化遗产中的瑰宝，也是我们民族文化的精髓。每一首古诗词都是诗人心底情愫的流露，是人文教育和语言文字学习的宝库。

古诗有特殊的格式及韵律。古诗按音律分，可分为古体诗和近体诗两类。古体诗有《诗经》《楚辞》《乐府》《汉赋》等。近体诗一般有绝句，律诗、长律等。古诗按内容分，有叙事诗、抒情诗、送别诗、边塞诗、田园诗、咏物诗等。

词又称为诗余、长短句、曲子等。其特点是调有定格，句有定数，字有定声。按字数不同可分为长调（91 字以上）、中调（59–90 字）、小令（58 字以内）。词有单调和双调之分。单调只有一段。双调分两大段，第一段叫前阕、上阕、上片，第二段叫后阕、下阕、下片。

2. 解读要素

古诗词解读要聚焦三要素：诗意、诗境、诗情。

解读古诗词，首先要“疏言”，弄清诗意。只有理解了诗词的意思，方能体会出诗词的意蕴，直抵诗人的内心，体会诗情。在疏言的过程中，注意诗人的用典、古今字词意思的变化、句式的倒装等。

王国维说：“诗以有境界自成高格”。意境是诗歌的生命与灵魂。一首好诗词犹如一幅形神兼备的艺术画。教师在解读时可以通过举象将凝固的文字还原成生动的画面，沟通物象之间的联系，领悟诗人创造的艺术境界。

刘勰在《文心雕龙》中说：“夫缀文者情动而辞发，观文者披文以入情。”诗歌是诗人情绪、情感在瞬间的灵光闪现。一首诗词总是和作者经历、生活、所处的时代背景联系在一起的，要想体会诗情，必须查找相关资料，做到“知人论世”。

3. 课例列举

《江雪》是唐代诗人柳宗元于永州创作的一首五言绝句。“千山鸟飞绝，万径人踪灭。孤舟蓑笠翁，独钓寒江雪。”在理解诗意时，老师需要注意的是“千山”“万径”都是虚指，“独钓寒江雪”是倒装句，应该是“寒江雪独钓”。注意到这点，不至于让学生把这句诗理解为“渔翁独自在寒冷的江面上钓雪”。

诗中有画。如果把这首诗整体连起来想象，可以看到这样的画面：大雪纷飞，天寒地冻，多座大山、多条小路上都覆盖着大冰雪，鸟儿和人们都不出来了，只有一位老渔头戴斗笠，身披蓑衣，在寒冷的江面上迎着风雪独自钓鱼。

看到这样的画面，我们在脑中会有这样的疑惑：渔翁在大冬天能钓到鱼吗？诗人要借渔翁这一形象表达什么样的情感？

带着这样的疑虑，我们需要查找资料，做到知人论世，了解诗人柳宗元当时的生活状况。

背景资料：

柳宗元是唐代著名的文学家和思想家。他的理想是想为国为民干一番事业，于是柳宗元参与了永贞革新运动，可是改革很快失败了，柳宗元受到了沉重地打击。他被贬至人烟稀少的永州做司马。他的妻子早已去世，亲戚、朋友也不在他的身边，唯一的老母亲和他来到永州半年后又去世了，只有他孤零零的一个人。因为怕被牵连，周围的人都不敢和他多接触。

柳宗元被贬后，他的政敌仍不肯放过他，四次派人对他的住所放火，还不停地诬蔑攻击他。因为生活的困苦，柳宗元生了好几场大病，差点死去。但是柳宗元在这种情况下并没有倒下，不屈不挠地与政敌进行着斗争，写下了著名的《永州八记》。

读了这样的资料，我们了解到此时的柳宗元内心是孤独的（这首诗的每句第一个字连起来是“千万孤独”），但又是坚强的。

这和诗中的渔翁是多么相似，原来渔翁就是诗人的自喻与化身。虽然身处孤境，但是意志刚强，绝不和政敌同流合污。读诗只有读进诗人的内心世界，才能真正读懂了这首诗。

总之，文本解读是阅读教学之根。每一种文本都有其特质，只有“入乎其内”，依文而解，方得精髓，也才能制定出适切的教学策略，生成精彩的课堂。

（此文刊载于2019年第2期《七彩语文·教师论坛》）

三、教语文向学语文转身

（一）转身的原因

1. 语文课程性质的决定

《语文课程标准》（2022版）在“课程性质”这一章，确定了“语文课程是一门学习国家通用语言文字运用的综合性、实践性课程”。这既规定了语文课程的性质，又指出了语文课程的根本任务。

《语文课程标准》还指出：“语文课程应引导学生热爱国家通用语言文字，在真实的语言运用情境中，通过积极的语言实践，积累语言经验，体会语言文字的特点和运用规律，培养语言文字运用能力。”

而语文实践不是把学生关在静态的知识笼子里活动，而是要打开天空，放飞学生的思想，让学生通过自主探究、体验，发现自己、发现他人未曾发现的新世界，在这些已知和未知的世界里寻找自己的立场，安放自己。

评价一堂语文课是否有效，其核心指标不是看教师“教”得怎样，而是应该看学生学得如何。

语文课程的性质决定了儿童应该成为课堂的首席、学习的主体，倾听儿童的声音是课堂教学的应然诉求，教要服务于学，教须向学转身。

2. 母语学习规律的诉求

母语学习一靠积累，二靠实践，语文教学不能无视母语教学的这个规律。

遵循母语学习的实践性原则，就要把课堂的时间还给学生，让学生做课堂的主人，让学生在课内和课外进行主动的大量的自由读写，在阅读中学习阅读，在写作中学习写作。

多读才会读，多写才会写，这个看起来似乎很简单的道理，却是经过了不少曲折才逐步形成的共识，应该成为语文教师自觉坚守的教学理念。

3. 课堂现状变革的需要

语文教育家朱自清先生曾说：“新的教学法是以学生为本位，教员只加以协助。”

许多国家母语教学很重视学生在课堂中的实践活动，无论是写作课，语言知识课，还是阅读课，课堂教学都偏重于学生实践活动的组织和指导。

但我们的语文课堂基本上是教师讲问一统天下的。老师在讲台上口若悬河，学生在台下昏昏欲睡；或是老师问学生答，表面上热热闹闹，但学生却很少有真正的言语实践活动，这样的语文课是一种虚浮的精彩，是一种高耗低效的呈现。

我们的语文课太缺少学生的语文实践活动了。思过读过总不如学过。教师只有把课堂真正还于学生，让学生亲历语文实践的过程，在大量的语文实践中体会、把握运用母语的规律，方能学好语文，提高语文素养。

（二）转身的策略

1. 重建以学为主的流程

教师要遵循语文学习的规律，依据教学目标和教学内容，设计连贯完整的言语实践板块，以保证学生经历系列实践过程，获取规律性、可迁移的语文知识，化知为能，化能为智，最终形成较强的语用能力。

最理想的以学为主的语文课堂是一个灵魂加几个言语实践板块，灵魂即教学目标，而几个言语实践板块是在教学目标统领下来设计的。这样的语文课目标简明，内容简要，环节简化，以学为主，应该是高效的课堂。

言语实践板块可以设计为“问一问”“认一认”“填一填”“品一品”“说一说”“辩一辩”“读一读”“写一写”“演一演”“背一背”等。

2. 历练诸项语用能力

要想从教语文向学语文转身，必须历练、提升学生的听、说、读、写、问、背等各项语用能力，学生语用能力不强，很容易处在被动的状态，很难参与到学习之中。

（1）提升质疑能力

提问是知识的种子，提出问题比解决问题更重要。学起于思，思源于疑，有疑才有进。小疑则小进，大疑则大进。

学生阅读一篇课文若能提出一两个有价值的问题，而这样的问题又牵引着学生进行自主阅读，久而久之，学生自能阅读的能力会与日俱增的。

在课堂上语文老师大都不敢让学生放开来提问，因为学生不善于提问，所提问题琐碎，抓不住重点，浪费时间，影响教学任务的完成。

而阅读是从疑问开始的，学生如果没有质疑，阅读就缺少抓手，就可能是一种浅层次的阅读。

学生提问能力是要培养的，不是一蹴而就的。要让学生知道提问是有路径的：

①抓题目。比如学习《鸟的天堂》，可以让学生扣住题目提出：鸟的天堂在哪里？为什么称这个地方为鸟的天堂？

②抓文眼。学习《将相和》抓文眼“和”提问：为什么将相不和？后来为什么会和好了？

③抓中心句。学习《富饶的西沙群岛》可以抓“那里风景优美，物产丰富，是个可爱的地方。”提问：从哪些地方可以看出西沙群岛风景优美、物产丰富呢？

④定位提问。让学生阅读指定的段落内容，提出有价值的问题。如自读《为中华之崛起而读书》的1–10小节，学生很快就能提出：周恩来说的读书目的和其他同学的回答有什么不一样？而这个问题直指文本的主旨。

⑤从表达方法提问。每一篇课文都有自己的话语体系，鲜明的特色，独特的表达方法。学生学习《圆明园的毁灭》，自然会提出疑问：题目明明是“圆明园的毁灭”，但是课文为什么要用那么多的笔墨写圆明园昔日的辉煌呢？

（2）提升对话能力

目前的语文课很像一个学者在作学术报告，使阅读教学这种心灵的对话蜕变为单向的言说，对话成了一厢情愿的自说自话。这样的课堂只能在思想内容上显得“深刻”，表面上显得“好看”，但实际上学生“运用语言文字的能力”并没有得到有效的提升。

语文课没有言语实践活动，学生对文本的感受会变得肤浅，课就没有了根基。

《语文课程标准》指出：阅读教学是学生、教师、教科书编者、文本之间对话的过程。

在这四重对话中，最基本的对话是学生和文本的对话。因为只有学生和文本开展了有效的对话，课堂上师生之间、生生之间才可能有质量的交流，而不是一种低效，甚至是无效的对话。但现实是大多数学生根本不知道如何和文本对话，学生和文本对话的能力很弱，导致课堂交流没有质量，学生在课堂上说不出有深度、有个性的阅读感受，结果导致教师只好越俎代庖，满堂灌、满堂问，而这样的教学怪圈始终在当下课堂萦绕，难于突破。

提升学生和文本的对话能力，其实就是培养学生的批注能力。

①批注的方法

勾一勾，画一画，写一写，标一标等。

②批注的角度

在有疑问的地方批注；在课文写得好的地方批注；在阅读课文有体会的地方批注；在有启发的地方批注等。

③深度批注的方式

A 抓词句自问自答

阅读课上可以让学生阅读重点段落，抓住一些重点词句进行自问自答，写下批注。

比如学习统编教材四上《麻雀》第2节："突然，一只老麻雀从一棵树上飞下来，像一块石头似的落在猎狗面前。它挓挲起全身的羽毛，绝望地尖叫着。"这小节是课文的重点内容，主要描写了老麻雀奋不顾身地拯救小麻雀，和猎狗搏斗的场面。如何引导学生自读自悟，感受老麻雀爱子的高大形象？

教师先做示范"如何抓关键词句自问自答"："为什么老麻雀像一块石头似的落在猎狗面前"？（爱子心切，奋不顾身地飞了下来，速度很快）然后让学生像教师这样自主练习，学生很快就能关注到："老麻雀为什么要挓挲起全身的羽毛？""为什么绝望地尖叫着？"学生带着这些问题，和文本展开深度对话，披文入境，潜心会文，悟义悟道悟情悟法，这样就能深切地感知老麻雀的伟大。

B 研写法自问自悟

每一篇课文都是个性化的表达，都有自己独特的言语表达形式，从文章的整体架构到段落安排，从描写方法到语言的运用，都带有鲜明的个性特质。课堂上让学生探寻写法，自问自答，从内容走向形式，追求言意兼得，提升学生语言文字运用能力。

比如统编教材四下《母鸡》的开头写道："我一向讨厌母鸡。听吧，它由前院嘎嘎到后院，由后院嘎嘎到前院，没完没了，并且没有什么理由，讨厌！有的时候，它不这样乱叫，而是细声细气的，有什么心事似的，颤颤巍巍的，顺着墙根，或沿着田坝，那么扯长了声如怨如诉，使人心中立刻结起了个小疙瘩来。”

学习这段话，可以引导学生自读自悟：作者开头为什么说一向讨厌母鸡，而结尾称赞母鸡伟大？是不是自相矛盾？学生把这个问题研究出来了，就能学习到课文独特的表达方法“欲扬先抑”。

C 悟道理自问自答

有些课文在阐明一些道理，这些道理给学生带来一定的启发。但是如果请学生来把道理说清楚，有时候是一件困难的事情。因为小学生抽象思维还跟不上，但如果请学生结合自己的生活来举例，学生往往很擅长。

学生在学习统编教材五上《落花生》时，对“人要做有用的人，不要做只讲体面，而对别人没有好处的人”这句话的理解还是有一定难度的，

可以让学生自问自答：生活中有这样的人吗？把语文的学习和生活对接，是本次新课改的理念，也是学生深度阅读的有效路径。

（3）提升读书能力

任何民族的语言都富有自身的特点。汉语言是具象的，富有弹性的，创造的空间大，具有灵动性；汉语的音节绝大多数由乐音构成，韵味足，节奏强，具有极大的抒情性。汉语这些特点告诉我们：汉语是最适宜诵读的语言，学生只要用心读课文，那么文章的音韵之妙，节奏之妙，意境之美，情感之美自然能品味到。

相反地如果教师一味地繁琐分析，过度解析，必然扼杀了汉民族涵泳体悟的特长和意会性的思维方式，无疑是一种扬短避长的行为。

著名语文教育家张田若先生曾说：“阅读教学，第一是读，第二是读，第三还是读。读懂的过程，就是阅读能力形成的过程，就是语感形成的过程，语言积累的过程。”

现实的课堂上听不到琅琅的读书声，教师除了讲，就是问，大量的美

好时光浪费掉了，甚是可惜。一篇课文两到三课时上完了，一些学生读课文都做不到正确、流利，这样的语文课有什么成效？

①落实初读

课堂的伊始就要让学生静下心来，充分地读书，把课文读正确、流利，达到朱熹所说的要求“凡读书，须要读得字字响亮，不可误一字，不可少一字，不可多一字，不可倒一字，不可牵强暗记……”初读之后，还要让学生做到整体感知课文，知其大意，鸟瞰全文。

② 强化精读

要以一两个核心问题为抓手，作为驱动学生学习的任务，引导学生细读课文，理解文意，品味语言，学习表达，汲取精华，提升语言运用和思维发展的能力。

学习统编教材四上《王戎不取道旁李》，让学生思考：王戎为什么会判断出“树在道边而多子，此必苦李”？这个问题是文本的核心问题，指向对王戎的认识。（善于观察，善于分析）

③重视诵读

“多读多背”是中国传统语文教学宝贵经验。参照古人文言文教育经验，如果现代学生有 10 万字左右的语言材料积累，那么学生语文水平可以有非常明显的提高。

目前的语文课堂非常不重视背诵，课文的背诵大多是学生课后完成的，而这样的背诵是一种机械性背诵，学生兴趣不高，实效不大。这一局面需要扭转，教师要重视当堂背诵的指导，激发学生背诵的兴趣，提供背诵的有效路径，增加语言积累，发展学生语感。

（4）提升表达能力

我们国家的语文课程在表达上存在三个不足：首先是“阅读”和“表达”教学时间的结构性失调。我国的语文课程始终坚持以阅读为重点的课程取向，语文课用于阅读的时间占了四分之三，用于表达的教学时间却不足四分之一，而世界上多数发达国家母语课程倾向于表达能力的培养。日本坚持从言语教育的立场出发开展国语教学，美、英、法等国家在其母语课程标准中也非常明显地体现出了以言语表达为重点的倾向。其次从目前全国几套教材来看，阅读和习作也是两个系统，处于分离状态，缺少有机的融合。最后是从课堂现状来看，虽然阅读课有些老师安排了读写结合的练习，但仔细辨识一下这些设计的练习，大多还是指向阅读感悟的。要求学生写感受的多，真正指向写作表达的甚少。课文虽然是范文，但学生从中得到的写作收获微乎其微，六年的语文学习，学生写作能力不过关就不足为奇了。

在阅读课上要让学生学会表达，要加强读写融合，让相配套的习作训练成为阅读课的延续，成为读写结合的最佳路径。

①学习方法，提高认识

教学时要结合具体的课文，让学生学习一些表达方法，让学生在写作的方法上有所感悟，有所认识，从而学会有技巧的表达。比如：

学写作顺序的安排：总分总、时间顺序、事情发展顺序、情感变化等；

学段式结构安排：总分、分总、并列、因果、承接等；

学描写方法：正面描写、侧面描写、细节描写、环境烘托等；

学说明方法：列数字、举例、打比方、比较等；

学语言的锤炼：运用修辞、长短句结合等。

②及时运用，提升能力

学生学到的方法如果不及时运用，充其量是一个概念。任何技能的形成都是方法加训练得来的。语文课为什么效率低下，其中一个主要的原因就是讲代替了练，语文课要化讲为练，加强迁移性训练，提升学生的表达能力。

统编教材非常强调读写结合，旨在训练学生的表达能力，教师要深谙这一点，把小练笔作为教学任务的一部分。

比如学习统编教材三上《听听，秋的声音》，可以让学生仿写课文的第一、二小节，写一写自己听到的秋的声音。

总之，教语文须向学语文转身，这是阅读教学变革的必然趋势，也应该是语文教师自觉追求的教学境界。

（此文刊载于2016年第11期《语文教学通讯》）

四、小学文言文教学要义

在5000多年文明发展进程中，中华民族创造和传承了独树一帜的灿烂文化，而民族优秀传统文化始终潜移默化地影响着华夏儿女的思想方式和行为方式。中华民族的文化博大精深，源远流长，历尽数千年昌盛不断。传统文化是民族之魂，是中华儿女共同的精神基因，是民族凝聚力的象征，亦是中华民族屹立于世界民族之林的重要根基。

文言文是中华传统文化的载体，积淀了五千年文化的精华，是古人留给我们的宝贵财富。它蕴含着丰富的精神文化内涵，是提升学生语文素养的重要内容。

1919年发生了五四新文化运动，这一运动对于小学语文的影响非常大。从那时候开始，小学语文课本主体为现代文，文言文被淡化，甚至被直接省略，对于学生学习语文是一大缺憾和损失。

学生学习文言文，就是在建立文化的根基，播种民族文化之魂的种子。这次教育部统一编写了小学语文教材，3–6年级总共选编了15篇文言文，加强了文言文的教学，弥补了这一缺憾。

（一）文言文的教学价值

1. 增强爱国之情

自秦朝开始，中华民族的这些文化就跟文言文紧密地联系在一起了。中国历史文化就是通过文言文方式流传下来的，诵读文言文，让学生了解中国文化的同时，感受文言文丰富的意蕴，领悟中华民族精神的内涵，从而追求高尚的道德情操，增强对中华民族的认同感和自豪感。

有很多文言文表达了作者强烈的爱国主义情感和使命感，是立德树人教育的最好篇章。利用文言文这样的资源，让学生树立为祖国建设的责任意识和担当意识，培养学生的爱国主义精神。

本次统编教材五年级上册选编的《少年中国说》就是一篇表达强烈的

爱国主义精神名篇。作者梁启超从驳斥日本和西方列强污蔑我国为“老大帝国”入手，鲜明地提出了中国是一个正在成长的少年中国这一观点。作者认为封建专制制度和封建官吏已经腐朽，希望寄托在中国少年身上，并且坚信中国少年必有志士，能使国家富强，屹立世界之林。文章表达了作者渴望祖国繁荣昌盛的爱国思想和积极乐观的民族自信心。学生学习这篇文章，内心激荡，爱国之情喷涌而出，深感自己的责任重大，必为祖国的强大，实现民族复兴而努力学习、奋斗。

2. 提升思维品质

语文的核心素养包括“文化自信”“语言运用”“思维能力”以及“审美创造”四个方面。“发展思维能力”是语文教学很重要的任务之一。思维和语言是息息相关的，思维的提升有助于语言的发展。在语文学习中，要重视培养和提升学生思维的品质。包括思维的深刻性、灵活性、独创性、批判性、敏捷性等。

这次统编教材所选的几篇文言文，塑造了几位智慧少年，他们表现出来的思维品质非常可贵。《司马光》打破常规，急中生智，砸缸救人，体现了思维的独创性；《王戎不取道旁李》透过现象看本质，体现了王戎思维的深刻性；《杨氏之子》在应答客人的逗引时，反应灵敏，机智幽默，令人钦佩，体现了杨氏之子思维的敏捷性；《两小儿辩日》，通过描写两个小孩争辩太阳在早晨和中午距离人们远近的问题，反映出中国古代的人们对自然现象的探求，对真理的追求，同时也表现出两个孩子思维的批判性，不轻信，遇到问题能独立思考，大胆质疑。教材中蕴含着这些思维培养点，教师要善于发掘，精准把握，用于提升学生思维的品质。

3. 塑造人格魅力

优秀的文言文传达了博大精深的思想和高尚的道德修养，对丰富学生的精神生活有其深刻的价值，人格的塑造有其独特的作用。

学生通过文本，穿越时空隧道，与贤者圣人对话、交流，与他们产生思想碰撞、共鸣，启迪人生。学生还可以看到古人在不同的历史时空中生活的画卷，触摸他们美好的心灵，感受他们的人生情怀，体会他们所生发出来的喜怒哀乐。

学生学习《精卫填海》，感受精卫的百折不挠，矢志不渝；学习《囊萤夜读》《铁杵成针》，明白了学习、做事要有目标，要持之以恒；学习《司马光》，感受司马光那份沉着、冷静及机敏；学习《书戴嵩画牛》，知晓做事要观察仔细，做生活中的有心人。学生在阅读中明理，在阅读中启思，汲取营养，滋养生命，助推成长。

教师要将文言文中蕴含的优秀文化植根于学生的内心，培养学生拥有积极向上、努力奋进、坚忍不拔的品格，完善学生的人格，让学生做个真善美的人。

4. 培养语言素养

文言文鲜明的特点是言简意赅，节奏明快，朗朗上口，是学生学习、发展语言的最好范本。

《少年中国说》最后一段以四言韵语作结，把作者的情感推向高潮。诗一般的语言，蘸满了激情，洋溢着豪气！作者此时化身为一位画匠，工笔重彩地为我们描绘了少年中国的壮美远景。这样的语言读之令人意气风发，豪情满怀，完全融入了海潮般澎湃的激情中去，真是妙不可言！

学生学习《司马光》，可以让学生把现代文和文言文进行比较，让学生说说在语言上有什么发现，学生能很快地感知到文言文语言十分精炼。全文只用了30个汉字，就把一个故事叙述得清清楚楚，有张有弛，这就是语言的魅力。从而让学生明白写作需要遣词造句，需要推敲斟酌。

（二）文言文的教学策略

《义务教育语文课程标准（2011年版）》（7–9年级）学段目标与内容规定："诵读古代诗词，阅读浅易文言文，能借助注释和工具书理解基本内容。注重积累、感悟和运用，提高自己的欣赏品位。"

针对初中这一要求，小学学习文言文的目标在哪儿？我认为教学目标要简单：激兴趣、知大意、能诵读、注积累。

纵观统编教材入选的15篇文言文，都是浅显易懂，富有趣味，意义深刻的。在文字的理解上不一定要做到字字落实，知道大概的意思即可，重要的是诵读，让学生在读中激发喜爱之情，在读中感悟文章大义，在读中积累语言。

1. 创设情境，激发兴趣

对事物充满好奇心，是小学生与生俱来的天性。在学习文言文时，教师可以创设情境，把学生阅读期待激发起来，引导学生积极思考、主动参与，让学生的感情与作者的情感产生共鸣，以情燃情，激发学习兴趣。

比如学习《王戎不取道旁李》，教师可以这样创设情境：在一条道路旁边，有一棵李子树，上面结了很多李子，但是没有人去摘它们，你知道为什么吗？那就让我们一道走进《王戎不取道旁李》吧。

再如学习《铁杵磨针》时，教师可以先介绍李白在诗歌方面取得的伟大成就，然后话题一转，其实李白小时候一开始读书的时候很贪玩的，但后来为什么刻苦学习成为大诗人呢？走进《铁杵磨针》这个故事，让我们一道探究其中的原因吧。

2. 合作探究，叙说故事

这次统编教材选编的15篇文言文，有11篇都是故事。语言简洁，但故事情节起伏跌宕，趣味盎然，应该说学生学起来有兴致，不枯燥。

但再好的文本，老师一人唱独角戏，也不会精彩。要把学生置于课堂的中央，让他们主动地学，积极地学。可以采取小组合作教学法，将全班学生分为若干个小组，再对每个小组进行分工，形成良性的竞争与合作的氛围，将学生的学习动机和学习动力充分激发出来。

文言文虽然在语言上古今有差异，但文本有注释，学生通过注释，通过讨论交流，通过工具书，基本上可以完成对文言文大意的理解。例如教学《学弈》一文时，可以先组织学生四人一小组，借助注释，合作学习，理解字词句的意思，教师适当点拨学生不理解的字词句，在此基础上，组织全班学生交流，疏通对文本的基本意义。

在理解了文本意义的基础上，让学生叙说这个故事。说故事是学生喜闻乐见的一种学习方式，说故事的过程就是对文本大意理解与丰富的过程。学生在说《司马光》这个故事时，充分发挥了想象力：有个孩子一不小心跌进了缸里，有的孩子惊叫，有的孩子乱跑，有的孩子去找大人，只有司马光沉着、冷静，急忙拿起石头去砸缸。这样的场景通过学生的口头描述，丰富了故事的情节，突显了司马光的人物形象。

3. 反复诵读，积累语感

文言文历经数千年，是先辈留给我们的一笔巨大的财富。它具有音韵之美、形式之美、意蕴之美。平仄押韵、节奏和谐、抑扬顿挫、朗朗上口，非常适合诵读。教学文言文最好的方式就是诵读。正如曾国藩所说："先之以高声朗诵，以昌其气，继之以蜜咏恬吟，以玩其味。文言之美，要通过朗读来感受它的优美。"

这里讲的诵读主要有三个层次：

初读要做到正确流利。文言文和白话文读起来是有区别的，在字音上有难度。首先应该让学生把字音读准，读正确；其次要做到断句精准，节奏把握恰当，把每句话读通，读流利；最后要力争做到平长仄短，读出文言文的韵味来。

精读要读出故事意味。"书读百遍，其义自见"。"使其言皆出于吾之口，使其义皆出于吾之心"。文言文要反复吟咏，在读中让学生理解文意，体验故事情节的变化，感受人物的形象，体悟故事的意蕴。让学生沉浸在故事之中，不知不觉得到感染、熏陶。

背诵要加强积累。"不积跬步，无以至千里；不积小流，无以成江海。"文言文是语言学习极好的材料，让学生熟读成诵，丰富语言，培养语感，提升表达。

比如执教《司马光》在初读阶段，要处理好这样几个句子的停顿：足跌 / 没水中，众 / 皆 / 弃去，光 / 持石 / 击瓮 / 破之。在精读阶段，提醒学生故事的情节是怎么发展的，在朗读的时候，如何通过语速和语气的变化来反映一波三折的故事情节，塑造司马光沉着、冷静与机敏的形象。

4. 适度拓展，丰富认识

统编教材选编的15篇文言文，篇幅短小，容量不大。在学习之后，教师可以适度安排拓展，扩大阅读量，丰富学生的认识。

知人论世，提升对作者的认识。“颂其诗，读其书，不知其人，可乎？是以论其世也，是尚友也。”此话出自《孟子》。孟子提出的“知人论世”的观点非常有意义。即要研究作者生活和写作的背景，更好地去理解其作品。

学生学完《司马光》之后，脑中会蹦出一个问题来：在那样紧张的时刻，七岁的司马光为什么表现得那么淡定？教师可以补充司马光和《左氏春秋》的故事，学生阅读之后，恍然大悟，原来是书给了司马光智慧与信心。这样的拓展阅读让学生对司马光有了深度了解，也把文本的学习拓展到了另一个边界。

相似拓展，拓展阅读的视野。根据所学文言文的文体、题材、主题、人物，进行相似拓展，开展群文阅读，或者整本书阅读，可以拓展学生的阅读视野，开阔学生的思维，增加学生的信息量。

比如学习《司马光》，可以给学生阅读《王戎不取道旁李》《曹冲称象》，因为这是一组描写智慧少年的文章。教学完《精卫填海》，可以给学生补充阅读其他神话故事：《夸父追日》《女娲补天》等。

（此文刊载于2019年第9期《语文教学通讯》）

五、简约语文背景下的长文短教

统编教材中有许多长文，那么长的文章要在两课时甚至是一课时内上完，不仅对学生，对教师也是一种挑战。长文难教主要原因是长文的任务重，训练点多，字词教学、课文朗读、概括理解，还要考虑单元的语文要素落实，两课时根本不够用。因此，长文须短教，要着眼于凸显教学的重难点，大胆取舍教材，重构教材，优化教学内容。

（一）目标简明，选点精准

删繁就简三秋树，立意标新二月花。简约语文的理念是化繁为简，追求本真。简约的课堂首先追寻的是目标简明，目标少而精、小而实，指向学生语文素养的提升。长文要想短教，在教学目标的定位上，也要精简、精准。

1. 紧扣语文要素，确定目标

统编教材以语文要素为线索，将必备的语文知识和能力，学习策略和习惯，由浅入深、由易及难的分布在各个单元。语文要素是培养学生阅读能力的重要抓手，不管文章有多长，紧扣语文要素确定教学目标，便不会偏颇。统编教材三下课文《漏》是一篇很长的民间故事。笔者曾以此为题开设过公开课，试讲时把教学目标定位在品读文本反复的语言，感受民间故事神奇的想象，从而感知民间故事的特点。第一课时上完，学生说得很好，可站起来读书时却连书都读不熟练。在听课研讨时，专家直接指出了这节课教学目标的问题，这么长的课文，目标定位偏颇，教学便劳力劳心而低效高耗。第二次试讲时，笔者删繁就简，紧扣语文要素的落实，以能根据文字提示和图片进行复述为目标，课堂上带领学生趣读故事，给出支架重点进行复述，学生的复述能力得到训练。

很多长文可以训练的点很多，文本解读的角度也很多，但不管怎么解读，如果超越了语文要素的存在，把目标孤立在单元整体之外，那么长文的教学便会成为一锅大杂烩。

2. 关照学情变化，调整目标

长文短教重在一个“短”字，短并不意味着不教或者浅尝辄止地教，也不意味着忽视学生实际的学情按照教师的理想方案去教。长文短教时，教师有必要根据学情及时调整教学目标，让学生学得扎扎实实，而不是点到为止。仍以三下《漏》为例，第一课时教学了课文的 1–12 小节，教师指导学生运用示意图的方式练习复述。可在实际教学时发现，学生的复述出现了两个问题。一是简单地把课后文字的提示进行了整合，相当于把课文概括了一遍。二是不少学生对文本重要情节不熟悉，复述不出来。结合学情和课堂教学来看，导致这样的情况原因有学生对这么长的文本朗读不到位，教师制定目标时笼统地定位为学习复述，未考虑学生复述时的难点在哪。基于这样的学情与思考，第二课时，教学目标作了调整：1. 指导学生读好人物对话。2. 能够按顺序，根据提示，关注重点情节复述。调整了教学目标，教学行为就会随之发生变化，学习效果也大有改观。

（二）内容简要，整合巧妙

简约语文的教学内容要简要，这种简要不是机械地删减教学内容，而是在深入解读文本的基础上，对教材的二度开发与重组，是围绕教学目标，优化教学内容，将知识与能力、情感态度与价值观进行巧妙地整合。长文短教，在教学内容的选择上也需要提纲挈领，直奔重难点，否则面面俱到，就成了面面不到。

1. 点面结合，以点带面

统编教材中有许多长文或结构相似，比如三上课文《卖火柴的小女孩》；或线索清晰，比如四上《陀螺》，以陀螺为线索讲述了作者儿时盼陀螺、做陀螺、得陀螺、赛陀螺的故事，这类长文教学如果以小节为单位去展开教学，课堂就会碎而繁琐，所以在选择教学内容时适合以一个点为切口，以点带面，更易实现长文短教。以《陀螺》为例，教学目标是学习批注阅读，如果教学内容关照全篇，让学生自主批注，再进行交流，一则耗时很长，二则学生批注不得法，缺少思维的深度。如果以盼陀螺这一段内容作为切入点，让学生先学习如何批注，再分享批注的方法，老师相机总结批注的方法，最后让学生用学到的方法批注其他内容，不仅能把文章学完，而且语文要素也落地生花了。

2. 概括要点，巧破难点

长文虽长，亦有详略。作者在谋篇布局上，对表现文章主旨的内容也是有侧重的描写，因此，在教学内容的选择上则要有所为有所不为，有些内容简单地学，难点的内容详细地学。统编教材三下有一篇略读课文《小虾》，作为一课时教学的文本显得略长。教学时，在概括了解课文主要内容之后，就可以重点学习文本第三自然段。这段主要描写了有趣的小虾，之所以选择这一段，不仅语言活泼有趣，适合积累，而且体现了语文要素“围绕一个意思写”，是学生学习的难点。

3. 论章析法，学习表达

语文课程是培养学生语言文字运用能力的课程，在发展语言的同时，还要提升思维的品质。长文中不仅隐藏着许多精美的书面语言，还有作者对文章精妙的谋篇布局，高超的写作技巧。教学时抓住这些隐形的教学内容，整合设计，不仅能积累语言，还能提升学生的思维品质，提升学生的表达能力。统编教材六下《金色的鱼钩》是一篇略读课文，课文很长，足足五页。文本中的略读任务提示是交流老班长是一个怎样的人？你从他的哪些言行中看出来的？从文后的提示来看，显然本课重点让学生学习如何通过人物的言行描写认识一个人的特点。所以本课的教学要紧扣老班长的言行句子，认识老班长的品质，再引导学生学习作者是如何塑造老班长这个形象的，提高学生写人的技能。

（三）环节简化，探究深刻

简约语文倡导板块式教学，课堂上一根主线，几个板块，层层推进，严丝合缝。板块的设计简洁有梯度，让学生的能力能够在教师搭建的板块支架中得到可见的成长。长文短教，在优化教学内容的前提下，如能以板块式推进，为学生搭建一个拾级而上的学习阶梯，必能提高课堂教学效率，提升学生的语文学习力。

1. 板块设置的角度要丰富多样

角度的丰富多样不仅让课堂更有生命力，也是开拓学生学习语文的视野。长文很长，要想上短，就要把每一个小板块变成达成目标的小微课，角度多样，环环相扣，学生才会兴致盎然，不觉疲惫。板块的搭建主要围绕语言文字的运用能力。比如统编三下略读课文《枣核》，教学分三个板块：一读，了解枣核做的事；二读，评价枣核为人；三读，讲述枣核的故事。三个板块分别从理解、评价、讲述三个角度搭建的。再如统编教材五上《猎人海力布》，教师让学生练习简要复述。教师设置了三个板块，分别是：

一读课文，把握中心，明确课文主要表现猎人海力布的善良；二读课文，学习取舍。要想在简短的时间内让别人了解人物形象，就要选取最能表现人物形象的事例进行复述，如救白蛇，救乡亲的情节；三读课文，简洁复述，这一板块主要教学生如何把描述性语言转化为叙述性语言。以上三个板块围绕“简要复述”这一目标，从理解文意、学习取舍、语言表达三个角度，突破学习难点。

2. 板块设置的层次要清晰合理

板块教学需要以鲜明的逻辑步骤形成清晰的教学层次。教学时应由浅入深、由易到难、由知识到能力，分层推进。倘若每一个板块都停留在一个层面上，学生的学习力就无法得到提升。再以《陀螺》这篇长文为例，教学目标是 1. 在体会深的地方作批注；2. 体会作者心情变化；3. 理解“人不可貌相，海水不可斗量。”的意思。三个目标，如何在两课时完成？教师设计了五个板块。板块一：交流预习单，解决生字词。利用课前预习，把读书问题解决。板块二：借助小标题，梳理主要内容。以陀螺为线索，采用（ ）陀螺的半填空形式让学生对文章主要内容和脉络进行梳理。板块三：以一点切入，学习高质量批注。以“做陀螺”为切口，让学生通过抓关键词提问，体会人物心情；联系上下文思考，解答心情缘由；联系生活，体会作者心情。通过三个层次学习，学会做出高质量的批注。板块四：自主批注，交流评价。自主阅读其他内容，运用所学方法，历练批注能力。板块五：运用多种方法，理解难句子。运用联系课文、联系生活、联系名人故事等方法理解“人不可貌相，海水不可斗量”的意思。五个板块，从字词到深度阅读批注，到理解和探究表达，层次清晰，疏密有度，动静相宜，探究深刻。

3. 板块设置的活动要以学为主

语文课程是一门学习语言文字运用的综合性、实践性课程。学生语文能力的提升，要在真实的语言运用情境中，通过积极的语言实践活动实现。长文短教的板块设计要以学生为主体，开展充分而有效的学习活动，让学生真正成长于课堂。但在实际教学中，因为学生自主学习的能力有限，教师又担心教学任务完成不了，所以教师一放，就乱，一收，就死。其实，以学为主，不能排斥教师的教。而这个教是帮助学生搭梯子，设路径，助推学生登上学习的山巅。

如《陀螺》这篇长文教学中有一个板块是利用小标题形式理清课文的顺序，了解课文主要内容。教学时教师先给学生搭设支架，给学生出示一个填空：（做）陀螺——（　）陀螺——（　）陀螺——（　）陀螺，然后让学生完成练习。

因为第一个空格老师给了一个示范，带给学生启发了，学生沿着这样的思路，认真读文，很快就能完成此项任务，节省了不少时间。

综上所述，长文要想实现短教，需要教师精读文本，精准目标，精选内容，有敢于取舍的勇气，有整合教学内容的魄力，实施过程中关注学情变化，长文方能实现短教。

（全立义名师工作室撰写 / 姚赛巾）

（此文刊载于 2021 年第 10 期《小学语文教学》）

六、“快乐读书吧”要生发快乐

——对统编教材高年级“快乐读书吧”的辨识

统编教材非常重视对学生读书意识的培养，把语文教学从课堂延伸到课外，形成了“教读、自读、课外阅读”三位一体的阅读教学体系，为全面提升学生的语文素养提供了保障。

中高年级“快乐读书吧”栏目的名字别有意味。“读书”是手段，“快乐”是目的。可以有两种理解：一种理解是“快乐读书的地方，”这时“吧”读作“bā”；另一种理解是“我们一起来快乐读书吧”，是一句口号，也是一种倡导，这时“吧”读作“ba”，轻声。

“快乐读书吧”要生发出“快乐”，这是编者的初心，也应该是教者的使命。

（一）教学内容有磁力

统编教材高年段安排的四次“快乐读书吧”内容如下：

年级	内容	推荐书目
五上	民间故事	《田螺姑娘》《梁山伯与祝英台》《八仙过海》以及欧洲、非洲、民间故事
五下	古典章回体小说	《西游记》《水浒传》《三国演义》《红楼梦》
六上	成长、教育小说	《童年》《小英雄雨来》《爱的教育》
六下	漫游主题式世界名著	《鲁滨逊漂流记》《骑鹅旅行记》《汤姆·索亚历险记》

从体裁来看，教材安排的四次内容都是故事和小说。有动人的民间故事，有经典的章回小说，有贴近儿童的成长小说，有充满想象力的漫游主题小说，这些内容非常有趣味，有诱力，对于学生来说喜闻乐见，能唤起他们的阅读欲望，激发阅读期待。

从书中的内容来看，编者所推荐的课外阅读书目都是古今中外的经典传世之作。书中有跌宕起伏的故事情节，栩栩如生的人物形象，妙趣横生的精彩对话……这些书有着魔幻般的磁力，把学生引进书中，与经典对话，与智者交流，与快乐相伴，学生从中汲取生命养料，不断丰盈自己的语文素养。

（二）教材价值有魅力

阅读的意义在于超越世俗生活的层面，建立精神世界。一个人的阅读史，也是他的心灵发育史。“快乐读书吧”栏目的开辟，意义非凡，魅力无限，引领学生步入读书的殿堂，寻找生命的栖息地。

1. 拓展教材空间

叶圣陶先生曾说过：“单凭一本国文教材是远远不够的，必须在国文教材以外多看一些书，越多越好。”

统编教材增设“快乐读书吧”这个栏目，主动将读书纳入语文课程体系中，打通了课内与课外之间的壁垒，拓展了教材的空间，将课外阅读课程化，解决了读书长期被边缘化的问题。

高年级的“快乐读书吧”不管出现在课文的哪个单元，它们呈现的内容和前面一单元的课文有着紧密的关联，是本单元教材内容的有机组成部分，不是附加内容。

比如五上第三单元后面安排的“快乐读书吧”是读民间故事，而前面的一组课文全部是民间故事，衔接自然，一脉相承。既有内容的延伸、拓展，更有学法的迁移运用，保证语文要素的落地生根。从课文中学法，到课外阅读中用法，这就是得法于课内，得益于课外。

2. 播散读书种子

高年段的“快乐读书吧”，在形式安排、内容设置、语文要素连接等方面形成相对独立的体系。生动的导语，激发学生阅读的期待；精彩片段的呈现，满足了学生阅读的愿望；温馨的小贴士，告诉学生这类书籍的特点以及阅读的方法；友情推荐，让学生更广泛阅读，从一本到几本，形成阅读群书，培养阅读的习惯、兴趣、品位。

一部作品阅读的结束不是终点，而是另一个阅读的开始。“快乐读书吧”就像一粒种子，在学生的心田上播散，让学生与书结缘，与书相遇，与书相伴，引领学生在阅读中寻找快乐，实现温儒敏教授提出的：“语文教学，最重要的是培养读书的种子”。

3. 落实语文要素

“快乐读书吧”栏目设置的目的并不是仅仅让学生阅读几本书，而要在激发学生阅读兴趣的同时，传授阅读方法。

在“你读过吗”栏目中所选的片段之后，教材用小贴士的形式呈现关于此类书的基本知识和阅读方法，其实这就是本单元的语文要素。比如五年级安排的是认识民间故事和章回小说的特点，学会阅读民间故事和章回小说的方法，这些都是语文要素在读书吧中的延续与落实，保证了语文要素的落地生花。

4. 关注学生成长

小学教育是为孩子人生打底色的，理应多读几本为人生垫底的书。

“快乐读书吧”的开辟就是为学生人生开启了阅读的时代。五年级安排的读书主题非常适切该年段学情。民间故事、章回体小说都是学生喜欢的，所推荐的书目都是我国经典文化瑰宝，阅读中国名著，传承经典文化，烙下民族基因，这是统编教材“国家意识”的体现。六年级安排的成长故事，更契合六年级学生成长的需求，书中成长的故事对他们的成长是一种引领和指导。漫游式主题世界名著的阅读更是让六年级学生走出国门，走向世界，开阔眼界，丰富自己。

（三）教学策略有慧力

快乐要生发于“快乐读书吧”，必然要赋予智慧，讲究教学策略，方能实现这一美好的想法。

1. 激趣导读

兴趣是最好的老师。老师在导读环节，应该采取有效的办法，让学生产生一份关注，形成一种期盼，喜欢上这本书。

① 朗读

给学生呈现书本中最精彩的章节，教师绘声绘色地朗读给学生听，引发学生读书的浓厚兴趣。其实“你读过吗”栏目中呈现的片段，都是精彩有趣的，它犹如一把钥匙，打开了学生阅读之门。

比如引导学生阅读《三国演义》，可以出示“空城计”中的一段话：“三国时期，诸葛亮因错用马谡而失掉战略要地——街亭，魏将司马懿乘势引大军 15 万向诸葛亮所在的西城蜂拥而来。……诸葛亮自己披上鹤氅，戴上高高的纶巾，领着两个小书童，带上一张琴，到城上望敌楼前凭栏坐下，燃起香，然后慢慢弹起琴来。”此时老师按下暂停键，抛出问题：诸葛亮弹琴能退司马懿的大军吗？这个问题好像一只无形的手牵引着学生走进《三国演义》。

② 观看

给学生欣赏与书有关的插图、连环画，或者观看与书中故事情节有关的影视片段，关键之处，暂停播放，留下悬念，唤起学生阅读的念想。

比如先让学生观看《鲁滨逊漂流记》电影开头的画面：在一次航海时，遇到风暴触礁，船上同伴全部遇难，唯有鲁滨逊幸存，他只身漂流到一个荒无人烟的孤岛上。接着问题导入：鲁滨逊面对这座荒岛，他将如何生活呢？一切答案都在《鲁滨逊漂流记》中，让我们去慢慢寻找吧。

③ 预测

预测是根据已有的信息对故事情节的发展、结局等进行猜测。预测最能引发学生的想象和好奇，激发他们的阅读热望。书的封面、目录、书中的故事情节都可以让学生预测一番。

比如出示《水浒传》“鲁智深倒拔垂杨柳”一段话给学生阅读：大相国寺菜园附近住着二、三十个游手好闲的泼皮，平日里常来偷菜，听说新来个和尚，商量着要闹他一番，给鲁智深来个下马威。接着请学生预测：后面会发生什么样的故事呢？然后再让学生读读后面的故事，看看自己预测的如何。

2. 主题研读

“散读”固然有它的益处，但是对于小学生来说，可能只关注好玩了，读书的收获所得就有限了。学生的读书还得有老师的指导，应该围绕一定的研读主题，带着任务去阅读，这样才能驱动学生进行深度阅读，渐入阅读佳境，提高读书的实效性。

① 研读情节

情节是小说的三要素之一。小说常常以故事情节来吸引读者的。让学生关注书中精彩的故事，把它留到记忆册中，便于积累，利于后期的读书分享交流。但是小说，尤其是长篇小说，都很长，故事情节曲折复杂，学生很不容易理清楚，教师应该适当点拨，给学生指点方向，或给出一条主线。

比如学生阅读《西游记》，要求学生特别关注唐僧师徒取经路上遇到了哪八十一难，师徒三人又是如何杀妖斩魔，取得真经，修成正果的？

② 研读人物

小说中有很多个性鲜明的人物，这些人物都是作者着力塑造的形象。

他们个性鲜明，栩栩如生，呼之欲出。学生读书时，可以绘制人物图谱，理清他们之间的关系；可以重点关注自己喜欢的人物。

比如读《西游记》有的学生特别研究妖怪，给妖怪家族绘制了一个家谱图：最美的妖怪、最穷的妖怪、最有本事的妖怪、最精明的妖怪、最命苦的妖怪、最老的妖怪、最有背景的妖怪等等。

③ 研读语言

名著的语言总是精妙的，是作者千锤百炼的结果，是学生学习语言的最好范本。读书，承载着学习语言的任务，既要注意吸收积累语言，更要学习作者的遣词造句的妙法。

《红楼梦》有一段精彩的语言，可以引导学生好好玩味。

只见一个媳妇端了一个盒子站在当地，一个丫鬟上来揭去盒盖，里面盛着两碗菜。李纨端了一碗放在贾母桌上，凤姐儿偏拣了一碗鸽子蛋放在刘姥姥桌上。贾母这边说声"请"，刘姥姥便站起身来，高声说道："老刘，老刘，食量大似牛，吃一个老母猪不抬头。"自己却鼓着腮不语，众人先是发怔，后来一听，上上下下都哈哈的大笑起来。史湘云撑不住，一口饭都喷了出来，林黛玉笑岔了气，伏着桌子嗳哟，宝玉早滚到贾母怀里，贾母笑的搂着宝玉叫“心肝”，王夫人笑的用手指着凤姐儿，只说不出话来，薛姨妈也撑不住，口里茶喷了探春一裙子，探春手里的饭碗都合在迎春身上，惜春离了坐位，拉着他奶母叫揉一揉肠子。

A 读了这段“笑”场的描写，你能看出每个人的特点吗？

（史湘云豪爽不羁，林黛玉柔弱多情，宝玉恃宠撒娇。）

B 作者的描写给你带来什么启示？

（抓住特点写出人物的个性特征。）

④ 研读主题

好书都是内容和思想的完美结合。书中有人生的酸甜苦辣，让人品味；有人格高尚的人物，引人上进；有深邃的哲理，给人明智。

比如读民间故事，引导学生关注故事的主题，学生就能发现，有一个共同的特点：善良总能战胜邪恶，好人终有一个圆满的结局。这就是民间故事的魅力“教人向善”。

⑤ 研读方法

授人以鱼，仅供一餐之用；授人以渔，可保一世无忧。作为阅读教学板块，“快乐读书吧”的作用绝不仅仅是在推荐阅读的书单，而是要探究读书的方法。

比如学生以猪八戒为评价对象，去阅读《西游记》，重点探讨“如何评价小说中的人物”。通过读书交流，学生明白了评价人物有多种方法：透过事件看人物，评析人物言行看人物，多角度立体式看人物（人物有多重性格）。这样的阅读实践既读了书，又得了法，可谓一举两得。

3. 分享展读

《语文课程标准》指出：“加强对课外阅读的指导，开展各种课外阅读活动，创造展示与交流的机会，营造人人爱读书的良好氛围。”

阅读虽然是一个内化的过程，但是教师应该为学生提供交流的平台，一方面学生在交流分享中获得更深入的阅读体验，使他们的精神不断成长，另一方面能给学生读书注入巨大的动力，让学生持续读书，保持读书的热情与定力。

① 说书

学生阅读整本书之后，可以举办说书会。

讲故事：模仿说书人，讲书中精彩的故事。比如读了《水浒传》，说说书中脍炙人口的故事：鲁达拳打镇关西，林冲雪夜上梁山，景阳冈武松打虎等。

评人物：“一千个读者心中有一千个哈姆雷特。”阅读是个性化的行为，每个学生读完一本书之后，对人物总有自己的认识和评判。对书中的人物进行评价。可以采取打星或打分的方式对人物进行评价，说出理由。比如评价刘备，有的学生可能给他打 100 分，因为他仁慈宽厚，对人诚心诚意；有的学生可能给他打 60 分，因为他太重兄弟情义，不顾大臣们的反对，刚愎自用，抛开国家利益而不顾，倾其国力为关张两兄弟报仇，最后以失败而告终。

辩观点：阅读一本书，对于高年级学生来说最重要的是要形成自己的观点。“水常无华，想荡而生涟漪。”选择一个可值得辩论的话题，组织学生进行辩论，既可以提高学生的口头表达能力，又可以提升学生的思辨能力，还可以帮助学生形成正确的人生观、价值观和世界观。

② 荐书

高年级学生具备了一定的推荐能力，如果请他做这本书的代言人，把书推荐给其他人阅读，这样的事学生是喜闻乐见的。

画画：有的学生喜欢采用画画的形式来推荐。画书中人物形象，画书中故事主要情节。学生画画实际上是二次创作，是对作品的个性解读。

表演：有的学生喜欢用表演的方式复现故事情节，将自己的阅读体验转化为形象表演，在享受阅读乐趣的同时，把这份快乐也传递给别人。

视频：有的学生会采用录一段视频的方式来推荐。视频可能一人推荐，也可能是几个人合作推荐。

书评：高年级学生阅读了一本书，可以让他们写写书评。可以是对这本书的故事梗概介绍，可以是对作者的介绍，可以是读了本书的感受，还可以是特色介绍，如栩栩如生的人物、深刻的主题、富有特色的语言等。

③写书

如果给学生一些感兴趣的话题，让学生创作一些内容，学生是乐此不疲的。比如给书中的人物写个小传或制作一张名片，给牺牲的英雄好汉写个墓志铭，针对书中故事留下的空白，创编后续故事等。

总之，教师应该让“快乐读书吧”成为播散读书种子的心田，在学生童年中播下语言、审美、思想、文化的种子，开启书香人生，敞亮学生的生命之旅。

（此文刊载于2020年第7/8期《小学教学设计》）

第二节　阅读教学设计

一、《祖父的园子》教学实录

【教学内容】

统编教材五年级上册《祖父的园子》

【教学目标】

1. 正确、流利、有感情地朗读课文。

2. 理解课文内容，感受作者童年生活的自由快乐，体会作者对童年生活的眷恋和对祖父的怀念。

3. 学习作者叙事抒情和借物抒情的表达方法，并练习写一段话。

【教学实录】

板块一：品读“玩闹”，感悟快乐生活

师：上节课，同学们提出了一个问题：萧红为什么称园子为祖父的园子？这节课就让我们一同走进祖父的园子，探寻这个问题的答案。

师：萧红在园子里跟祖父劳动的场景与其说是劳动，不如说是在闹、在玩。作者叙述的哪些事让你体会到了这点？请你仔细读读课文的 4–16 小节，边读边思考。（学生批文入境，品读课文）

师：现在开始交流。谁先来？

生：“下种”这件事依我看萧红就是在瞎胡闹。一般种小白菜都要种在土里，她不仅没把菜种给盖上，反而把它给踢飞了。

生：这事其实是祖父由着萧红在瞎胡闹的。萧红在园子里很是自在。想干什么就干什么。

师：是的，这是给祖父帮倒忙，越帮越忙。你来读读“下种”这件事。

生：“铲地”这件事我看出萧红也是在闹。草和苗都分不清楚，明明是谷穗，她却把它铲了，而把狗尾巴草留了下来。

生：这哪里是除草，分明是在瞎折腾。说明萧红很顽皮。

生：可是祖父并没有怪罪她，还在大笑，可见祖父宽容他，疼爱她，所以萧红才敢胡闹的。

师：是的，顽皮、胡闹中折射出萧红幸福、快乐的童年生活。请你把这部分内容有感情地读一读。

生：“摘黄瓜追蜻蜓”这件事反映了萧红是个爱玩、爱闹的孩子。一会儿摘黄瓜，一会儿吃黄瓜，黄瓜还没吃完，又去追蜻蜓，蜻蜓没追上，又干别的事了。

生：萧红在祖父的园子中想干什么，就干什么，想怎么干就怎么干，自由自在，无忧无虑，快快乐乐。

生：这样的生活令我羡慕。如果我能在家里想干什么就干什么就好了。（众笑）

生：老师，“浇菜”这件事最能看出萧红非常顽皮。她不是在浇菜，而是在玩水。你看，她并不往菜上浇，而是拿着水瓢，拼尽力气，把水往天空中浇，嘴里还喊着：“下雨了！下雨了！”

师：萧红这“一扬”“一喊”，表达了什么？

生：兴奋、快乐！

生：自由、爽！

师：请你把浇菜这部分内容有感情地读一读。读出萧红的开心、兴奋。

师：同学们，在祖父的园子里，萧红想干什么，就干什么。

祖父栽花，她就——

祖父拔草，她就——

祖父下种，她就——

祖父铲地，她就——

祖父浇菜，她就——

萧红在祖父园子里的生活是____________________；在萧红的心中，祖父的园子是____________________。

生：自由的，天堂

生：幸福的，乐园

生：快乐的，自由的天地

师：作者叙述这些事情想表达什么？

生：对童年生活的怀念。

生：对祖父园子里生活的留念。

生：对童年生活的眷念。

师：是的，这是作者写这篇文章其中的一个目的。（板书：叙事抒情）

板块二：探究原因，寻找幸福源泉

师：是谁带给萧红那无忧无虑、快乐的童年生活的？你从哪儿看出来的？请两个同学分角色朗读课文 4–16 小节，其他同学想一想这两个问题。

生：是祖父带给了萧红幸福的童年。当我把祖父下的种子踢飞了，祖父并没有骂我。

师：有道理。祖父宽容我。

生：祖父确实对我很宽容。当我把韭菜割掉了，而把狗尾巴草留了下来，祖父不仅没怪罪我，还在笑，还教我怎么分清谷穗和狗尾巴草。

师：祖父的笑中有慈祥，祖父的笑中还有——

生：宽容。

生：教育。

生：关爱。

师：是呀，祖父的笑和爱构织了萧红幸福、自由、快乐的童年。

师：当萧红身处异乡南方，遥望北方呼兰河小城，她想到了什么？齐读课文第一小节，这段文字表达了作者什么情感呢？

生：对祖父的怀念。

师：为什么这样说？

生：文章的开头说“呼兰河这小城里住着我的祖父”，她说住着祖父，并没有说住着爸爸、妈妈，可见祖父在萧红心中的位置。

师：你对这句话体会深刻。这是作者写这篇文章的另一个目的。课文学到这儿，你能说说萧红为什么把园子称为祖父的园子了吗？

生：因为在园子里，是祖父给她的童年带去了欢乐。

生：我认为是表达了对祖父的感谢和永久的怀念之情。

生：在萧红的童年里，祖父是最疼爱她的亲人，所以把园子称为祖父的园子。

师：同学们体会得都很好。如果再看看萧红的一生经历，你对这个问题会有更深的体会。请一个同学读读下面的资料：

萧红在写这篇文章的时候，身在香港。小的时候，母亲病逝了，父亲冷酷，继母重男轻女，只有祖父给了她太多的爱和温暖。从 20 岁的时候，她就开始了漂泊流浪的生活，居无定所，在饥饿寒冷和病痛的折磨中，在个人生活的缕缕伤痛中，在战火和敌机的追袭中，她先后在哈尔滨、青岛、上海、日本、北京、重庆、香港等地流亡写作。

生：读了这段资料，我明白了萧红的一生坎坷，特别是成人后生活艰难，所以她更眷念在园子里那段美好的童年时光，更怀念自己的祖父。

生：从这段资料中可以看出，萧红小时候，缺少父爱和母爱，是祖父给了她全部的爱，所以祖父在她的心目中是无人代替的，园子永远是祖父的园子，祖父永远是自己最亲近的人。（掌声）

板块三：讨论写景，学习借景抒情

师：同学们，课文学到这儿，你还有问题吗？

生：老师，课文的 1–2 小节为什么要描写园子里的景物？

师：问得好。你有一双敏锐的眼睛，一个善于思考的大脑。

生：我也有一个问题，课文的 17–19 小节，也写了园子中的景物，而且写法很特别，很好玩。这段景色描写有什么作用呢？

师：你的问题很有价值。现在我们讨论：作者为什么要描写这些景物？（学生分组讨论）

师：哪个小组先来汇报？一人说，其他人补充。

生：我们小组发现课文 1–2 小节描写的景物很美。

师：从哪儿看出来？

生：你看，这些小动物的颜色很漂亮。白、黄、红、绿、金，很是漂亮。为什么这么漂亮？我想可能是这些小动物曾经给萧红带来过快乐。作者写景还是想表达内心的快乐。

师：说的很有道理。请你有感情地读读1–2小节。还有谁想补充？

生：不是有个成语叫爱屋及乌嘛，因为祖父的园子给了萧红幸福、快乐、自由，她十分喜欢园子，所以园子里的一切景物就美起来了。

师：作者写这段景物目的是什么？

生：表达对园子的喜欢。

生：怀念园子里的童年生活。

师：是的。前面我们已经知道了作者是通过叙事表达了情感，而这里则是通过景物的描写来抒怀的。这样的写法叫借景抒情。（师板书：借景抒情）现在请你们再谈谈对课文17–19小节的理解。

生：17–19小节所描写的景物都活了。你看，花开了，就像花睡醒了似的。鸟飞了，就像鸟上天了似的。虫子叫了，就像虫子在说话似的。

生：这些景物不仅活了，而且都是自由的。想做什么，就做什么，要怎么样，就怎么样。跟萧红的童年生活一样自由。我认为也是萧红借景抒情，表达童年的生活是自由快乐的。

师：你很了不起。把景物的特点和萧红的童年生活联系起来，一下子就把握住了问题的本质。真会想！

生：老师，我也认为是作者借景抒情。作者用排比句，写了那么多的景物，这些景物共同的特点是自由自在，不就是萧红童年生活的象征吗？（掌声）

师：你太会思考了。这段话不仅有排比句，还有拟人句。请大家有感情地读读这段话，体会体会。

板块四：总结写法，迁移练就能力

师：文字是用来表达情感的。这篇文章萧红一方面通过叙事来抒情，另一方面通过对景物的描写来抒情，表达了对童年生活的眷恋，对祖父的怀念。这样的写法值得我们学习。

师：现在请你模仿课文描写黄瓜、倭瓜、玉米的方法，写一写萧红在祖父园子里所做的一些事。这些事可以是课文中讲到的，也可以是课文中没讲到的，要表达出萧红在园子里的生活是自由的、快乐的、幸福的。（学生完成小练笔，学习叙事抒情。）

师：谁来读读自己写的内容。

生：在园子里，我的地盘我做主。我想睡觉就睡觉，把草帽盖在头上，一会就睡着了。我想吃黄瓜就吃黄瓜，哪怕吃了一半扔了也没人管。我想摘花就摘花，摘了三四朵插在头上，还给祖父头上也插几朵。我想拔草就拔草，把狗尾巴草当作谷穗留着，把谷穗当草拔了。一切都是自由的，一切都是快乐的。

生：在祖父的园子里，我想捉蚂蚱就捉蚂蚱，把蚂蚱捉来，用线拴住它的一条腿，它怎么蹦都蹦不走；我想扑蜻蜓就扑蜻蜓。拿把扫帚跟着蜻蜓后面追，看准了，就把扫帚一扑一按，蜻蜓就被逮住了。玩累了就躺在地上休息。天空蓝悠悠的，又高又远，我的心也蓝悠悠的，又高又远。（掌声）

师：课外希望同学们阅读萧红的《呼兰河传》，继续去分享她的自由、快乐、幸福的童年生活。好，下课！

【点评】

摒弃繁琐　追求简约

金立义老师这节课体现了“简约语文观”的理念，做到了简简单单教语文，清清楚楚教语文，轻轻松松教语文。

一、教学目标简明

《祖父的园子》叙述了作者萧红在园子里过着自由、快乐、幸福的童年生活，表达作者对童年生活的眷恋，对祖父的怀念。课文在写法上采用了叙事抒情和借景抒情。

课文大部分内容学生一读就懂，但是作者为什么要写这些内容？又是如何写的？学生就不容易搞清楚了。特别是借景抒情的写法，对学生来说是学习的难点。把握了学情，就找到了教学的起点。针对教材的特点和学情，金老师把教学目标定为：1. 正确、流利、有感情地朗读课文。2. 理解课文内容，体会作者对童年生活的眷恋和对祖父的怀念之情，明白写作的目的。3. 学习作者叙事抒情和借物抒情的表达方法，并练习写一段话。

金老师的教学目标定位准确，清晰简明。注意到了言意兼得，重在发展学生的言语智能，培养学生的语文实践能力。

二、教学内容简要

吕叔湘先生说："做教学工作的人必须首先认清他教的是什么"。教什么比怎么教更重要。

本节课金老师安排了四个板块内容：1. 品读"玩闹"，感悟快乐生活；2. 探究原因，寻找幸福源泉。3. 讨论写景，学习借景抒情；4. 仿照写法，完成小练笔。前两个内容是针对第二个教学目标安排的，让学生领悟作者的写作目的，体会作者对童年生活的眷恋和对祖父的怀念之情。后面两个教学内容，是为实现第三个教学目标安排的。让学生学习叙事抒情和借景抒情的方法，并进行实际操练，形成能力。

金老师根据教学目标，挖掘、梳理、甄选、重构教材，选择课程内容开展教学，跳出了课文教语文，这样的内容是最简要的，最适宜的，最有效的，且板块简洁，指向明确，确保目标的高效达成，培养了学生的言语能力。

三、教学方法简便

当今的语文课堂，教学手段花样百出，课堂甚是热闹，但是冷思一番，用过于繁杂的手段应对平白易懂的教学内容，是不是等于用大炮打蚊子？

用语文的方式解决语文的问题，应该大力倡导。如果用最简便的方法解决最复杂的问题，这个教师一定是最智慧的。听、说、读、写、思、背是最常见的方法，也是最简便有效的方法。课堂上要把更多的时间和空间留给学生，让他们在大量的听说读写的实践活动中历练，实现言语训练和精神培养同构同生，工具性和人文性的和谐统一。

金老师的教学方法简便实用：1. 品读：学生先和文本对话，感受到了作者在园子里自由、快乐、幸福的童年生活；再细读课文，寻找给萧红带来幸福童年生活的源泉，进而明白作者的写作目的。2. 讨论：对于课文写景部分的内容，虽然是难点，但是通过学生的讨论碰撞，开启思维，集思广益，轻松地突破了难点。3. 仿写：金老师让学生模仿课文描写黄瓜、倭瓜、玉米的方法，写一写萧红在祖父园子里所做的一些事，表现她的自由与快乐，实际上就是让学生学习如何叙事抒情，把方法转化为能力。

目标简明、内容简要、方法简便彰显了金老师提出的“简约语文”教学观，同时也带给我们启迪：语文课要摒弃繁琐，远离浮华，追求简约，轻盈行走。

（执教 / 金立义　评析 / 李琳　特级教师　正高级教师）

（此文刊载于 2014 年第 7/8 期《小学教学》）

二、《司马光》教学设计

【教学内容】

统编教材三年级上册《司马光》

【教学目标】

1. 多种形式朗读，能做到正确、流利，读明白文言文，熟读成诵。

2. 初步了解文言文的特点，体会文言文的味道，学习阅读文言文的方法，尝试迁移运用。

3. 学生通过阅读对文言文产生兴趣，感受中华传统文化的魅力。

【教学过程】

板块一：谈话导入

1. 今天老师和大家一起学习一篇新的课文，齐读课题。这篇课文我们既陌生也熟悉。出示一年级学过的现代文《司马光》，请一个学生读全文。

2. 现代文和文言文的《司马光》，你发现有什么不同？

（文言文：简洁凝练，但不易懂；现代文：通俗易懂，但篇幅长）

【评析：本文是三年级孩子第一次和文言文“相遇”，学习上学生难免会产生不自信，引入现代文进行对比阅读，熟悉的内容让学生自然生出亲近之感，“亲此文，信此道”，这场古今文相遇会变成“喜相逢”。】

板块二：挑战朗读者

1. 同学们，要想学好这则文言文，首先要做的就是读。一起来挑战做“朗读者”吧。先用自己喜欢的方式把课文朗读几遍，做到正确、流利。

2. 读准字音。出示“瓮、迸”，提醒学生读准后鼻音。“没”是个多音字，该读哪个音？要求学生根据它表示“淹没”这个意思来确定读音。

3. 读通句子。出示①一儿登瓮，足跌没水中；②光持石击瓮破之。指名学生读这两句话，全班齐读。

4. 学生自读全文。谁来挑战读全文，既是挑战朗读，也是挑战自我哦！

【评析：读书百遍，其义自见。朗读一直是语文教学最重要的任务之一，作为离学生久远的文言文，读显得更为重要。从字词到句子，循序渐进，努力让学生把此文读正确、流利，也为后续有感情地朗读和讲述故事做好铺垫。】

板块三：扮演解说者

1. 文言文距离我们时间久远，想要读的更好，就要了解它的意思，课后的“注释”是帮助我们理解的好工具。让我们借助注释，扮演一回“解说者”。

2. 第一轮解说要求：同桌为单位，一人一句互相说一说文言文的意思，听者互相补充或指正。

3. 第二轮解说要求：一组同桌上台同时解说第一句话的意思，其他同学认真听，结束后听者评价。师根据学生解说情况适时介入，或追问，或提示，或请学生读好第一句话。

4. 第三轮解说要求：按第二轮解说模式，把剩下的一句话意思解释清楚。

5. 第四轮解说要求：指名 1–2 个学生完整地说一说整篇文言文的意思。

6. 第五轮解说要求：这不仅是一篇文言文，更是一个精彩纷呈扣人心弦的故事。请在小组内绘声绘色地讲一讲这个惊险刺激的故事，可以适当加入自己的想象。

7. 指名学生讲述故事，师生即时评价。

8. 尝试背诵。学生根据故事的四幅图画，尝试背诵这则文言文。

【评析：三年级学生虽然是第一次和文言文美丽邂逅，但是必须要找到触电的感觉。此环节的设计旨在让学生充当学习文言文的主角，唤醒学生的主体意识，让学生通过自主、合作等方式理解其意，加入想象，讲述故事，体会其境，熟读成诵，积累其言。】

板块四：尝试寻访者

1. 跟着同学们琅琅的读书声，老师仿佛也走进了司马光的童年时光。在那个晴朗的午后，在那个孩子跌落水缸千钧一发的时刻，其他的孩子都惊慌失措、哭哭啼啼，只有司马光挺身而出机智解围。课文学到这儿，你有问题吗？

（是什么造成了司马光的与众不同呢？七岁的司马光为什么镇静机智？）

2. 我们还是要去注释里提到的《宋史》中寻找答案吧。

3.（课件出示补充阅读）光生七岁，凛然如成人。闻讲《左氏春秋》，爱之，退为家人讲，即了其大旨。自是书不释手，至不知饥渴寒暑。

注释：

光生七岁：司马光长到七岁。光，即司马光，北宋大臣，史学家，编撰《资治通鉴》等书。凛然：稳重、庄重的样子。《左氏春秋》：又称《左传》，相传是春秋时期左丘明编撰的一部史书。大旨：大意，主要意思。自是：自此，从此。

释：放下。

4. 学生用之前学到的方法自学这篇文言文。

5. 司马光和其他孩子相比，为什么与众不同？担任解说者说说你的发现，或担任朗读者读读你的发现。

【评析："司马光和其他孩子相比，为什么与众不同？"这是个有利于学生高阶思维发展的问题。问题源自学生，更要回到学生中去。拓展《宋史》部分内容，既是对问题的解答，让学生深度认识司马光，同时也是拓展阅读，实现阅读教学的1+1，可谓一举两得。】

板块五：担当评价者

1. 再次出示现代文与文言文《司马光》对比，一个家喻户晓传承千年的故事，截然不同的表达形式。同学们，你们更喜欢哪个版本的《司马光》？说说你的理由。

2. 学生自行评价，各抒己见。

3. 小结：其实现代文与文言文的《司马光》各有千秋，没有优劣之分。中华文化源远流长，我们只有吸收精髓，亲近母语，学好母语，才能光大母语！

【评析：语言是情感的载体，让三年级孩子接触文言文的目的是想让这些祖国未来的花朵认识语言的另一种表达形式，激发他们亲近和热爱母语的热情，增加对中华文化的认同感和自豪感，实现文化自信。】

（设计 / 金立义名师工作室陈瑶　评析 / 金立义）

（此文刊载于 2019 年第 9 期《语文教学通讯》）

三、《王戎不取道旁李》教学设计

【教学内容】

统编教材四年级上册《王戎不取道旁李》

【教学目标】

1. 正确、流利地朗读课文，做到熟读成诵。

2. 初步了解文言文的特点，结合注释，说一说课文的意思，并尝试演一演。

3. 激发学生对文言文的兴趣，增强学生对中华传统文化的认同感和自豪感。

【教学过程】

板块一：自我介绍，初识文言文

1. 同学们，你们好！今天是我们第一次见面，中国人第一次见面习惯自我介绍。你们谁先来向我介绍一下自己。（生介绍，师与其问好）

2. 听了你们的介绍，老师也想介绍自己了。出示：吾姓张，名玲玲，金陵人也，嗜读书。

3. 看了老师的介绍，你知道了老师的哪些信息？

4. 老师的介绍和你们的介绍不一样，老师是用文言文来介绍自己的。

【评析：如何让学生对文言文这种陌生的文本产生兴趣？在教学伊始，教师用文言文形式来自我介绍，不仅拉近了师生的距离，也让他们在不知不觉中走近了文言文，开启了品读文言文之旅，可谓一举两得。】

板块二：揭示课题，明确目标

1. 今天我们就来学习一则文言文小故事。请大家跟着老师一起写课题：王戎不取道旁李。

“戎”是生字：这个字由两部分组成：“戈”指的是长柄兵器，“十”指的是上战场时所穿的盔甲，合起来表示争斗、战争的意思。

2. 指名读题。你有什么疑问？

（预设：王戎是谁？用PPT出示王戎的资料。王戎为什么不取道旁李？）

3. “王戎为什么不取道旁李？”是我们学习这课的主要目标。

板块三：读通课文，初步感知

1. 教师范读课文。先听老师读课文，听读时，可以用笔画一画老师读书时停顿的地方。

2. 自由读课文。请同学们大声朗读文章，注意读准字音，读通句子，特别要注意停顿。想读几遍就读几遍，直到读通顺为止。

3. 指名读课文。谁愿意读这则文言文？指名读，齐读。（教师评价标准：字音正确，断句准确，十分流利。）

【评析：读通课文是学好文言文的第一步，而教师范读起到了示范作用，是最好的指导。在听读中学生学习了生字，学会了断句、停顿，把握了节奏，为后面自己练习朗读奠定了坚实的基础。】

板块四：读懂课文，理解文意

1. 你们可真厉害，这短短的几分钟时间，就将这则文言文读通顺了，可是要想读好这则文言文，光读通顺是不够的，还要弄懂它的意思。

2. 请各位同学结合老师所给的注释，四人一小组，每人尝试说一句话的意思。可以互相补充。

3. 请小组展示交流。四人为单位，一人一句，其他同学可以评价与补充。

（师相机指导：（1）理解课文中出现的三处“之”的意思，“诸儿竞走取之”的“之”指李子；“人问之”的“之”指王戎；“取之”的“之”指李子。（2）补充课文的空白：诸儿竞走取之后做了什么？别人会问王戎哪些问题？）

4. 初步理解了文言文之后，你们现在能读好它吗？指名读（评价：你读懂了文言文的意思！你读出了节奏）

5. 打节奏朗读：同学们读得很棒，其实老师要告诉你们，读文言文有很多形式，接下来我们打着节拍来读这则文言文。师示范读，学生练读。

6. 请两个学生完整地说一说这则文言文的意思。师相机指导，学生再补充。

板块五：表演故事，积累背诵

1. 这则文言文其实是一个生动有趣的故事，你们能演一演这个故事吗？

2. 分好角色。我们先来看一看，这个故事中有哪些角色？（王戎　诸小儿　别人　李树　叙述者）

3. 学生自由组合，上台表演，教师即时评价，相机指导学生表演到位。

4. 学生尝试背诵。两两比赛背。

【评析：表演故事是具身学习法的一种形式。具身学习更强调认知是通过身体体验及其活动方式形成的。学生表演故事既可以加深对这则文言文的独特感受，也丰富了文本的内容，让学生做中学，创中学，学在其中，乐在其中。】

板块六：认识人物，拓展阅读

1. 同学们，为什么王戎说“树在道旁而多子，此必苦李”呢？

2. 你从中可以看出王戎是个什么样的人？说说理由。

（善于观察，善于分析，聪明善思）

3. 有关王戎的故事还有很多，让我们再来读一则有关于王戎的文言文。

出示《王戎观虎》，老师范读。

魏明帝于宣武场上断虎爪牙，纵百姓观之。王戎七岁，亦往看，虎承间攀栏而吼，其声震地，观者无不辟易颠仆，戎湛然不动，了无恐色。

4. 学生自己读一读，根据老师所给的注释，尝试理解全文的意思。

5. 王戎还是一个怎样的人呢？你是从文中哪里看出来的？

（胆大勇敢：观者无不辟易颠仆，戎湛然不动，了无恐色）

6. 类似于这样的故事都在《世说新语》这本书中，全书有一千多则文言文，全是有趣的小故事，课外有时间同学们可以找来读一读。

【评析：让学生思考为什么王戎说“树在道旁而多子，此必苦李”？是对课始提出的学习目标的回应，也是指向对王戎的认识；出示另外一篇写王戎的文章，是拓展阅读，打破了课内与课外的壁垒，也丰富了对王戎的认识；推荐《世说新语》给学生，是对课标及统编教材提出读整本书要求的落实。】

（设计 / 金立义名师工作室张玲玲　评析 / 金立义）

（此文刊载于 2019 年第 9 期《语文教学通讯》）

四、《灰雀》同课异构教学设计

（一）《灰雀》教学设计一

【教学内容】

统编小学语文三年级上册《灰雀》

【教学目标】

1. 初读课文，理清文章的脉络。

2. 通过批注式阅读，引导学生理解列宁对灰雀的喜爱之情。

3. 带着“灰雀去哪儿了”这个主要问题，品读文本，体会列宁对男孩的呵护与尊重，以及男孩的诚实守信、知错就改。

【教学过程】

板块一：揭示课题，理清线索

师：课前，每一个同学都预习了课文，我请一个同学上来，板书课题。注意写正确，力求美观。

师：你来评价一下他写的课文题目如何？（提醒学生“雀”是个会意字，上面是“小”，下面是“隹”。要想写好这个字，一撇要写得舒展）灰雀是一种什么样的鸟呢？

学生交流课前查到的资料。

师：看课题，似乎是一篇状物的文章，其实文章写的是一件事。请同学们自读课文，理清事情的起因、经过和结果。

明确：灰雀不见了—列宁找灰雀—男孩放回灰雀。

[设计意图：借学生板书的课题，指导学生认识并学写“雀”字。在解题的基础上关注文章的题材，理出事情发展的顺序。引导学生理清文章脉络，为深入研读文本做铺垫。]

板块二：批注阅读，体会情感

师：树上的三只灰雀，列宁非常喜爱，时刻关心着它们。仔细读读课文的第 1~2 自然段，想一想，从哪些地方可以看出列宁非常喜爱灰雀呢？

学生自读第 1~2 自然段，带着以上问题进行批注阅读。注意画一画，圈一圈，写一写。

组织学生交流。

预设：

（1）“每次走到”“停下来”“仰望”，从列宁的一连串举动可以看出，他喜欢这三只灰雀。

（2）“经常给它们带来面包渣和谷粒”，经常给灰雀带吃的，列宁把灰雀当成了好朋友。

（3）“在周围的树林中找遍了”，胸脯深红的灰雀不见了，列宁四处寻找，找得非常仔细，可见列宁心里很牵挂灰雀的安危。

指名读课文第 1~2 自然段，读出喜爱之情。

【评析：课文的第 1~2 自然段是故事的起因。提示学生动笔画一画，圈一圈，写一写，用批注的方式让学生自读自悟，体会列宁对灰雀的喜爱之情。既落实了本单元的语文要素，也培养了学生不动笔墨不读书的良好习惯。】

板块三：品读课文，寻找灰雀

师：有一天，一只胸脯深红的灰雀不见了。请同学们默读第 3~13 自然段，想一想“灰雀去哪儿了”，请你做一次小侦探，帮助列宁揭开谜底。

（一）语言线索

师：请同学们带着问题默读课文第 3~13 自然段。注意揣摩小男孩的语言。

预设：

（1）男孩说：“没……我没看见。”

（这里的省略号，表示男孩说话断断续续。由此看出他心里紧张。看来灰雀的失踪，和他有一定的关系）

（2）男孩看看列宁，说：“会飞回来的，一定会飞回来的。它还活着。”

（从小男孩的话中，可看出小男孩不仅知道灰雀去哪里了，而且还能确定灰雀目前的情况，由此可以推测灰雀在他那儿）

【评析：做侦探，找真相，调动学生学习的积极性。多次聚焦小男孩的语言，体会文字背后的意蕴，锻炼学生的理解能力。通过捕捉小男孩语言背后的信息，找寻灰雀失踪的线索，让学生带着问题读对话，落实本单元语文要素。】

（二）内心线索

师：通过人物的对话，我们能初步判断是男孩抓走了灰雀，其实文中还有一条线索，那就是人物的内心想法。我们再来看看男孩的表现，猜测一下他的内心想法吧。

默读课文第 3~13 自然段，找出能表现男孩内心想法的句子。猜测他的心里想的是什么。

预设：

（1）那个男孩本来想告诉列宁灰雀没有死，但又不敢讲。

（男孩想告诉列宁灰雀没有死，因为他知道灰雀在哪里，但是又不敢讲，他此时很矛盾，知道自己做错了事，又不敢承认，害怕列宁批评他）

（2）那个男孩站在白桦树旁，低着头。

（男孩放回了灰雀，看到灰雀在枝头快乐地歌唱，他低着头，说明他知道自己做错了）

【评析：这个环节聚焦小男孩的外在表现，通过想象与推测，由表及里，直达人物的内心世界，进一步搜集证据，探寻真相，同时也帮助学生尝试多角度思考，拓展思路，发展学生的思维能力。】

板块四：评价人物，提升认识

师：课文围绕灰雀写了列宁和男孩。这两个人物你喜欢谁？说一说喜欢的理由。

预设：

（1）喜欢男孩：因为他诚实、知错能改。

（2）喜欢列宁：因为他善解人意、充满智慧。

师：列宁早就知道是男孩把灰雀捉走了，为什么不明说呢？

引导学生仔细品读列宁的语言，去感受他对小男孩的呵护。比如："多好的灰雀呀，可惜再也不会飞回来了。"列宁这句话，其实是故意说给男孩听的，希望通过自己的惋惜之情唤醒男孩知错改错的意识。

【评析：让学生说一说喜欢哪个人物，旨在让学生在课文内容学习的基础上，关注本单元的人文主题，认识人物美好的品质。学生的选择可以是多元的，这样既加深了学生对人物的认识，也提升了学生的批判性思维能力。】

板块五：全课小结，拓展阅读

小结：列宁找回灰雀，也保护了男孩的自尊心。他通过引导，帮助一个犯了错的孩子自我认识错误，主动改正错误，这是列宁智慧的彰显，不愧是伟大的领袖，令人敬佩。

师：课后，同学们可以观看一部老电影《列宁在 1918》，进一步去了解列宁。

（二）《灰雀》教学设计二

【教学目标】

1. 认识“宁、胸、脯、惹”等10个生字，会写“雀、郊、养、粉、谷”等13个生字。

2. 默读课文，读懂列宁和小男孩的对话，揣摩他们内心的想法，体会列宁对男孩的尊重与呵护，以及男孩的诚实与天真。

3. 完成对话描写的小练笔，初步感知通过对话描写表现人物特点的写作方法。

【教学过程】

板块一：揭示课题，初识灰雀

教师板书课题：灰雀。学写“雀”，上面是个“小”字，但是不带钩，下面是“隹”，表示短尾巴的鸟。“雀”就是小小的短尾巴的鸟。注意书写“雀”时，撇画要写得长而舒展，右下角是四横。

师：课前我们预习了课文，课文中有三只灰雀，它们是什么样的呢？

学生自读课文，勾画文中描写灰雀的句子。

组织学生交流。

出示句子并指名读：公园里有一棵高大的白桦树，树上有三只灰雀：两只胸脯是粉红的，一只胸脯是深红的。它们在树枝间来回跳动，婉转地歌唱，非常惹人喜爱。

认读“胸脯”。提示字形：“胸脯”都是月字旁。

师：含有“月”字旁的字大部分都和身体部位有关，你还知道哪些字呢？

预设：胳膊、手臂、小腿、肝脏等。

师：“惹人喜爱”是什么意思呢？（明确：让人疼爱）从哪里看出这三只灰雀惹人喜爱呢？

师：你能通过朗读，表达出这三只灰雀是怎样惹人喜爱的吗？

【评析：揭示课题环节设计了两个层次：一是从认识、学写“雀”字入手，帮助学生建立汉字音形义之间的关系；二是让学生品读文中描写灰雀的语句，

有感情地朗读，认识这三只灰雀的可爱之处，读出喜爱之情。】

板块二：初读课文，整体感知

师：课文里还提到了两个人，分别是谁？他们之间又发生了什么事呢？请同学们自由朗读课文，边读边思考以上两个问题。注意要读准字音，读通句子，读顺课文，难读的地方多读几遍。

PPT 出示填空题，学生口答。

__________（时间），__________（谁）在__________（地方）养病期间，很喜欢公园里的__________。有一天，那只__________不见了，列宁发觉是__________（谁）把它捉走的，在列宁的引导下，最后__________（谁）放回了__________。

引导学生初读课文，整体把握文章内容。

点明方法：可以抓住时间，地点，人物，事情的起因、经过、结果等要素概括文章主要内容。

【评析：语文课标对第二学段提出了“能初步把握文章的主要内容，体会文章表达的思想感情”这一要求。三年级学生概括课文的主要内容还是有一定难度的，此环节为学生搭建填空式的辅助支架，便于学生完成。同时，这个填空也渗透着学法：归纳叙事性文章的主要内容，可以抓住时间、地点、人物和事情的起因、经过、结果等要素。】

板块三：品读对话，走进内心

师：列宁和小男孩之间发生了什么事情呢？让我们一起慢慢品读他们的对话。默读课文，想象推测，列宁和小男孩在对话的时候，他们各自心里想的是什么？

PPT 出示表 1，学生边读边完成表格的填空。组织学生交流，补白想象。

（一）第一次对话

表 1

对话次数	列宁在想什么	小男孩在想什么
第一次对话		
第二次对话		
第三次对话		
第四次对话		

PPT 出示第 3~4 自然段，指名读。

师：列宁看见一个小男孩，就直接问小男孩有没有见过一只深红色胸脯的灰雀。他为什么这么问？

预设：灰雀不见了，列宁有些着急。

师：请你猜一猜他心里可能会想些什么？

预设：灰雀的不见可能和这个小男孩有关系的，我来问问。

师：列宁为什么会这么着急呢？大家读读第 1~2 自然段。

师：从课文哪里看出列宁对灰雀的喜爱呢？

明确：第 1 自然段中的“每次”“经常”和第 2 自然段中的“找遍”。

明确：列宁对灰雀是如此喜爱，所以当他没有看见灰雀时，心里十分着急。我们联系了上下文理解了人物的内心。

板书：联系上下文。

师：小男孩当时心里又想什么呢？

预设：我如果说出来，是我把灰雀抓走了，列宁肯定会批评我的，算了，我还是不说吧。

师：你是从哪儿看出来的？

明确：省略号表示男孩的语气不坚定。

板书：抓住标点符号。

分角色朗读第一次对话。

（二）第二次对话

PPT 出示第 5~6 自然段。

同桌先合作读一读对话，再交流列宁和小男孩的内心活动。

预设：

列宁：这个小男孩说话吞吞吐吐，表明灰雀的失踪很可能跟他有关系。我不宜直接问他是否捉走了灰雀，还是让我来说说我对灰雀的担心，再看看他的反应。

小男孩：列宁对灰雀那么担心，我应该告诉他灰雀没有死，被我捉走了。但是，如果我讲了实情，他不是要批评我吗？我该怎么办呀？

学生加上动作、神情，分角色朗读第二次对话。

（三）第三次对话

师：发现小男孩不敢讲，列宁是怎么说的呢？

PPT 出示第 7~8 自然段，指名读。

师：同学们，俗话说“言为心声”，列宁和小男孩当时分别想什么呢？

板书：根据语言推测。

预设：

列宁：这个小男孩不说话，他可能内心很矛盾，不敢说出实情，我再引导他一下，说说我的遗憾。

小男孩：我赶快告诉列宁，灰雀一定会飞回来的。犯了错误，要及时改正！

男女生分角色朗读第三次对话。

（四）第四次对话

师生合作读第 9~10 自然段。

师：列宁为什么这么问？他是怎么想的？小男孩又是怎么想的？

预设：

列宁：看来小男孩已经认识到了错误，要下决心改正了，我再来问问他，让他的决心更坚定。

小男孩：我必须向列宁保证，一定把灰雀放回来，以实际行动弥补我的过失，主动改正错误。

分角色朗读第四次对话。

小结：刚才我们运用了联系上下文、抓住标点符号、根据语言推测等方法来揣测人物内心的想法，认识了充满智慧、爱心的列宁，也认识了一个天真、诚实、知错就改的小男孩。

【评析：这节课主要聚焦人物对话，深入人物内心，猜测他们的想法。至于列宁、小男孩对灰雀的喜爱之情，可融合在感悟对话内容之中，让学生去体会。另外，在教学的过程中，还注意让学生学习猜测人物内心想法的方法，这是可喜之处。】

板块四：对比评价，提升认识

PPT 出示第 11~13 自然段内容，学生朗读。

师：你读懂了什么？

明确：小男孩是诚实守信、知错就改的；列宁是宽厚仁慈、善解人意的。

师：列宁和小男孩都喜欢灰雀，但是他们喜欢的方式有什么不一样？

明确：列宁给灰雀自由，这是真正的爱鸟；小男孩限制了灰雀的自由，是在伤害小鸟。

师：你喜欢列宁吗？为什么？

明确：列宁爱鸟，更有教育智慧。他循循善诱，最终让小男孩认识了错误，改正了错误。

PPT 出示列宁图片和文字资料。

学生自读列宁的故事《诚实的孩子》。

师：读了这些资料，你对列宁又有哪些新的认识？

【评析：本环节的设计是对课文人文主题的回应和落实，比较列宁和小男孩爱灰雀的不同方式，一是让学生进一步认识文中这两个人物美好的品质，树立学习的榜样；二是引导学生树立正确的价值观，教育学生善待动物。】

板块五：迁移运用，完成练笔

师：请同学们根据情境，将人物的对话补充完整，注意通过人物对话，来反映人物的内心活动。

PPT 出示：

假日里，小明和妈妈一起去爬紫金山。小明早早地来到了紫金山脚下，一边高兴地跳着，一边拍着手说：“________________”说完，小明和妈妈开始往山上走去。走到栈道时，他看到那一级一级的台阶，一眼望不到头，对妈妈说：“____________________”妈妈拍拍他的头，说：“________________”

小明鼓起勇气，奋力向山顶爬去，一会儿扶着扶梯，一会儿手脚并用，终于爬山了山顶。站在山顶上，看着那远处的风景，小明高兴地说：“________________________”

师：组织学生交流反馈。

【评析：知识迁移，学以致用，化知为能。这个小练笔，针对文本的表达特点，符合本课的教学目标，也贴近学生的实际生活，采用了填空的方式，降低了难度，学生易于动笔，乐于表达。】

【点评】

铺设多维路径　提升思维品质

思维是听说读写的基础，思维能力是语文学习的关键能力之一。语文教学要注重学生的“思维发展与提升”。

《灰雀》是统编小学语文三年级上册第八单元的一篇课文，本单元的语文要素之一是“学习带着问题默读，理解课文的意思”，带着问题默读课文，不仅仅是完成理解课文的任务，其实也蕴含着培养学生的思维力、提升学生思维品质这一重任。

张玲玲和徐同涛两位老师深谙这一语文要素的内涵及育人价值，在教学设计时，铺设多维路径，让学生带着问题走进文本，去思考，去品读，去交流，在深度阅读中拓展思路，提升思维品质。

一、可取之处：多维设计，关注思维

1. 在想象中提升思维品质

《灰雀》这篇课文故事情节简单，人物对话简洁，但“言外之意”丰富。

本文最大特色是用人物对话推动故事情节的发展，人物形象也在对话中得以塑造，而人物内心的活动却给读者留下了丰富的想象空间。

张玲玲老师设计的《灰雀》一课紧扣文后的第2题“默读课文，想一想，列宁和小男孩在对话的时候，他们各自心里想的是什么”展开教学，可见张老师是深知教材编者意图的。张老师用这一主导问题，借助表格填空和多次对话，驱动教学的开展，让学生边读边悟边想象，走进列宁和男孩的内心世界，从而认识列宁的智慧和他对男孩的教育、尊重与呵护，也看到了男孩内心的纠结、自省，知错就改的转变过程。

依据对话，推测人物内心活动，由表及里，逐步认识人物。通过联系上下文、抓住标点符号、想象故事情节等方法来揣测人物内心的想法，学生的想象力与推测能力都得到了发展，思维的广度和深度也得到了提升。

2. 在推测中提升思维品质

文本是有其个性的，每一文本都有自己独特的表达方式。解读文本，把握了文本的独特性，才能更准确地找到文本的价值。方智范教授曾经说过：“语文教师要成为文本作者的知音。”

《灰雀》这篇课文其实暗藏着一条线索——灰雀去哪儿了。这个悬案紧紧地抓住了读者的心，直到最后才揭开谜底，原来真的是被男孩捉走了。

徐同涛老师对这课的文本解读很通透，敏锐地发现了这条线索，因而他的设计独辟蹊径，拎出了一个可以统领全文的问题：灰雀去哪儿了？学生解答这一问题似乎在寻找证据，侦破案件。

课堂上如果学生带着自己感兴趣的问题去阅读，去学习，那么他的思维会更积极。徐老师引导学生聚焦人物的语言和内心活动，去寻找线索，说出自己的推测，这一过程就是引导学生走进文本，含英咀华，品析玩味，理解课文“言外之意”。学生能够在文中找出多条有用的信息，形成一个完整的证据链，最终指向男孩。学生在完成阅读任务的同时，思维品质也得到锤炼。因为学生要联系全文，收集信息、分析信息才能完成阅读任务，在这一过程中，学生的分析、想象、推理等高阶思维能力同步发展。

3. 在比较中提升思维品质

比较有利于客观全面地认识事物，也有助于学生思辨能力的提升。

张玲玲老师在教学设计中有这样的环节：1. 列宁和男孩都喜欢灰雀，但是他们喜欢的方式不一样，有什么不一样的？ 2. 你更喜欢哪种方式呢？为什么？

这样的比较能达到三个目的：

一是丰富对人物的认识。列宁和男孩都很喜欢灰雀，但是男孩把灰雀捉回去了，让灰雀失去了自由，这其实是对灰雀的一种伤害。而列宁是希望灰雀生活在大自然中，让它自由自在地生活。这才是真正的爱灰雀。由物及人，列宁发现灰雀被男孩捉去后，就对男孩进行了润物无声的教育，既让男孩逐步认识并主动改正了错误，又保护了男孩的自尊心，表现出一个领袖的人格魅力。

二是引导学生树立正确的价值观。通过比较与讨论，学生明白了如何善待动物，如何对待错误，这实际上就是在语文教学中落实立德树人的教育目标。

三是提升学生的思维品质。比较让学生辨别了是非、善恶，提高了思辨能力，让学生的思维更广、更深，也更灵活、敏捷。

4. 在评价中提升思维品质

评价是思维的基本形式之一，是对某个事物进行判断评论，提出自己的看法，是批判性思维的一种体现。徐同涛老师在课的结尾处，安排了这样的教学环节：文章围绕灰雀写了列宁和男孩。这两个人物你喜欢谁？说一说喜欢的理由。

这和张玲玲老师的设计有着异曲同工之妙。学生要想回答这个问题，必须回过头来总体观照列宁和小男孩的所作所为，形成自己的价值判断，从而做出选择，进行评价。评价式阅读，是深层次性阅读，可以锻炼学生批判性思维。

二、改进建议：减少问题，以教助学

1. 减少问题，拓展思维空间

一堂课教师想要面面俱到，结果往往因重点不突出而效果不佳。其实放弃也是一种智慧。“千鸟在林，不如一鸟在手。”

教学目标要精简、集中，做到少而精，小而实，抓住一两个主导问题驱动教学开展和学生思维发展，力求“一课一得”。

纵观两位老师的设计，除了核心主导问题之外，还衍生出不少枝枝蔓蔓的小问题，这些问题的出现，必然带来两个减少：第一，学生对主导问题探究的时间减少，影响语文要素的落实；第二，学生的思考、交流时间减少，弱化了学生的主体地位。比如张玲玲老师在组织学生交流人物内心活动时，设计了不少辅助性的问题，这些问题能否更好地融入学生的发言之中，融入教师的理答之中呢？这值得思考。徐同涛老师组织学生交流“灰雀去哪儿了”，教学时也容易出现教师随意设问的现象。因此，课堂上主导问题要突出，解决主要问题的支架要搭好，追求简约，轻盈行走。

2. 以教助学，促进自主思考

我们的课堂习惯于以“教师为中心”的课堂文化，许多教师习惯于课堂独白。儿童在课堂上被一种无形的力控制着，儿童的声音往往被屏蔽，地位被忽视，思维不活跃。没有儿童学的课堂，肯定不是好的课堂。

陶行知先生说：“好的先生不是教书，不是教学生，乃是教学生学。”

徐同涛和张玲玲两位老师的教学设计，都有“由教转学”的强烈意识，教学设计中都有学生自读自悟、相互交流的环节，都有指导学的过程，力求彰显学生的主体地位。但是在组织交流环节，两位老师还是不大相信学生，脑中控制学生的惯性依然存在，领着学生往前走的痕迹较重些，这样学生就不能完全放开来思考、交流，不利于学生的自主思考。这个环节的设计还需要进一步改善。

教学如何由教转学，以教助学，更好地关注儿童的成长，促进儿童思维品质的提升，还有一段漫长的路要走。

（设计 / 金立义名师工作室张玲玲、徐同涛　评析 / 金立义）

（此文刊载于 2020 年第 9 期《教育视界》）

五、《麻雀》教学实录

【教学内容】

统编教材四年级上册《麻雀》

【教学目标】

1. 识记本课的生字。正确、流利、有感情朗读课文。

2. 学习把事情的起因、经过、结果交代清楚。

3. 学习通过把看到的、听到的、想到的写下来，把事情的重点场景写清楚。

【教学过程】

板块一：认识麻雀，导入课题

师：（出示单元导读）同学们，你们看，这是本单元的单元导读，从单元导读中，我们知道本单元的单元目标是——

生：1. 了解作者是怎样把事情写清楚的；2. 写一件事，把事情写清楚（板书）。

师：这节课我们就一起来学习如何把事情写清楚。课题的名字是《麻雀》。请同学们看老师写课题。（教师板书“麻雀”）看“雀”这个字，上面是小，下面是隹，小小的，短尾巴的鸟叫雀，可见，麻雀是一种多么弱小的动物，但是今天介绍的这只麻雀可是强大的，它的故事是令人感动的，现在就让我们一起去走近它，齐读课题。

生齐：麻雀。

板块二：初读课文，整体感知

师：本课的生词你能读准吗?

生 1：嗅觉 拯救 似的 挓挲 掩护搏斗 无可奈何

师：你字音读得十分准确。看“似”这个字，是个多音字，它只有在“似的”这个词中读翘舌音，其余都读平舌音。

师：这里还有一个生词，就是挓挲，你知道什么是挓挲？生说完后，出示图片，瞧，两只大公鸡在斗鸡的时候，它们的全身的羽毛全都舒张开了，这就是挖掌，我们再来读读这个词：挖掌。

师：让我们一起来读这组词。

生齐：嗅觉　拯救　似的　挖掌　掩护搏斗

师：请同学们小声地读课文，想一想这个故事的起因、经过、结果是什么？

生自由朗读课文。

师：故事的主要角色有哪些？

生：故事的主要角色有老麻雀、猎狗、小麻雀

（教师在黑板上写出主要角色的位置）

师：它们之间发生了什么事？故事的起因、经过、结果又是什么？

生：故事的起因是小麻雀不小心从草掉到了地上，然后猎狗要张开嘴去吃它。

师：你能用简洁的语言说一说吗？

生：猎狗想吃掉小麻雀。

（教师板书：吃掉）

师：你太会概括了！故事的经过又是什么呢？

生：老麻雀想拯救自己的幼儿。

（教师板书“拯救”一词）

师：那么故事的结果是什么呢？

生：老麻雀吓退了猎狗。

（教师板书“吓退”一词，并由此得出能概括课文主要内容的板书框架）

师：谁能按照起因、经过、结果，看着板书，加上自己的语言，讲一讲这个故事呢？

生 1：猎狗想吃掉小麻雀，老麻雀从树上飞下来想拯救自己的幼儿，猎狗被老麻雀的这种举动给吓退了。

生 2：猎狗想要吃掉小麻雀，老麻雀勇敢地从树下飞下来拯救自己的幼儿，猎狗没有料到老麻雀会有这么大的勇气，于是被吓退了。

师：看，你们可真厉害，一下子就能用简洁的语言将课文的主要内容讲清楚、明白了。

师小结：孩子们，像作者这样，按照事情的发展顺序，把起因、经过、结果交代清楚，那么事情也就写清楚了。

（教师板书“按事情的发展顺序”）

板块三：精读入境，感悟课文

师：书中最精彩的部分是老麻雀拯救小麻雀，吓退猎狗的部分，作者又是怎样把这部分写清楚的呢？我们首先来看看这只可爱的小麻雀。

（教师出示小麻雀的图片和文字）

师：这是一只刚刚出生的小麻雀，多么可爱啊！你能读出它的可爱呢？

生 1：（突出小麻雀的可爱）

师：这是一只刚刚出生不久的小麻雀，它多么无助啊！谁再来读？

生 2：（突出小麻雀的无助）

师：这么可爱的小麻雀，可是它已经身处在危险之中。看，谁来了？这是一只多么凶恶的猎狗啊！谁来读？

生 1：猎狗慢慢地走近小麻雀，嗅了嗅，张开大嘴，露出锋利的牙齿。

师：他多想吃掉小麻雀啊！谁再来读？

生 2：猎狗慢慢地走近小麻雀，嗅了嗅，张开大嘴，露出锋利的牙齿。

师：眼看小麻雀就要被猎狗吃掉了，这时候，老麻雀挺身而出 ......

（教师出示第二句）

生齐读：突然，一只老麻雀从一棵树上飞下来，像一块石头似的落在猎狗面前。它挓挲起全身的羽毛，绝望地尖叫着。

师：面对着这只可怕的猎狗，老麻雀却奋不顾身地冲下来了。谁来读一读？

生 1：突然，一只老麻雀从一棵树上飞下来，像一块石头似的落在猎狗面前。它挓挲起全身的羽毛，绝望地尖叫着。

（学生没有读出那种感觉）

师：现在请同学们轻轻地闭上眼睛。此时你的眼前浮现出一只小小的麻雀，它是那么的无助，还有一只即将要吃掉小麻雀的猎狗，突然一只老麻雀从一棵树上飞下来，像一块石头似的落在猎狗面前，挓挲起全身的羽毛，绝望地尖叫，你的脑海中浮现了什么？

生1：我看到猎狗即将要吃掉老麻雀的情景，这个情况实在是太危险了。

师：请你来读读这句话。

生1：突然，一只老麻雀从一棵树上飞下来，像一块石头似的落在猎狗面前。它挓挲起全身的羽毛，绝望地尖叫着。

生2：我的脑海里浮现出了猎狗随时可能跳到老麻雀身边，去咬那只小麻雀，可能连老麻雀一起吃掉。

师：这么危险的情况，请你再来读一读。

生2：突然，一只老麻雀从一棵树上飞下来，像一块石头似的落在猎狗面前。它挓挲起全身的羽毛，绝望地尖叫着。

师：老麻雀用自己的身躯掩护着小麻雀想拯救自己的幼儿。可是——（引读）

生：可是因为紧张，它浑身发抖，发出嘶哑的声音，准备着一场搏斗。

师：这种情况还不够紧急，你再来读。

生：读出老麻雀紧张的样子。

师（引读）：在他看来，猎狗是多么庞大的怪物，可是它不能安然地站在高高的没有危险的树枝上，一种强大的力量使它飞了下来。谁来读读最后一句？请你来试一试。

生2：在它看来这个是一个是个多么庞大的怪物，可是它不能安然地站在高高的没有危险的树枝上，一种强大的力量使它飞了下来。

师：男生一起来读一读。

师：猎狗愣住了，它可能没料到老麻雀会有这么大的勇气，慢慢地，慢慢地向后退。为什么老麻雀能够吓退猎狗呢？你说。

生 1：因为它是为了保护自己的幼儿，它很有勇气，所以猎狗会被它的勇敢吓退了。

生 2：猎狗被吓蒙住了，这是它没有预料到的。

师：正是因为这种勇敢、母爱，老麻雀把巨大的猎狗吓退了。

板块四：总结提升，研究写法

师：课文的第 4、5 自然段重点写了老麻雀是如何与猎狗搏斗的，场面惊心动魄，扣人心弦，也非常感人，非常具体。请同学们默读这两段，思考讨论：作者是怎么把这个重点部分写清楚的，写具体的？

（教师板书：把重点部分写清楚）

学生小组讨论、交流。在学生交流的基础上，教师随机出示表格。

师：为了帮助同学们更好的发现和思考，老师将这两段文字做了一个重新排列，列了一个表格。我们先来看看第一、二竖列的内容，你发现了什么？

生：第一竖列是写老麻雀的动作，第二竖列是写老麻雀的叫声。

师：所以第一竖列也是“我”看到的，第二竖列是“我”听到的。最后一列呢？

生：写的是“我”想到的内容。

师：那么，现在请同学们横着读，你又发现了什么？

生：我发现 1、3、4、5 行写的是作者看到的 + 想到的，有的是看到的 + 听到的 + 想到的。

师：这个发现可真妙，你读出了什么？

生：有时候的想象是根据前面看到的、听到的内容来的，不是随便想出来的。

师：你很会思考。原来“我”的想象不是凭空捏造的，而是有依据的，这里的依据就是自己看到的或者听到的。那么最后的大篇幅全部都是想到的，这就是作者抒发自己的感想。

师小结：作者之所以写得这么精彩，原来是有写作秘诀的，就把“我”

看到的、听到的，还有想到的写下来，这样重点部分的内容就具体了，清楚了。

（教师板书：看、听、想）

板块五：总结写法，学以致用

师：这节课我们一起走进了《麻雀》这篇课文，知道了该如何把事情写清楚，可以按故事的起因、经过、结果这样的顺序来写，将整个故事交代清楚；还可以把自己看到的、听到的、想到的方面写下来，这件事情中重点部分也就写清楚、具体、生动了。

（教师出示小练笔）

师：接下来，同学们可以像作者屠格涅夫一样，学着把一个场面写清楚、写具体。先给大家看一个小视频。

（学生观看《小鸭子上台阶》的视频）

师：视频看完了，如果让你写，你准备重点写哪一个场景？

生1：写一只落后的小鸭子用尽全力跟上队伍的过程，把我看到的和听到的写下来。

生2：我想用看到的和想到的写小鸭子上一次又一次尝试上台阶的情景。

师：你们说的真好！课后请同学们就完成这个小练笔。下课！

【点评】

观摩张玲玲老师执教的《麻雀》，非常符合习作单元课文的教学要求，直指表达。整节课教学目标简洁明了，内容精准，以读促悟，很好地落实了本单元的习作要素。

一、明确目标，巧设支架，理解要素

习作单元中的课文，有着特殊的地位和价值，它承载着学习表达方法和训练表达能力的重任，这是它的核心价值取向，不可偏颇。

从本单元的导读中，我们知道语文要素有两个：1. 了解作者是怎样把事情写清楚的；2. 是写一件事，把事情写清楚。前一个指向阅读，在阅读中学习作者“把事情写清楚”的方法。从课文《麻雀》来看，把事情写清楚实际上包含两层意思：

从整篇文章的写作思路来看，可以按照事情的发展顺序来写；从课文重点场景来看，要把自己看到的、听到的、想到的写出来，这样重点场景也就清楚了。后一个要求是指向表达的，要求学生用自己学到的方法尝试写清楚一件事。

虽然是习作单元中的课文，但是语文的基本目标还是要完成的。从揭题到词语、朗读，张老师都训练得很到位。紧跟着就是整体感知，理清课文的写作顺序。张老师先出示了人物之间的三角关系思维导图，再配上关键词语，图文并茂，形象直观地呈现了课文的写作顺序和故事的主要内容，至此本课语文要素“写清楚”第一层意思学生已感知。接着，张老师带领学生研究课文 4–5 小节的写法，张老师用表格做支架，让学生自主发现表格的竖列和横排内容有什么特点，因为支架搭建巧妙，学生很快就发现了作者写作的密码。把看到的、听到的和想到的写清楚，重点场景也就具体了。教学环环紧扣，巧设支架，突破难点，层层推进，步步深入，让本课的语文要素落实到位。

二、以读代讲，运用要素，指向表达

习作单元中的课文，由于目标是指向表达的，所以选择的教学内容与写法有关，这样必然会舍掉人文性的内容。有些老师上这类课文就很纠结，这样做妥不妥？其实，没有必要纠结，完全有补救的办法。老麻雀和猎狗搏斗的场面是紧张而激烈的，作者描写得入木三分，这样的场面如果是把它当作普通课文来上，肯定会设计很多问题，且问题指向人文的，但是张老师做了一个大胆的舍去，采用以读代讲，以读代问，以读促悟的办法，通过教师范读、师生合作读、齐读等方式，不断渲染，调动学生读书的兴趣，学生在读中感受到语言文字的情感，也认识到了猎狗的贪婪，老麻雀的无私与伟大。

在课的结尾，张老师又让学生观看有趣的《小鸭子上台阶》的视频，观后让学生运用本课学到的语文要素，把鸭子上台阶的场景写具体，由文迁移，学法致用，培植能力。

（执教 / 金立义名师工作室张玲玲　评析 / 金立义）

（此文刊载于 2021 年第 10 期《小学语文教学》）

六、《古人谈读书》教学设计

【教学内容】

统编教材五年级上册《古人谈读书》

【教学目标】

1. 能够正确、流利、有节奏地朗读和背诵《论语》名句。

2. 抄写名句，做到行款整齐，字的大小适中。

3. 能大概理解句子意思，尝试在生活情境中运用。

【教学过程】

板块一：温习名句聊孔子

1. 屏幕出示《论语》句子，师引读。

三人行，必有我师焉。

温故而知新，可以为师矣。

学而时习之，不亦说乎？

己所不欲，勿施于人。

道不同，不相为谋。

2. 这些流传千年的至理名言都出自同一个人，他就是——孔子。

3. 孔子的这些名言流传千年，启迪着一代代后人。你了解孔子吗？

（学生自由交流对孔子的了解。）

4. 出示孔子简介，指名生读。

孔子，春秋时期鲁国人，是中国古代著名的思想家、教育家，儒家学派创始人，名列“世界十大文化名人”之首。孔子去世后，后人把孔子及其弟子的言行语录和思想记录下来，整理编成儒家经典《论语》。

5. 今天，我们就一起走进这位了不起的圣人，诵读他关于读书的千古佳句。出示课题，齐读课题。

【评析：学生在之前的语文学习中，已经积累了不少《论语》中的名句且熟读能诵。导入时用旧知引出新知，给学生自由交流的平台和空间，易于激发学生的学习兴趣，重新建构已有的知识积累。】

板块二：学习论语大闯关

一、读论语

1. 今天的学习比较轻松，老师给大家安排了四个闯关活动，分别是读论语、诵论语、抄论语、送论语。我还精心准备了礼物来作为闯关表现优秀的奖励，看，这就是我亲手抄写的书签，想得到奖励的同学今天要加油闯关！（展示书签，出示四项闯关活动）

2. 那我们话不多说，开始闯关吧！第一关对于预习充分的同学来说应该不难，我们来逐条读一读这几句话。（指名学生逐条朗读）

教师根据学生朗读情况相机点拨：

知之为知之，不知为不知，是知也。（知：智慧，读 zhì）

敏而好学，不耻下问。（好：喜好，读 hào）

我非生而知之者，好古，敏以求之者也。（好：喜好，读 hào）

默而识之，学而不厌，诲人不倦。（识：记住，读 zhì；诲：教诲，读 huì）

吾尝/终日不食，终夜/不寝，以思，无益，不如学也。（提示停顿）

3. 师相机小结学习方法：读古文的时候可以借助注释了解字义，从而读准字音。我们在读正确的基础上还要注意读好节奏。

4. 指名一组同学合作闯一闯第一关朗读关，一人一句开火车轮流读。

5. 难度升级，一人读两句、一人读三句……，继续开火车读。

6. 全班齐读这六句《论语》。

【评析：学习文言文首先要读准字音、读对节奏，学生凭借已有的文言文知识经验以及课本注释，可以完成第一步的朗读目标。同伴互相启发、教师适时点拨，大大提高了学习效率，也将学生置于课堂学习的中央，彰显了主体性。】

二、诵论语

1. 同学们，往前追溯几百年，学堂里的学生们读到的《论语》可能是这样的，和我们刚才读的有何不同？（出示竖着排列的六句《论语》）

2. 假设现在你坐在古代的学堂里，和那时的孩子们一起读《论语》，你还会读吗？可以先练习一下。（生自由练习朗读）

3. 谁先来尝试朗读？读的时候要注意，你的眼神应该是从上往下、从右向左走。

指名学生读，教师相机表扬或提示朗读应该注意的节奏和停顿。

4. 我们一起把握好节奏和停顿有滋有味地读一读。全班齐读。

5. 看你们全身心投入的样子，听你们的琅琅书声，我仿佛已经穿梭到了古代的学堂。现在我们不妨顺着时光的长河继续往前追溯，《论语》是在战国时期被编写成的，那会儿人们使用的是类似这样的文字（出示竖版金文《论语》），你还能读吗？

6. 学生自由练习朗读。

7. 指名学生挑战朗读，能读几句就读几句，不要求全部读完。

8. 采访参与挑战的学生，你是如何读出来的？是能全部认识这些金文吗？

师小结：猜一猜字，想一想句子，就能慢慢诵读出来了。其实我们学习这些古人名句，很重要的一件事就是反复朗读，熟读成诵。

9. 男女生分别诵读这六句《论语》名句。

【评析：《论语》句式短小精炼，较为对仗工整，读起来朗朗上口，适合小学生反复诵读，在琅琅书声中感悟文言文的韵律之美。同时，语感的培养离不开吟诵，尤其是在文言文的学习中，记忆是进一步开展更高级思维活动的基础。这一环节用不同版式的《论语》不断巩固学生的记忆，用同伴之间的挑战激发起学生记忆背诵课文的热情。】

三、抄论语

1. 能朗读，会吟诵，这还不够，我们还得学着把它写下来。这就是刚才很多同学收到的我写的书签（出示教师书写的书签范例），请你也选择自己最喜欢的一句话试着写一写吧。写之前一起来看看老师的书写小提示，屏幕出示：

每一竖行均居中，

上下左右对对齐，

字距行距要适当，

最后落款不要忘。

2. 学生一起读一读书写小提示。

3. 学生在空白书签上练习书写，教师巡视，相机指导，挑选优秀作品投影展示。

【评析：《语文课程标准》第三学段提出：要能用硬笔书写楷书，行款整齐，力求美观，有一定速度。本册教材第四单元的语文园地里也对横款、竖款的作品书写进行了指导。在学生读、诵名句之后，设计抄写书签的环节，既调节了课堂的节奏，让学生换种方式走进名句，同时也呼应课标的要求，把写字训练落实到位。】

四、送论语

1. 如果把你刚才写的书签赠送给你的兄弟姐妹、同伴好友，或者留给自己，你会送给谁？告诉他或者告诉自己什么？

2. 指名学生交流，教师相机点拨。

预设：

把“知之为知之，不知为不知，是知也”这句话送给 XXX，想告诉他知道就是知道，不知道就是不知道，这才是对待学习最诚实的态度。

把“敏而好学，不耻下问”这句话送给 XXX，想告诉他不以向地位、学问不如自己的人请教为耻，经常请教才能学到更多的知识，要做个聪敏、勤学、好问的人。

把“默而识之，学而不厌，诲人不倦”送给 XXX，想告诉他学习就是要多记多背，不知满足才能永远有进步。

把“我非生而知之者，好古，敏以求之者也”送给 XXX，想告诉他连孔子那样伟大的人也不是生来什么都知道的，所以我们也必须靠勤奋努力才能求得知识。

把“学如不及，犹恐失之”送给XXX，想告诉他学习要像追赶着什么似的，不断努力，不能懈怠。

把“吾尝终日不食，终夜不寝，以思，无益，不如学也”这句话送给XXX，告诉他要把学习和思考这两件事结合起来，才能不断取得进步。

【评析：小学文言文的学习不要求学生在理解方面做到字字落实，只需理解大意即可。《论语》中这些和学习、读书有关的名句，贴近学生的学习生活，易于被理解和运用，学生能够学以致用，采用送论语的方式，就是检测学生对这些论语句子意思大概的理解情况，设计巧妙，实用。】

板块三：推荐课后读《论语》

1. 今天我们穿越时光隧道，跟伟大的教育家孔子相遇，向他学习做学问、求真知的道理。同学们不仅熟读成诵，还能学以致用，老师为你们点赞。那么《论语》是一部怎样的书呢？（课件出示，指名生读《论语》简介）

全书主要记录孔子及其弟子的言行，较为集中地体现了孔子的政治主张、伦理思想及教育原则等。由孔子弟子及再传弟子编写而成，至战国前期成书。

此书是儒家学派的经典著作之一，与《大学》《中庸》《孟子》并称“四书”。

2. 老师把这本青少年版的《论语》推荐给大家，课后你们也可以去读一读，读到自己喜欢的句子就把它大声吟诵出来，也可以把这样的句子抄下来送给自己的朋友或者勉励自己。期待你们都能读有所获。

【评析：课堂学习只是为学生更丰富的阅读生活打开一扇窗户，透过这扇窗，学生能够触摸品味中华民族优秀传统文化，学习领略先贤的伟大智慧，有助于拓展学生的阅读视野，逐步提升思维能力和思维品质，从单篇走向整本书，从课内走向课外。】

【评析】

《古人谈读书》是一篇文言文，总共六句话，选自于孔子的《论语》，主题是谈论学习。这篇课文的教学难点一是文言文，无论是字面意思，还是句子蕴含的道理，对于学生来说，都是一个挑战；二是六句话之间没有什么关联性，都是独立成句，缺乏情趣，不像学生在前面学习的几则文言文都是叙述一个故事，有情节，有趣味。针对学生学习的难点，刘老师采取了有效的策略，开展了教学。

一、创设情境，调动学习热情

文本的枯燥是客观存在的，但是教者的智慧是主观的。教学的智慧在于针对学情，展开艺术的设计。整节课，刘老师给学生设计了一个闯关的活动，分别是读论语、诵论语、抄论语、送论语，学生置于这样的闯关情境中，参与的积极性和挑战欲望被激活，整节课学生兴趣盎然，在一轮又一轮的闯关中，学生挑战自我，超越自我，完成学习目标。

二、多样诵读，走进论语意境

学习文言文离不开反复诵读。特级教师于漪曾说过："要反复诵读，把无声的文字变成有声的语言，读出感情，读出气势，如出自己之口，如出自己之心。"

诵读并不意味着枯燥机械地、一遍又一遍地读。教学中刘老师在不断地变化诵读的形式，给学生一种新鲜感，不断升级挑战的难度，让学生不断超越自我，获得成就感。

小组合作读，一人读一句；课文不加标点，挑战读；把课文变成金文竖版，再请学生挑战读。学生反复诵读，吟之于口，领会于心，积累语言，培养语感。同时学生的思维在吟诵中也能穿过文字的表象，沉浸于论语的意境之中。

三、送论语，明白文句之理

在书签上抄写论语句子，既是落实写字的要求，也是及时转换了学生的学习方式，起到了调节课堂节奏的功效。

而送论语教学环节设计更为巧妙。让学生说出送给谁，并说出送给他的理由。其实是把对文本的理解和送论语进行了巧妙的融合，学生在不知不觉中将这句名句的意义内化吸收了，又外显表达出来，这样的学习做到了"润物细无声"。

（执教 / 金立义名师工作室刘清娴　评析 / 金立义）

（此文刊载于 2021 年第 10 期《小学语文教学》，略有改动）

七、《俗世奇人》教学实录

【教学内容】

五年级整本书阅读《俗世奇人》

【教学内容】

1. 围绕“奇”字，组织学生交流书中的奇人奇事。

2. 学习阅读整本书的基本方法。

【教学实录】

板块一：一石激起千层浪——概读全书

师：第一次和大家见面，但是我没带书，怎么办呢？

生：我借你。

师：不用，我有好办法。看我画一个（生笑），像吗？

生：还不错。

师：我没有带书，但是我画了一本书，这本书就是我们今天要交流的书，叫做——

生：《俗世奇人》。（板书书名）

师：读完整本书，它给你留下的印象是——

生：奇。

师：为什么奇？因为这本书里有很多的——

生：奇人。

师：非常多的奇人，一共有多少个？

生：太多了，没数过。

师：我告诉你，总共有 18 个人。这 18 个人正吵得不可开交呢！就为了争个“到底谁最奇”。一听说今天这里正在上一节阅读交流课，这 18 个奇人都过来了，用最热烈的掌声欢迎他们入场的同时，请思考一个问题：18 个奇人中，你最崇拜谁？为什么？

生：（观看 PPT 奇人图片出场，生报出奇人的名字）

师：18 个奇人依次闪亮登场，看着这 18 个奇人，你最崇拜谁？

生：我最崇拜认牙。

师：你最崇拜认牙是个人吗？认牙这个人的名字叫什么？

生：叫华大夫。

师：为什么崇拜他？

生：因为他把所有人的定义都放在牙上面，看到牙齿就知道什么样的人。

师：我们认人认脸，他认人认牙，厉害，一绝，与众不同。你喜欢他，他对牙齿工作很热爱嘛！

生：我最崇拜的是大回，因为他想钓什么鱼就能钓什么鱼，比鱼钩还小的鱼和比人还大的鱼都能钓上。

师：你爱钓鱼吗？

生：我也喜欢钓鱼，可是大部分时候都钓不到。（生笑）

师：但是你没有他那么牛，所以你很崇拜他，这话说得太绝了：他想钓什么鱼，就钓什么鱼。

【评析：爱因斯坦说："我认为对于一切情况，只有热爱才是最好的老师。"对于老师而言，培养学生强烈的阅读兴趣，是让学生热爱读书并持久读书的关键。课堂伊始，让学生从整体把握本书的脉络和人物，初步唤起对整本书的回忆，并畅谈自己最喜欢的人物，话题轻松氛围热烈。这个问题的设计起点低，让学生分享并收获阅读的快乐，体验成功，使学生易于交流乐于阅读，对接下来的课堂活动充满期待。】

板块二：横看成岭侧成峰——分享观点

师：书中的牛人实在太多，咱们没办法一一介绍。在陈老师的学校，我也做了一个海选调查，有两个人的呼声特别高，最终，我把这两个人带了过来，看看是谁？

生：苏七块和刷子李。

师：他俩人虽然不一样，但是有一样是相同的，他们最牛的都在什么上？

生：手艺。

师：他们到底有怎样的手艺？这两个人，你会选谁？现在请你们看看书中描写这两位的话，想一想自己为什么觉得他最绝。你可以说，也可以读让我们感受到你对他的支持，为他拉拉票，也可以寻找你前后和你志同道合的人，商量一下，听明白了吗？

生：（自由读文，交流）

师：准备好了吗？为你中意的选手拉拉票，用什么方式都行。

生：我比较喜欢苏七块，平常我们的手骨头断了，非常疼的，要去给医生治，接骨的时候就更疼了，苏七块手轻轻碰一下就能感受到骨头哪里不对，“咔咔”就能接上，病人都不感觉到疼，病人还没有反应过来，苏七块就说：好了！回去休息吧。然后给他裹上夹板敷上药，过几天就好了。

师：你以前受过伤？感受到骨头痛，所以你觉得他这样不等病人觉疼就接好骨头，太牛了，你读读，快速地读，让人不觉得疼。

生：（快速朗读）

师：还有一样支持他的吗？

生：他使劲咔哒咔哒就能感觉出他的速度很快。

师：速度很快可能还不是从这儿感受出来的，哪里看出来可快了？

生：他的双手赛飞百鸟，上下翻飞，疾如闪电。

师：我觉得你读得还不够快，谁还能更快一点？

生：（快速朗读）

师：苏七块，还有人觉得他牛得不一般吗？

生：他用手一触，隔皮戳肉，就知道里面怎么回事，就像他能看出来里面是什么样子的。

师：他的眼睛堪比什么？

生：X 光线。

师：你需要到医院拍片子，医生还得给你照光，他却怎么样？

生：他用手一触就能感受到。

师：绝透啦！人跟机器一样，动作很快还不疼。是不是没人支持刷子李啦？

生：有！每一摆刷，那长长的带浆的毛刷便在墙面“啪”地清脆一响，极是好听。从这里可以看出刷子李的技术很娴熟。

师：他已经把自己的工作做成一种艺术，太美了！

生：“啪”地一声，那浆肯定是要溅出来的，而上面说刷完后身上绝对没有一丝白，一个白点都没有，都溅哪去了呀？完全没有一个白点，太神奇了。

师：他说得特别好，我也想听听他是怎么读书的，我们一起听听他怎么推荐刷子李？读读这段话。

生：（有感情地朗读）只见师傅的手臂悠然摆来，悠然摆去，好赛伴着鼓点，和着琴音，每一摆刷，那长长的带浆的毛刷便在墙面“啪”地清脆一响，极是好听。

师：这段话前后串联起来了，读得好不好？掌声送给他。这样看来，这两人的手艺活都非常的——

生：奇！

【评析：课外阅读的对象是一本书，我们不可能在40分钟之内把一本书都讲完。因此老师需要选择一个点，这个点要和这本书吻合，无论这本书有多长有多复杂。《俗世奇人》一书的核心就是“奇”，奇人各有奇活，把这个核心抓住，奇活与人物有关，奇活又与语言有关，奇活还和细节有关。核心问题的提炼，体现的是老师引领学生从“原生态阅读”到“深耕阅读”的过程。】

板块三：轻沙走马路无尘——学习方法

师：看样子这两人分不出什么胜负来了，旁边又有人坐不住了：绝活算什么？我人长得就奇。这可是天生的，改不了的。咱们来看看，又有三奇人跳出来了，他们是谁呀？你能认图猜名字吗？他是谁？第一个是谁？

生：苏七块。

师：第二幅图是谁？

生：冯五爷。

师：第三幅图是——？

生：小麻子。

师：你们好厉害，老师没告诉你们就认出来了，是靠什么认出来的？

生：样子。

师：书里是怎么写的呢？我们分成三组，一组找苏七块，一组找冯五爷，一组找小麻子，你怎么知道就是他？

生：（读文找人）

师：你怎么认出来他就是苏七块？

生：因为书上说：他人高袍长，手瘦有劲，图片上也是。

师：你找得非常好，袍子很长，很有辨识度，还有谁补充？

生：山羊须，乌黑铮亮。

师：山羊须也是他的重要特点，他的眼睛是什么样的？

生：眸子赛灯。

师：找得真准，奖励你读一读，要让人物的形象随着你们的朗读变成一幅图，第一组所有找苏七块的人齐读，其他组有愿意读的可以一起读。

生：（齐读苏七块外貌）

师：第二组，也是穿长袍的，你怎么知道他是冯五爷的？

生：冯五爷赛条江鲫……肉嫩如鱼肚。

师：你看他这个人长得像条鱼，奇怪吗？请你来读一读。

生：长得赛如江鲫，骨细如鱼刺，柔嫩如鱼肚。

师：最后一组，你们找到了吗？

生：（读小麻子一段）

师：你觉得哪里特别奇怪？

生：都挺短的。

生：软绵绵像快烤山芋。

师：还有吗？

生：灰皮、灰眼睛。

师：因为他是做贼的，所以精神不好。这么奇特的景象，谁能读出来？

生：（朗读小麻子一段）

师：我们一起读一读这个奇特的长相，注意我的排列哦。

生：齐读。

师：走路还赛道烟，这长相奇特，外貌似乎也难分高下，到底谁更奇？这本书中，奇人有很多语言也很奇特，我请四个人读，你支持谁就读谁的话。

生：（分别朗读四个奇人的语言）

师：听完四人朗读，你们发现奇人说话有没有什么共同点？

生：都很有意思。

师：这么有味道，有意思的话，像你们那样读能读出感觉来？怎么才能读出感觉来？

生：气势要很高。

师：他们都是哪儿人呀？

生：天津人。

师：天津人，他们可有自己的方言呐，整本书都是天津味儿，想不想听听天津话？听听看，你可以模仿，也可以想想，你会什么方言，也可以读读呀。（播放天津话说的四奇人的话）

生：（认真听）

师：天津话有什么特点？

生：说起话来，声音往上扬。

师：你模仿它吗？

生：（模仿朗读）

师：天津话可能说不好，但是南京话能说好吗？你老家的话能说好吗？

能不能把这些话用方言说给你同学听吗?

生:(用方言念,台下掌声)

师:天津地方的话就得用地道的方言才能读出这里的味道,书里还有很多话很有天津特色,用你喜欢的方言读。

生:(用方言朗读)

师:我也来试试,用什么话来读?(师用南京话朗读)这段话你觉得奇吗?

生:奇。

师:谁说的?

生:冯骥才。

师:这段话还有什么特点?看看排列的句式,和以前看到的有什么不一样?

生:字数都不同,都很短。

师:这也是冯骥才老先生整本书的特点,你找到特别长的句子吗?

生:没有。

师:这也是作者在题外话中讲的,中国人十分讲究文字的功力,尤重单个方块字的运用,绝不是一写一大片。

【评析:猜一猜,演一演,评一评,赛一赛,这一系列阅读实践活动的开展,让学生在阅读和娱乐相结合的课堂上始终兴致盎然。从一个个奇貌中感受文字的魅力,学习多角度刻画有特点外貌的写法;从一句句奇言中品味语言的独特,激起多角度评论人物的欲望和思维。讨论是整本书阅读交流中不可或缺的环节,它也是教会学生阅读方法的必要步骤。尤其《俗世奇人》一书作家冯骥才表达上的鲜明独到的功力,这是对语言表达形式的关注,老师的作用就是帮助学生培养起这样的能力和视角。这样的练习多了,学生自会在今后的阅读中举一反三,成为卓越的阅读者。】

板块四:无心插柳柳成荫——荐读新书

师:这十八个奇人到底谁最奇,你心里现在有什么想法吗?

生：我认为每一个人都很奇，因为他们各自有各自的特点。

师：难分胜负，到底谁最奇？你还有什么想法？

生：我觉得冯骥才老先生最奇，因为冯骥才老先生想出了这些奇人。

师：他把这十八个奇人写给我们看，冯骥才老先生还写了这样一段话：鄙人写完《神鞭》和《三寸金莲》之后，肚子里还有一大堆的故事人物没地方放，这些奇人妙事弃之实在可惜，每人一篇，唤作——

生：《俗世奇人》。

师：就是我们今天读到的，能写出如此之奇书的人，可以称得上是——

生：奇人。

师：俗世奇人还有一大堆呢，还有第二册，推荐你们课后读一读，也希望你们顺着作者说的话，你们想不想读一读《神鞭》？想不想读一读《三寸金莲》？想不想认识更多的奇人呢？

生：想。

师：课后找到这些书读一读，愿你们也能成为俗世新奇人。这节课就上到这里，谢谢孩子们，下课！

【评析：“到底谁是最奇之人？”这个问题的设计是让学生跳出整本书，活读这本书。课外阅读更需要灯塔般的引导，展开整本书阅读的主体是学生，让学生通过思维碰撞和参与言语实践活动，让他们浸润于阅读，体会乐趣，并由此再度开启新一轮整本书的阅读，起到“一石多鸟”之效。】

【点评】

以悦引阅　打开阅读素养提升之门

课外阅读，是语文学习的重要内容。阅读作为人最重要的核心素养，对学生的学习及终身发展都至关重要。语文教师的职责就是引导学生阅读有益的课外读物，开展有益的阅读实践主题活动。

一、悦读为引路，打开氛围之门

“兴趣是最好的老师。”阅读同样应该建立在浓厚的兴趣之上展开，尤其作为课内补充的课外阅读更应如此。只有让学生认识到阅读是一件让人愉悦的事情，才能更好地参与阅读、深入活动，培养出良好的学习习惯。无论是“没有带书，画本书”和“到底谁最奇评比”的情境创设，还是人人皆可参与的“你最崇拜谁？”话题讨论，都无一不是陈老师为激发学生交流兴趣所构思的“别具匠心”。乐于交流，悦享阅读，为整节课的交流成功打开了氛围之门。

二、伴读为支撑，打开个性之门

所谓伴读，强调的是师者的陪伴，不仅是在孩子阅读过程中的陪伴，更是阅读过程中关键时刻的引领与点拨。课堂上教师的陪伴是为了让孩子“得法于课内”。课外阅读交流课的对象往往是一整本书，40分钟的课堂无法面面俱到的让所有孩子的想法一一呈现。陈老师大刀阔斧地将18位奇人聚焦到同样“手艺奇特”的苏七块和刷子李上，又通过自由拉票分享观点的阅读活动，陪伴着孩子们发现整本书的核心——奇体现在“奇人有奇活”。有了这样的伴读支撑，孩子们在老师的陪伴下自然而然发现奇人还有“奇貌”“奇言”……各抒己见，百花齐放。

三、共读为桥梁，打开方法之门

当学生有了阅读的兴趣和阅读目标，下一步就是科学的阅读方法，因为优秀的方法是提升阅读素养的核心要素。人们常说“教师是孩子阅读路上的点灯人”，“猜一猜、演一演、评一评、赛一赛”等一系列课堂阅读活动的开展，都是陈老师智慧金点子点亮的“灯”，孩子们在阅读交流中共同经历，彼此碰撞，阅读不断走向深入的同时，孩子们也在开启这一扇扇阅读方法之门：多角度刻画外貌可以让描写更生动，语言的独特可以彰显人物个性，学习关注作家冯骥才语言表达形式……一个个方法的习得，都在为此刻与将来“得益于课外”的桥梁添砖加瓦。

四、研读为助力，打开未来之门

如果说课外阅读是一片海，孩子们是一个个撑着小船遨游书海的人，一节阅读交流课就是给孩子撑船长篙助力的帆。而树立起船帆的老师，一定会在最后留下一个有思维价值的问题让学生们继续研读。陈老师整节课的最后再次让学生回顾问题："到底谁是最奇之人？"学生将目光聚焦到作者冯骥才之后，又适时推出另外两本《神鞭》和《三寸金莲》，成功激发了课后继续研读的欲望与热情。小学生的阅读习惯很大程度上会受到教师的影响，我们一定要做好引导者和支持者的角色，助力阅读素养的提升，为更多孩子更好阅读打开未来之门。

（执教 / 金立义名师工作室陈瑶　评析 / 金立义）

（此文刊载于 2021 年第 10 期《小学语文教学》）

第四章　简约语文视域下习作教学探微

第一节　习作教学要领

一、习作教学的积弊与变革

有这样的一首顺口溜反映了当前学生写作的状态:“一看题目就摇头，摊开稿纸咬笔头，苦思冥想皱眉头，两节课时没开头。”应该说这首顺口溜从某种意义上确实反映了目前习作教学处在一种尴尬、低效的境界。那么当下习作教学的积弊在哪儿？又如何变革呢?

（一）当下习作教学的积弊

2011 年版《语文课程标准》指出：写作是运用语言文字进行表达和交流的重要方式，是认识世界、认识自我、进行创造性表述的过程。写作教学应贴近学生实际，让学生易于动笔，乐于表达，应引导学生关注现实，热爱生活，积极向上，表达真情实感。

但现实是许多教师并没有深刻认识到习作教学的本质及规律，做了很多违背习作教学规律的事情，出现了绑架现象，导致了习作教学效率的低下。

1. 功利绑架了意愿

情动而辞发。有了写作的意愿和冲动，才会产生写作活动。而伴随着情感的写作才能成为学生个体的一种精神生活需要，成为一种表达和交流的方式，学生才会讲真话，抒真情。但现实是老师和学生都把写作当作了应对考试的一种手段，不管学生有没有写作的欲望，都得写，这种被写作成为普遍现象，所以学生常常言不由衷，空话、假话、套话屡见不鲜，写作成为学生“象牙塔”内的高雅游戏，并没有成为他们生活的一部分，习作的本质功能荡然无存。

2. 命题者绑架了学生

言为心声。学生写作应该做到我手写我心，自说自话。可现实是学生写作只能按照命题者指定的内容去写，“你手须写我心”，否则就是走题，不合要求。

而命题者指定的写作内容和学生的生活往往又没有完全对接，和学生的生活有较大的距离，但学生为了完成任务，只好搜肠刮肚，无病呻吟，于是人生的第一次撒谎就从写作开始了，学生成了命题者的“代言人”，部分学生力不从心，只能望“文”生畏，望“文”兴叹，长此以往，恶性循环，学生对作文怎能一个“怨”字了得？

3. 共性绑架了个性

写作是学生个体一种独特的精神活动方式，写出来的作文应该是富有个性化的，多姿多彩，精彩纷呈的，但是学生写出来的作文常常是大同小异，甚至是千篇一律，千人一腔。为什么会出现这种情况？因为老师在指导作文时，列出了许多条清规戒律，统一要求，齐步走，这样的要求禁锢了学生的思维，扼杀了学生的个性，导致本来很有写作才能潜质的学生也过早地夭折了。

4. 客体绑架了主体

在习作教学的过程中，教师应处在客体的地位，而学生是处在主体地位的。作为主体的学生理应有支配写作的权利。写什么，怎么写，应由自己决定，但现实中常常是教师主导一切，学生只能处在被接受、被听从、被安排的地位，这是客体绑架主体现象之一；再者写作的主体既然是学生，学生既要写作文，同时也要改作文，这样才能全面提高写作能力，但教师越俎代庖，为了应对学校及上级部门的检查，辛辛苦苦地帮学生精批细改作文，写了大段评语，而结果学生只看习作的等第，没有几个去看评语的，教师只能是徒劳一场，而作为学生却失去了一次又一次的锻炼机会，导致学生修改作文的意识淡薄，修改能力平平。

（二）习作教学的变革之举

习作教学的变革之路究竟在哪儿？笔者认为应该顺应儿童的天性，守护儿童的天性，解放儿童，回归本质。

1. 作文指导要顺应童性

作文的指导要“无为而教”，减少功利性，多激发学生的内需和潜能，让学生由被动转为主动。多在写什么上开凿与挖掘，少在怎么写上限制与束缚。

①激发表达的欲望

叶澜教授指出：“课堂教学活动首先应该被看作师生人生中一段重要的生命经历。教学，最重要的不是学生是否百分之百地学会了什么，而是学生是否以健康积极的情感态度参与了课堂。”叶澜教授的话启迪我们：习作指导重在激发学生参与的热情。

情动于中，辞发于外。学生若有写作的强烈欲望，就会心潮涌动澎湃，思维的火花四溅，一吐为快，哪里还有冥思苦想的窘境？写作如果有了情感伴随，学生就会产生奇妙的想象和丰富的联想，思接千载，视通万里，下笔千言，如有神助，写作真正成为一次快乐的旅行。如何激发学生的表达欲望？

营造氛围：教师要为学生营造一个宽松的氛围，为学生构建安全心理的环境，减少写作的束缚，让学生畅所欲言，想说什么就说什么，想写什么就写什么，想怎么写就怎么写，让学生的思想自由驰骋。

点燃话题：写作的话题要充分考虑到小学生的生活经历，尽量和学生的生活实现无缝对接，让话题成为学生倾吐的兴奋点，这样话题就有了亲和力，便于学生易于动笔，乐于表达，避免学生走进假、大、空的泥潭之中。

创设情境：人往往会触景生情。创设情境不仅能激发学生的写作兴趣，还触动写作灵感，开拓写作思路，所以教师要根据话题，创设合宜的情境，让学生置身于情境之中，生发表达的欲望，产生写作的动力。

②激活生活的积累

小学生的情感生活其实是很丰富的，但是一到写作的时候，大脑中就没有了日常生活中触动他们情感的那些生活表象，似乎缺乏写作的素材，其实不然，是教学中缺少唤醒记忆与积累的渠道和方法。

作为教师要采取有效的策略，激活学生的生活积累，“引爆”学生的生活，让那些触动他们情思的生活积累萌发、涌动起来，撞击学生的胸膛，打开他们的话匣子，让话语像洪水一样倾泻而出。

以情激情：教师用自己的情感、经历去感染学生，去诱发学生，从而唤醒学生生活积累的记忆，激活积累的素材，让学生能很快提取素材。比如我在指导学生“写一件亲身经历的事”，先自己讲了一件小时候由于贪玩忘了写作业的囧事，这样的故事和学生的生活很是匹配，一下子触发了学生的热情，学生争先恐后地讲起了自己的故事，滔滔不绝，欲罢不能，课堂气氛十分活跃。

问题诱发：学生有时候刚接触到习作题目的时候，一下子愣在那儿，不知道说什么。其实此时学生的思维还暂处在萌芽状态，一个智慧的教师，应该设计几个富有张力的、能够拓展思维的、直抵学生心灵的问题，启情激趣，开启源头，唤醒积累，激活经验，展开真情对话，让学生产生“如鲠在喉，不吐不快”的习作冲动。

③打开通畅的言路

学生在口述作文的时候，常常是只言片语，很难说出连贯的、生动的语段来，究其原因是学生的言路没有打开。思维还处在混沌状态，不够清晰，不够开阔、不够活跃。面对这样的情况，教师该如何应对？

有效追问：由于记忆时间、表达能力等因素，学生口述、还原生活的情景时，叙说出来的内容是粗线条的，此时教师可以通过有效追问，引导学生回忆、捕捉、想象生活的细节，由表及里，由粗到细，逐步开启思路，拓展言路，提高说与写的质量。

例文导写：例文其实是最好的范本，给学生直观的感受，带给学生启迪，甚至可以模仿。在选择例文时要注意典型，能切合本次习作的要求，确实有助于学生思维的开启，言路的拓展。

2. 作文讲评要满足童心

苏霍姆林斯基说："老师要像对待荷叶上的露珠一样，小心翼翼地呵护每个孩子的心灵。"冰心说："要让孩子像野花一样自然美丽。"茅盾先生也曾说过："幼稚粗拙是壮健美妙的前奏曲。"三位大师的话带给我们的启示是：习作讲评教师要呵护童言、童真、童趣。

①珍视学生的感受

儿童的思维是感性的，与成人相比，儿童缺少的只是知识和经验，但他们具有鲜活而准确的感受性和丰富的想象力，他们的习作常常充满童真、童趣、童味，但许多老师却没有以宽容的心态去欣赏学生的幼稚与率真，也没有给予这些充满纯真情愫，闪动智慧灵光的习作以合适的评价。

教师对学生习作的评价要珍视儿童的独特感受，尊重儿童的话语方式，呵护儿童稚嫩的思想，最大限度地让儿童收获习作的成功和快乐。

1974 年，美国福罗里达州举行作文竞赛。一位 9 岁的小男孩艾克尔写了一篇题为《孵蛋》的作文参赛，他写道："星期天，我和几位小朋友到郊外去玩，捡到一个蛋。玛丽说是云雀蛋，彼得说是鸵鸟蛋，丹妮说是恐龙蛋……大家争论不休，我提议把蛋孵出来。一孵出来，啊呀呀，原来是个尼克松（时任总统）。"

结果这篇作文被评为一等奖，授予大大的奖杯。这篇习作之所以能够打动评委，是因为评委尊重孩子的独特感受，欣赏孩子的想象力，珍视孩子表达的真情实感。

②赏识学生的表达

儿童心理学家指出：一个人只要体验一次成功的欢乐，就会激起继续奋斗的情趣。因此作文的讲评要多赏识，多鼓励。好作文都是夸出来的。习作讲评重在兴趣的培养，因为兴趣是最好的老师；重在信心的提升，因为信心是写作的动力。

学生辛辛苦苦地完成一篇习作，很是弥足珍贵，在他们的内心深处，渴望得到别人的认可、褒奖，教师要满足学生的这种心理。要让学生的作文有更多的倾听者、欣赏者，让学生得到情感满足，积蓄力量，砥砺习作能力。

著名的作家茅盾读小学的时候，写了一篇作文，得到了老师的高度赞赏："好笔力，好见地，读史有眼，立论有识，小子可造，其竭力用功勉成大器。前程远大未可限量，十二岁小儿能做此语，莫谓祖国无人也。"

正是老师的赏识与鼓励，茅盾走上了日后的文学创作之路，中国出了一个著名的大作家。怎样赏识学生的习作呢？

自我欣赏：习作讲评教师要搭建平台，为学生提供展示的平台，让学生把习作中最得意的内容读给同学听，悦纳自己，提升自信，产生轻松、愉快的情绪体验，亲近习作，喜欢习作，为写作储备足够的动力。

同伴欣赏：让学生相互阅评、圈画优点，相互欣赏、分享成功，建立读者意识，让学生体验到写作是用来和别人交流的一种方式，无论是尊重别人还是展示自己，都得好好写作文。

老师欣赏：学生最在意老师对自己习作的评价，因此教师要尽最大可能地挖掘学生习作中的闪光点，要用"放大镜"找优点，从"差"中求优。学生习作的进步很大程度上得益于教师的赏识、信任、宽容和引导。教师要把每一个学生都看作是一块能发光的金子，帮他擦拭，让他的生命敞亮起来。对于写得好的一句话，一个标题，一个词，甚至一个标点，都要给予充分肯定。"激其志，荡其情"，教师要不断增加学生努力的信心和动力，促进写作能力的提高。

③积蓄学生的动力

学生的兴趣往往是一时的，过去了就过去了。如何让学生对作文保持长久的热情和信心，需要教师花费心思，推陈出新，变着花样，持续给力，积蓄学生写作的动力，历练学生写作的意志。

平时教师可以多采取一些方法，激励学生，增加兴趣，增强信心。比如让学生写个人日记或者是班级故事接龙赛。班级还可以办作文小报，让学生发表作文。学校可以办作文校刊，出作文专辑，给学生提供更大的作文发表的平台。还可以组织作文竞赛，把优秀的习作投到报刊社上，让学生真正品尝到“发表”的滋味，体验成功的快乐。

德国的著名教育家斯普朗格曾说过：“教育的最终目的不是传授已有的东西，而是把人的创造力量诱导出来，将生命感、价值感唤醒。”

马克思也说：“教育绝非单纯的文化传递，教育之为教育，正是在于它是一种人格心灵的唤醒。因此说教育的核心所在就是唤醒。”

让想真正提高习作教学的有效性，教师的责任在于用智慧去唤醒学生对习作的兴趣、信心和意识。

（此文刊载于2013年第2期《教学与管理》）

二、习作教学要“见人”与“树人”

人既是教育的出发点，也是教育的落脚点。所有学科都要完成立德树人的根本任务，习作教学也不例外。习作是手段，育人才是根本目的。

而目前习作教学重文轻人，导致学生怕作文的症结没有得到有效的解决。习作教学如何走出这一窠臼，需要重新认识习作教学独特的育人价值。如果习作教学从育人功能这一高度加以审视，另辟蹊径，寻找最佳路径，教学定会呈现一方新天地。

（一）习作教学理应“见人”

1. 习作教学要见学生

习作教学不同于阅读，阅读教学教师干预较多，学生被动学习比较普遍，而写作完全不同，写作的主体是学生，即使教师讲了很多写作技巧，但有时候根本起不了多大的作用，学生从素材准备、写作过程到作后修改，学生必须全程独立经历，自始至终都是主角，在这一过程中，学生的主体性越强，学生经受的锻炼越多，习作教学的效果会越好。基于写作这样的特点，教师在写作的每一个环节，都要从儿童立场出发，做到目中有生，心中有人，引导学生，帮助学生，发展学生，成就学生。

① 丰盈学生的生活

生活是写作的源泉。叶圣陶先生曾说："学生作文离不开生活，要设法让学生去寻找作文的源头，有了源头，才会不断地倾泻出真实的文思之水来。"

学生的生活质量关联着学生写作的状态和质量。没有丰富多彩的童年生活，哪有鲜活的素材可写？当下的学生生活，很大空间被过重的学业负担挤占了，读书、作业、上辅导班、考试，多彩的童年生活似乎和他们很遥远。

语文教师要有教育大格局，要有大情怀，树立为学生终身服务的理念。在当代的教育生态下，要竭尽所能，捍卫学生的童年，让学生的童年生活多姿多彩。要经常组织学生开展丰富的活动，让学生从课堂走向课外，从课本走向自然、社会。语文教师还要研发校本课程套餐，满足不同学生的需求，让五育并举真正落地。要加强家校共育，帮助父母转变教育理念，让孩子积极参与力所能及的家庭劳动。寒暑假，倡议家长带着孩子去旅游，让学生不仅读万卷书，还行万里路。学生的生活丰盈了，写作的素材就丰富了，选材就会信手拈来，写作的畏难情绪荡然无存。

②点燃学生的情绪

苏霍姆林斯基语说："一个教师不能无视学生的情感生活，因为那是学习中主动性和创造性的源泉。"

心理学研究表明，情绪是智慧的高级组织者，情绪、情感对习作活动具有明显的诱发和推动作用。

赞可夫说："只有在学生情绪高涨，不断要求向上，想把自己独有的想法表达出来的气氛下，才能产生出使儿童的作文丰富多彩的那些思想、感情和词语。"

学生写作时如果了有了情感的伴随，心潮澎湃，思维活跃，思接千载，视通万里，下笔千言，如有神助。

习作指导伊始，预热很重要。教师要通过情境的创设、启发谈话等手段，把学生从冷状态调为热状态，让学生的情绪点燃，话匣子打开。

③关注写作的需求

习作教学要关注学生写作的需求，了解他们写作的真实处境，舍身处境地为他们着想，尽可能给他们提供有效的帮助，彰显人文关怀。

写作的话题选择是否贴着学生飞行？话题要能点燃学生的热情，引爆学生的生活，让学生有话可说，有情可抒。

学生写作的最大困难是什么？教师预设是否精准？面对学生的困难，教师有没有给学生搭建支架，打开学生的思路，拓展学生的言路。

比如统编教材四下写游记，学生最大的困难不是按照一定的顺序来写，而是如何把重点景物写具体。教师必须通过片段示范，启发学生可以多角度描写景物，可以加进联想，可以用其他景物来衬托等。

2. 习作教学要见读者

①强化交流意识

《语文课程标准》对写作的功能提出："与他人分享习作的快乐"（第二学段）；"懂得写作是为了自我表达和与人交流"（第三学段）；"写作时考虑不同的目的和对象"（第四学段）

写作即交流，这是中小学写作的本质。一次写作可以看作是一场特定语境下的对话交流，是学生一种自我情感的表达，是与他人沟通的方式，是孩子的"另一种嘴巴"，是学生的"书面言说"。

写作只有具备了交流目的、交流对象，写作才有意义。任何写作如果没有了倾诉的对象和目的，失去其存在的生命与价值。写作绝对不应该成为一种应付考试的手段，亦或在象牙塔里搞一次高雅文字的游戏，它应该成为学生真实生活的应用与生命成长的需要。

②帮助寻找读者

基于写作功能的认识，习作教学在开始阶段，须帮助学生寻找读者，建立读者群，学生"见到"了读者，就有了倾诉的对象，交流的需求，言说的方向，写作的动力就会强劲。

“读者”可能是学生本人，可能是学生熟悉的人，比如老师、亲人、同学，也有可能是陌生人，比如参观者、竞赛的评委等。

比如写游记，教师通常这样布置任务：请你选择一处南京的景点写一篇文章，要求做到内容具体，描写细致，语句通顺。

如果让写作者能见读者，转一个身，这个题目应该这样布置：南京是六朝古都，文化名城，景点甚多，景色迷人，是外地游客心驰神往之地。但是外地游客对南京不是很了解，请你帮助他们推荐一处游玩的好地方，让他们读了你的文章，对南京的某一处景点产生游玩的兴趣。

换了一种表达方法，学生清晰地知道了，我写这篇文章是给谁看的，我为什么要写这篇作文，方向明确了，话语系统就建构起来了。

3. 习作教学要见众生

惠特曼在《有一个孩子，每天向前走去》中写道：“有一个孩子，每天向前走去，他最初看到，并且以或赞叹、或怜悯、或热爱或恐惧的情感感受到了什么，他就会成为什么。他的所见成了他生命的一部分，在那一天，或那一天的某些时间，或者在很多年里，甚至延续终生。”

陶行知说，学生过什么样的生活，就接受什么样的教育。

教师要引导学生在生活中发现美，感受美，表达美。让学生在生活中发现美好的人、事、物，看见“众生”，在心田里播下真善美的种子。

2019 年是新中国成立 70 周年，9 月 1 日迎来了开学季，我组织学生观看《开学第一课》。节目讲述了那些与五星红旗紧密相连的感人故事。一位 95 岁高龄的郭奶奶回忆当时在渣滓洞的经历，忍不住为不幸遇害的战友抹泪。郭奶奶翻开老相册，抚摸着复刻版的五星红旗，哽咽了，这面五星红旗是她被关押在监狱里亲手制作，正是这面红旗让她和战友们坚守信仰，和敌人展开了不屈不挠的斗争，直至取得最后的胜利。

学生在观看了《开学第一课》后，日记中写道：没有郭奶奶这些英雄，就没有新中国的诞生。现在的幸福生活是多么来之不易，他们是我们幸福生活的奋斗者和创造者。

生活中美好的人或事，比比皆是，撼人心魄。英雄的事迹感召着学生：有抗疫中负重而行的白衣战士、抗洪抢险中不畏牺牲的人民子弟兵、永攀高峰的航天英雄、为新中国成立献出生命的先烈；普通人的事迹也在感动着学生：诲人不倦的老师、乐于助人的同学、日夜操劳的父母、勤勤恳恳的环卫工人、守护小区的保安人员……让学生把这些高尚的人物付诸笔端，记下内心的感动，就是一种春风化雨般的教育，一次心灵的洗礼与净化。

写作的过程不仅是文字表达的过程，其实也是审美的过程，还是自我教育的过程。学生在见“众生”中，触摸美好，树立正确的价值观，传递正能量，敞亮自己的生命。

（二）习作教学立足“树人”

教育的最终目的不是传授已有的知识，而是把人的创造力量释放出来。”

写作是唤醒学生去观察生活、认识生活、表达生活的一种手段，学生经历了这样的过程，价值观、认识观、世界观其实发生了微妙的变化，人格逐步完善。

朱自清先生其实对自己的父亲一直印象不好，他认为父亲专制，粗暴，小气，但是在《背影》中，他对父亲有了重新的认识，感受到了深沉的父爱。因此写作的过程也是作者觉醒的过程，重构的过程，成长的过程。

1. 习作教学要促进学生做有心人

态度决定一切，学生的生活态度决定着学生的生活质量。教育应当培养学生热爱生活的态度，而习作和学生的生活息息相关，因而习作教学一大使命就是要培养学生做生活的有心人。

①记录生活

学生常常为找不到写作的素材而苦恼，是不是学生的生活单调乏味，真的没有内容可写？显然不是，生活不缺少美，缺少的是发现美的眼睛。

学生对生活中很多美好的东西视而不见，主要原因是留心不够，对生活的触动性和敏锐性不强，没有做到有心人。

习作教学，首先要从培养学生观察生活、记录生活的能力开始。写观察日记是一个行之有效的办法。学生一个人写，很难坚持长久，但是如果全班接龙写观察日记，抱团取暖，会走得更远。我给班级准备了一本记录本，取名“童眼的秘密”，每天安排一个学生记录自己的所见所闻，第二天语文课前安排三分钟交流，每月评出最佳日记，给予学生奖励。

接龙观察日记，让学生的童眼发现生活的秘密，记录了生活中很多新鲜的事情，练就了学生的一双慧眼，培养了学生观察生活的好习惯，锻炼了学生坚持做事的毅力。

②创造生活

叶澜教授在《重建课堂教学价值观》中认为，我们需要化静态的书本知识为动态，让其鲜活起来，与儿童的生活经验，与儿童的成长需求紧密相连，呈现出应有的生命态。

生活需要创造，看似一成不变的生活再精彩，学生也有厌倦的时候。教师要指导学生，开展创造生活的活动，尤其是习作教学，要实现跨界学习，丰富学生的生活，激活写作的源泉。

比如围绕四季，可以开展“缤纷四季”活动，春之醉、夏之乐、秋之美、冬之韵，围绕每一个季节，设计综合性探究实践活动，比如找秋天、画秋天、拼秋天、赞秋天等，学生围绕“秋天”这一主题，通过不同学科方式的学习，体验秋天的魅力。这样的学习，拓展了教育的时空，让课堂走向了自然，情至石开，让学生体验生活、感悟生活、创造生活、赞美生活，促进他们更加热爱生活，成为习作的主人，生活的主人。

2. 习作教学要促进学生做求真人

真是习作的生命，也是习作的灵魂，真方能打动读者。

①鼓励学生表达真趣

童年是人生最快乐的一段美好时光。这样的一段时光充满着童真童趣。学生有各种各样奇思妙想，甚至是天真的幻想，说出的语言天真可笑，但不乏灵动与诗意，做出来的事幼稚，不可理喻，但这就是童年时代绮丽的景致，特有的财富，作为老师要理解、尊重、呵护，不要轻易去否定、伤害孩子。

吃完饭，我又看了看小金鱼，发现它们不像刚买的那样活灵活现了，肚子鼓鼓的，一动也不动。我想：是不是我给他们吃了牛肉，它们生病了？让我救救它们吧！于是，我拿了一条金鱼出来，拿出几块棉花，压扁后当病床，让它躺在上面，又用美工刀把鱼的肚子拉出一道口子，在它肚子里东戳戳，西碰碰，接着拿了红药水倒在鱼肚子里，给它“输血”，最后又拿出针线把鱼肚子缝上，把它放回了鱼缸……就这样，我给每一条鱼做完了“手术”。第二天，我又看了看鱼缸，发现小金鱼在鲜红的水面上漂浮着，全部死了。

这样的事情只有儿童才能干出来。学生真实地叙述了自己做的傻事，作为老师面对的作文，要有同理心，给予学生足够的宽容，不要轻易去否定习作的价值。

②鼓励学生表达真情

文字是有温度的，习作的字里行间流淌着情感，而这份情感一定是真切的，真诚的，自然的，发自内心的，不是矫揉造作的。所以习作除了思想的交流，还有一种情感的交流与倾诉，要鼓励学生真情表达，求得读者心灵的共鸣。

请看首届“冰心作文奖”小学组一等奖的一篇习作：

妈妈回来了

前段时间，妈妈去杭州学习，去了好长时间，可能有一个月吧。今天妈妈终于从杭州回来了，我非常高兴！因为妈妈的怀抱很暖和，因为妈妈回来了，爸爸的生日就能过得更好，因为妈妈在家里会给我读书……

妈妈不在家的时候，我很想她，想妈妈的感觉，是一种想哭的感觉。

寥寥一百多字的习作，是年仅七岁的郦思哲一年级时所写。为何夺得一等奖？主要原因是文字里的情感既打动了评委，也感动了我们读者。

这份情感不加任何修饰与雕琢，源于内心真切的感受。

③鼓励学生表达真谛

写作是学生抒发情感、学会思考、分享思想的过程。但由于小学生年龄小、阅历浅、思维窄，对社会、事物认识的高度、深度都有欠缺，甚至有偏差，这就需要教师引导与提升。习作教学要培养学生表达能力的同时，还要着力提升学生的思维品质，培养学生思维的逻辑性、敏捷性、深刻性、批判性和独创性，促进学生做一个有思维力的人。

有一次我组织学生围绕“尝试”这个话题写一篇作文，有一个学生写了自己小时候驯鸡孵蛋的事情。逮了一只老母鸡，压在板凳下，让它在盆里老老实实地孵蛋生小鸡，其结果是鸡飞了，十几个蛋也打了，还遭到妈妈一顿臭骂，心情很悲催。

针对这篇习作，我组织学生思考讨论：驯鸡孵蛋为什么会失败？这件事给我们带来什么启发？学生通过讨论，说出了很多哲理性的观点：做事要实事求是，不要违背规律；揠苗助长，只能是失败的；己所不欲，勿施于人等等。

学生的习作通常在叙述事情的表象，事情蕴藏的哲理，学生往往看不到，语文教师要充分利用学生的习作，组织学生深度思考，挖掘事情蕴藏的真谛，鼓励学生在习作中表达自己的观点，让习作彰显学生的思维价值。

3. 习作教学要促进学生做自信人

东汉许慎在《说文解字》中是这样来解释“习”和“作”的：习，数飞也；作，起也。

学生的习作只有经过多次、反复地练笔，才能具备写作的能力。茅盾先生曾经也说过：“幼稚粗拙是壮健美妙的前奏曲。”

习作既然一种练笔，肯定存在不完美、不精致，甚至语句都不通顺，但它毕竟是学生的劳动成果，是学生付出汗水的结晶，因而对待学生的习作，教师要有足够的宽容，尊重儿童的思维方式，鼓励儿童用自己的话语方式来表达，培养他们的习作信心，悦纳自我，爱上写作，感受习作的乐趣，实现习作与育人的双丰收。

① 构建安全的写作环境

写作其实是需要一个安全的环境的，要给学生营造一个宽松、舒适、自由的空间，让学生轻松写作。

首先话题的选择不为难学生，不给学生制造障碍，让学生易于动笔，乐于表达。

其次限制不要太多。要破除清规戒律，让学生放胆练笔，尤其是学生习作的起步阶段，要从儿童立场出发，让学生放开来写，允许模仿。学生的习作总要经历一个大同小异、小同大异、百花齐放的过程，这是规律，要遵循。语文的学习是一个厚积薄发的过程，写作是一个不断摸索、积累写作经验的过程。

最后学生写作时不要轻易干扰。学生在写作的过程中，思维处在一个连续运转状态，教师不要插话，不要做一些干扰的事情，否则学生的思维被中断。安静里蕴含着丰富，这是老师要切记的。

② 尊重学生的独特表达

《语文课程标准》提出：“写作的评价，鼓励表达真情实感，鼓励有创意的表达。”

儿童有自己的世界，有自己的话语表达方式，对待学生的习作，只要是符合人性的真、善、美的内容，都应该给予肯定，不要用成人的思维去抹杀学生的个性，那样做是得不偿失的，儿童的性灵就会泯灭。因而，要尊重儿童，善待儿童。

有一次，一个学生在作文中是这样描写我的外貌的：最吸引我的是宋老师像鸟巢似的头发，要是在上面放上几只小鸟，那小鸟们肯定会开心地生活。

学生以自己的视角描绘了老师的头发，表达了独特的感受。这样的话成人是写不出来的，它富有儿童的烙印，读来充满童趣。

对待学生的习作，我们应该牢记苏霍姆林斯基说的话：“老师要像对待荷叶上的露珠一样，小心翼翼地呵护每个孩子的心灵。”

③ 提升学生的劳动价值

我们常常看到，一些老师在评价学生的习作时，过于吝啬，给学生的评价等第较低。其实，学生写作的能力，不仅是练出来的，更是教师夸出来的。

茅盾读小学的时候，写了一篇作文，得到了老师的极力夸赞：好笔力，好见地，读史有眼，立论有识，小子可造，其竭力用功勉成大器。前程远大未可限量，十二岁小儿能做此语，莫谓祖国无人也。

可以想象，茅盾读着老师的这段评语，内心充盈的是自信，是能量。带着这样的赋能，茅盾日后走上了文学创作之路，成了著名的作家。

其实，小学生非常在意教师对自己作文的评价，学生每次拿到作文本，首先看教师给自己习作打的等第，等第高，学生喜气洋洋，信心满满；等第低，学生灰心丧气，失望溢于脸上。

对于学生习作的评价，绝对要多激励，要提升学生的劳动价值。教师评价学生的习作要拿着放大镜，去寻找闪光点，打高分，戴高帽，让学生收获成就感、幸福感，再带着自信，带着希望，带着能量，去迎接下一轮的写作任务。

总而言之，习作教学要坚守初心，坚持教学和完善学生人格同步，坚持立言和立人携手，在“见人”与“树人”中，完成习作教学的使命。

（此文刊载于 2022 年第 5 期《语文教学通讯》）

三、习作教学：从立言走向立人

党的十八大报告提出，把立德树人作为教育的根本任务。习作教学也该承担这样的重任。

习作教学，“立言”是出发点，“立人”是归宿点。从“立言”走向“立人”，是习作教学的应然诉求，是当下习作教学的本质彰显与回归。

古人说得好：“一名之立，旬月踟蹰。”《语文课程标准》第二、三学段把“作文”改叫“习作”，虽然是名称的改变，但其背后是教学理念的深度变革。

《论语·子路》说：“名不正则言不顺，言不顺则事不成。”习作是一种训练，一种练习；而作文是一种用文字来表达某一主题意义的文体。把作文改成习作，充分考虑到了小学生的认识水平、思维水平和表达水平，降低了习作的难度，遵循了儿童的特点，体现了对生命的尊重，从“立言”迈向“立人”的转轨。

（一）指导要引导学生做真实的人

1. 习作就是“我手写我口”

古人说过：“感人心者莫先乎情。”言为心声，文贵情真。回忆我们读过的那些脍炙人口的名篇，写人叙事也好，绘景状物也罢，无不蕴含着感人肺腑、引人共鸣的真情。朱自清的《背影》抒发了父爱子、子爱父的人间真情；魏巍的《我的老师》表达了一个孩子对老师那种最真挚的热爱、依恋之情……作文贵在写真话，抒真情，重构以真情表达为基本价值观的理念，引导学生做真实的人，是习作教学变革的必然趋势。

①表达对现实生活的认识

《语文课程标准》指出：“写作教学应贴近学生实际，让学生易于动笔，乐于表达，应引导学生关注现实，热爱生活，积极向上，表达真情实感。”

习作教学要贴近儿童，贴近现实生活。习作就是学生表达对现实生活的一种认识，一种体验。看到母亲给你做了可口的饭菜，自己心中涌起的是感恩之情；因为做错事，伤害了别人，自己懊恼不已、痛心疾首，这是悔恨之情……生活中处处有真情，学生写作压根儿就用不着去为文造情。

儿童的现实生活应该说是丰富多彩的。有泪有笑，有愁有喜，有失败也有成功，有平淡也有滋味，有孤独也有情谊……生活是写作取之不尽用之不竭的源泉。

请看一个片段：

暖暖的阳光在操场上晃荡，静坐在台阶上的我，惊奇地发现：阳光在笑，无声的笑，风吹拂着他的脸庞。或许不应该用“他”，应该用“她”，不过没有关系了，阳光不会介意，人们也不会在意。天蓝蓝的，云白白的，飘着快乐的轻纱。阳光真的很开心，他和风儿在空中游戏，一不小心带走了孩子的帽子，“哈哈……”地笑个不停。

一段奇思妙想，把阳光和风儿的嬉戏写得栩栩如生，有形态，有声音。源于对生活细腻的观察与体验，源于内心真切的感受，美妙的遐想，不加任何修饰与雕琢，一切都很自然。

“文必己出”是古今一条写作原则。习作一开始就要引导学生维护自己的话语权，发展自我言说力，牢守写作的原点。要坚持“我手写我口”，没有不要为别人代言，表达的内容要指向自己的内心世界，抒发真情实感。

习作教学不要过度强调“模仿”，让学生养成“套袭”的依赖心，把习作变成“鹦鹉学舌”的机械活动。仿写仅仅是一种手段，并非习作的本质。让学生放弃自我的生活，写他人的生活，那是习作教学得不偿失的事。

基于生活，真情表达，写出从心窝里掏出来的真心话，让学生享受写作的快乐，让学生在写作中学做真人，这应该是习作教学追求的价值观。

②表达对精神生活的感受

儿童是“情感的王子”。儿童的精神世界是五彩缤纷的。他们可以为喷薄的日出欢呼；为出壳的雏鸟欢腾；为枯萎的花朵落泪……儿童的精神生活也是写作素材的宝库，要鼓励学生书写他们对精神世界的感受。

比如习作教学可以链接儿童的阅读世界。在读书中，儿童与书中的人物同欢喜，共命运，他们有太多的话可说；习作教学还可以涉足于儿童的想象天地，让儿童放飞想象之翼，抒写性灵，描绘想象的世界。这些内容虽然是想象的，但也是儿童的真实感言，同样是精彩的。

2. 习作就是还原生活面目

叶圣陶先生曾说：“要写出诚实的，自己的话，空口念着是没有用的，应该去寻找到它的源头，有了源头才会不息地倾注出真实的水来。”

叶老的话告诉我们，习作指导的方向是什么？就是要引导学生一步一步回忆生活，还原生活的面目。

但由于习作内容的滞后，学生要写的内容和学生已经历的生活产生了一定的间隔性，学生记忆模糊不清了，给写作带来了一定的困难。或一时难于下笔，或写出来的内容不细致，和真实的情况有差距。习作指导就是要解决学生的这些困难，给学生助力。指导要能帮助学生唤醒记忆，激活积累，打开思路，拓展言路。如果能做到这些，学生能很快从“冷状态”进入“热状态”，打开尘封的记忆，打开话匣子，易于动笔，乐于表达。

①创设情境，唤醒记忆

刘勰说：“夫缀文者情动而辞发，观文者披文以入情，沿波讨源，虽幽必显。”

赞可夫也曾说：“只有在学生情绪高涨，不断要求向上，想把自己独有的想法表达出来的气氛下，才能产生出使儿童的作文丰富多彩的那些思想、感情和词语。”

看来情绪、情感对习作活动具有明显的诱发和推动作用。那学生的情绪如何调动？习作指导时要创设一定的情境。一方面可以激发学生的兴趣，另一方面也给学生提供了一个回忆的场景，让学生触景生情，唤醒沉睡的记忆，调动生活的积累，提取写作的素材。

比如指导“礼物”这个话题，在教学时我创设了这样的情境：上课伊始，我拿出了一个礼盒，让学生猜猜老师给同学们带来了什么样的礼物；然后请一个学生打开礼盒，但是礼盒共有三层，只能一层一层打开，学生在揭晓礼物的过程中，心情起伏不断，最后看到礼物，心情也是各异。

这个情境的创设至少有三个好处：首先调动了学生的兴趣，将目光吸引到主题“礼物”上面；其次激发了学生的情感，让学生处在期盼、失望、纳闷、猜测之中，这是一种情感的高峰体验，增加了写作的动力；最后是帮助学生回忆自己的生活，再现类似的场景，便于学生快速从记忆的仓库中调取所需材料。

习作一旦成为学生表达内在的需要，就会产生对习作的由衷喜爱，这是习作教学的最佳状态。因此教师要善于创设情境，诱发学生内心表达的欲望，激活内存，让学生真情萌动，喷涌而出，写出的作文才能撼人心魄，感动读者。

②有效追问，还原生活

小学生的作文不具体，大多是没有注意细节描写，这就需要老师通过有效的追问去启发，去唤醒他们丢失的记忆，让记忆逐渐清晰起来，让表达的内容逐步丰富起来。

比如指导“礼物”这篇作文，我是这样启发的：你还记得当时收到的礼物是什么样子的？刚看到礼物时是什么心情？人家送礼物给你，说了什么？这样的启发与追问让学生一步步再现收礼物的情景，便于学生真实地描述情景，真切地表达感受。

指导习作时，不仅教师可以追问，还可以引导学生围绕话题相互追问，把没有说清楚的地方说清楚，把没有说具体的地方说具体。

坚持有效追问，久而久之，学生就会养成自我追问的习惯：我还有什么地方没写明白？哪些地方还可以写得更具体？

学生经历了这样的过程，能深切地感受到习作并不难，写作就是把生活一步步地还原出来。习作就是用笔来反映生活，表达生活。

写作指导坚持让学生“我手写我口”，坚持让学生写对生活的认识与表达，渐渐地，写作才能成为学生生活的一种需要，写作成为指导学生做人的一种手段，

让学生端正生活态度，做一个热爱生活，诚实表达的人。

（二）讲评要帮助学生做自信的人

现在的学生在写作上大都缺乏自信。为什么会这样？先看看当下的习作讲评课堂常常看到的一种场景：教师出示一篇典型习作，组织全班学生开始评头论足，修改一番，从选材到组材，从立意到表达，从语言

到标点……结果一篇习作被改得面目全非，小作者被弄得灰头土脸，习作兴趣荡然无存。这样的讲评课且不说目标不明，最心痛的是把学生伤害得体无完肤，信心丧失。

讲评仅仅是手段，而培养学生才是目的。至于学生在选材、语言、标点、错别字等方面存在的问题，随着学生年龄的增长，阅历的丰富，思维的发展，一切都会迎刃而解。但是写作的兴趣不能扼杀，信心不能丢失，否则无法弥补。

萧伯纳说："有信心的人，可以化渺小为伟大，化平庸为神奇。"讲评学生的习作重在帮助学生建立写作的信心。

1. 寻找读者，付之动力

写作是交流的需要。只有有具体的交流目的、交流对象，写作才有意义。

每一个人都是高贵的存在，每一个人都必须受到尊重。对待儿童的习作要像尊重生命一样给予尊重，珍视儿童的感受，呵护童心，真心地为学生的每一篇习作寻找读者，尽可能地为学生的每一篇习作拥有更多的读者，这是教师在习作讲评时最需要做的事。

当学生完成一篇习作之后，在内心深处最渴望的是得到别人的认可。读者越多，认可程越高，信心就越足。作为教师需要做的事情就是搭建平台，提供机会，让学生的习作"发表"，让他拥有更多的读者，甚至是"粉丝"。

同座位欣赏，小组欣赏，全班欣赏，这是老师在课堂上可以做到的。告诉学生学会从欣赏的角度去品读他人的习作，要竭力在他人作文的字里行间中，用"放大镜"找优点，从"差"中求优，发现一点一滴的进步。不放过写得好的一句话，一个标题，一个好词。让学生明白你在欣赏他人之时，也是别人在认可自己之际。

教师还可以开辟新的平台发表学生的作文，比如建立班级博客、注册个人微信，创立班级习作期刊等，发表学生的作文，让家长、学生都来围观。

读者群一旦建立起来了，扩大了，它就是一把双刃剑。一方面给学生增加压力，教育他做个诚实的人。因为有无数双眼睛在盯着他，督促他习作不能说假大空的话，不能无病呻吟。另一方面也给他增加了写作的信心。因为那么多读者在围观他的作文，在欣赏他的作文，在点赞他的作文，这是一件多么荣幸的事，内心充盈着自豪感和幸福感，这是无穷的习作动力。

2. 尊重感受，呵护童心

儿童的生活一般分为两种：公共生活，即儿童生活在成人世界里，在这样的世界里，儿童处在被动的状态，他们几乎按照成人的要求去生活，亦步亦趋，很少有越雷池半步的；二是独特的生活，即生活在自己的儿童世界里，他们童性毕露，可以放肆游戏，尽情傻笑，无意犯错……

在学生选取习作的素材时，通常情况下教师更多的是要求学生写公共生活的所见所闻，而对于写儿童独有的生活内容常常很少给予机会，甚至是拒绝的，因为这些素材在教师看来是可笑的，幼稚的，毫无意义的。

《语文课程标准》提出：“写作的评价，鼓励表达真情实感，鼓励有创意的表达。”习作的评价要珍视个人的独特感受，倡导个性化写作。不要抹杀学生的个性，只要是符合人性的真、善、美的内容，都应该给予肯定，这才是真正地尊重儿童，把儿童置于人的地位看待。

讲评习作，必须构建写作的安全环境。让学生自然写作，随性表达。教育心理学研究表明，学生的生活和情感是他们作文的原动力。只有情感的自然裸露和心灵的诚挚呼唤，才会使学生有一种强烈的表达欲望，使习作成为学生倾诉心灵，表达快乐与烦忧、期盼与失落的方式，表达自己对生活和人生感悟的一种手段，成为学生生活的一种真实需要。

小学生悦纳自我不是从自身开始的，往往是从老师、家长的认可开始的。老师、家长认可了，自己才认可自己。因而对待学生的习作，教师要有足够的宽容，要从儿童的视角，呵护童心，弥足珍视儿童的独特感受，让他们体会到“我的世界我可以做主”，“我写出的作文是有价值的，老师都认可了！”唯有这样，学生在写作的过程中才会逐步积累信心，树立信心，悦纳自我。

教育不止是为了学生的今天，更是为了学生的未来。习作教学的起点是“立言”，要引导学生观察自然，体验人生，参与生活，认识生活，表达生活；而教学的终点则应指向“立人”，让学生在写作的精神家园里不断发展自我、完善自我、超越自我，做一个关注社会、热爱生活、人格健全的人。

（此文刊载于2015年第6期《语文教学通讯》）

四、让习作指导更简约有效

——五年级习作指导课《礼物》磨课经历

几年前，如果你问我最怕上什么课？我会毫不犹豫地告诉你——习作。如今，如果你问我最想上什么课？我会不假思索地回答你——习作。之所以有这样的转变，不是因为我在这几年的时间里找到什么上习作课的秘诀，而是经过那次磨课，我慢慢找到一点儿教习作的感觉了。

2015年5月，金立义名师工作室与成都5家名师工作室联合开展了一次写作教学专题活动，采用了同课异构的教研方式。我有幸作为南京金立义名师工作室成员赴成都参加本次活动。接到这个任务时，我是既惊喜又忐忑，但更多的是压力。习作公开课是我不敢轻易挑战的。工作室领军人——特级教师金立义看出了我的紧张，笑着安慰我：“别担心，你用心准备吧，我们会全程陪你磨课的。”在金特的支持和鼓励下，我全力以赴地开始了准备。

备课：从儿童立场出发

当时我们拿到的题目是“特别的礼物”，面向五年级学生授课。教学分为指导和讲评两节课，我执教指导课，指导时间仅仅只有30分钟。刚开始备课时，我满脑子想的都是礼物该怎么去写，可以教给学生哪些写作方法来写好礼物等等。

在搜集了一些资料后，我设计了第一篇教案，将写作突破口放在写好心理活动描写上，设计了“内心独白”“展开联想”“借景抒情”等多种心理活动描写方法。教学目标拟定为：学习心理活动描写的方法，将关于礼物的故事写清楚具体。当我信心满满地把教学设计给金特看时，他一针见血地指出：“你的教学设计还是以方法的指导为主，没有跳出常规思维的圈子，只满足了教师的教，却失了学生的写。”见我一脸茫然，金特语重心长地说道：“小学生习作需要指导，这是毋庸置疑的。放任自流，任由学生天马行空，大多数孩子会感到无从下笔。但这节课大量心理活动写法的指导，只展示了教师的教，方法的探究过分塞满了课堂，却没有了学生的立足之地，没有了学生回顾和交流的空间，把学生忽视掉了。这样的作文课是为指导而指导，意义不大。我们备课时首先要清晰教学目标，写作的主体是学生，写作的源泉是生活，习作指导是要引导学生一步一步还原生活，表达自己对生活的感悟，你要站在学生的角度去确立目标，可不能被题目和方法绑架啊！”金特的直言不讳，让我茅塞顿开。是啊，写作的主体是儿童，从来都不是一个个的题目和方法，我不该只备题目，不备学生，重“题”轻“人”啊！

金特的话启迪了我，我尝试站在儿童的立场，关注学生的需求。随后，在金特的指导下，我翻阅《语文课程标准》明确高年段习作的要求，推测学生写作中的难点、兴趣点、盲点在哪里，然后分析五年级学生习作的起始点，再针对“礼物”这个话题，综合考虑，几易其稿，最后终于设计出大体的框架。一共有三个教学板块。第一板块：创设情境送礼物。第二板块：师生对话聊礼物。第三板块：总结要求写礼物。

看到最后设计出来的教案，金特赞许地点点头说：“这次教学设计跳出了教的羁绊，开始关注到学生学的需求了，有进步。板块式的教学，简约清楚，整体性强，符合我们‘简约语文’的风格，这一点很好。三个板块从激发兴趣到引导学生表达，最后梳理总结，教学思路还是比较清晰的。当然，教学设计只是我们的一种设想，是否适切有效还要看具体试教的情况。”我默默地点点头，目标和框架都有了，接下来就看课堂呈现了。

试教：放弃是一种智慧

当一切准备就绪后，我开始第一次试教。我先拿出一个礼盒，让学生猜猜老师带来了什么礼物，然后揭晓答案打开礼盒。果然，学生对此很感兴趣，情绪高涨。我示意他们安静下来，引导他们聊起自己关于礼物的故事，学生们纷纷介绍起自己收到或送出的各种礼物及相关故事。我按照教案上的设计，一个一个环节地往下走。当下课铃声响起时，我的教学任务只完成了三分之二，学生的故事都没有分享完，第三板块还没进行，教学时间明显不够。我的心一下子就慌了，到底是哪里出了问题呢？金特和团队的小伙伴们帮我一点点地分析：你在课堂上要的还是太多。面面俱到，什么都不到，要学会取舍，有时候放弃也是一种智慧。听着金特和小伙伴们的话语，我突然顿悟了：弱水三千，只取一瓢。各个环节不能平均用力，要有所侧重。第一板块和最后板块可以精简，主要精力要放在第二个板块聊礼物上，聊得环节需要优化：一是内容不能泛泛而谈，以“特别”为抓手，引导学生聊聊比较特别的礼物。二是人数不需要太多，重点聚焦一两位学生，通过描述送（收）礼物的故事，勾起更多学生有关“礼物”故事的回忆。三是教学语言要简洁，尤其对学生评价语言力求做到要言不烦，指明到位。听完团队老师们的分析，我在原有板块基础上对各个教学环节进行了优化，并开始我的第二次试教。

在第二次试教的过程中，我将重点放在第二板块，以“特别”为突破口，设计了两个问题：刚才你们收到了老师送的礼物，请你回忆一下，从小到大，你还收到过哪些特别的礼物呢？我们平时除了收礼物，还会送礼物，你有没有送过什么特别的礼物呢？分别挑选了两名学生具体聊聊这份特别的礼物背后的故事。整节课学生回顾交流的时间还是比较充分的，指导过程也把控在30分钟左右。不过我发现学生交流的故事比较平淡，似乎是想到什么说什么，有些故事中的细节和重要的内容没有说出来或者说得不够详细，而且总感觉他们内心真实的、个性化的情感依然是封存的，没有完全表达出来。怎么会这样呢？

金特一下帮我找到了问题的症结：由于写作内容的滞后，学生要写的内容和学生已经历的生活之间产生了一定的间隔性，学生记忆模糊不清，表达出来的内容不细致，和真实的情况肯定有差距。所以，习作指导就是要解决学生的这些困难。指导要能帮助学生唤醒记忆，打开思路，拓展言路。如果能做到这些，学生便能真实地描述情景，真切地表达感受。找到问题的症结，如何对症下药呢？面对我的这一难题，金特指出，习作指导要针对学情，搭建支架，给学生助力。可以从创设情境和有效追问两个角度去考虑。见我不太明白，接着给我进行了细致入微的指导：

第一板块不是创设了一个老师送礼物的情境吗？可以把这个情境再丰富一下，让礼物的揭晓过程多一些波折，那么学生的情感也会多一些真切的体验。以此做铺垫，学生后面描述自己的礼物故事时，也会有意识地表达自己的情感体验。

改进后的教学片段一：创设情境，激发情感体验

上课伊始，我先拿出一个礼盒，让学生猜猜什么礼物；然后请一个学生打开礼盒。礼盒有三层，只能一层一层打开，前两层都是一个一模一样的盒子，最后一层呈现出礼物。学生在揭晓礼物的过程中，心情起伏不断。最后看到礼物，心情也是各异。改进后的这个情境有三个好处：首先调动了学生的兴趣，将目光吸引到“礼物”上。其次激发了学生情感，让学生处在期盼、失望、期盼之中，这是情感的高峰体验，增加了写作动力。最后是帮助学生回忆生活，再现类似场景，便于学生快速从记忆仓库中调取所需材料。

第二板块“聊故事”中学生的表达不具体，原因大多是没有注意细节。金特告诉我：这需要老师或学生通过有效的追问去启发、去唤醒他们因时间而遗忘的记忆，让记忆逐渐清晰起来，表达的内容逐步丰富起来。不妨预设一些启发性的问题。听完金特的点拨，我又将教学设计再次细化。

改进后的教学片段二：有效追问，还原生活细节

学生聊礼物故事时，我预设了一些启发性的问题，比如：你还记得

当时收到的礼物是什么样子的吗？刚看到礼物时是什么心情？人家送礼物给你，说了什么话？这样的追问就让学生一步一步再现收礼物时的情景，便于学生真实地描述情景，真切地表达感受。除了教师追问，我还增加了让学生之间围绕话题相互追问，以此把没有说清楚的地方说清楚，把没有说具体的地方说具体。坚持有效追问，久而久之，学生就会养成自我追问的习惯：我还有什么地方没写明白？哪些地方还可以写得更具体？学生经历了这样的过程后，能深切地感受到写作就是把生活一步一步地还原出来。习作就是用笔来反映生活，表达生活。

课后：为学生的学守好初心

2015 年 5 月 26 日，我奔赴成都，在名师工作室联合写作教学专题活动上，我执教了这节课。课上，我自信从容，学生精神抖擞。他们听得认真、情感丰富、说得生动。课后，得到了听课老师和专家们的充分肯定。回顾之前的磨课经历，我心里真是感慨万千，感谢金特和工作室的小伙伴们始终在我身旁给予细致入微的指导与帮助。这节课，让我在习作教学方面有了三大收获：

1. 清晰定位，从儿童立场出发

习作的主体是儿童，课堂的主人是儿童。教师“教”得再精彩，设计得再精心，学生学不好，也是枉然。习作教学，教师首先要心中有人，站在儿童的立场，对他们已有认知、习作中的兴趣点、难点和盲点等进行综合考虑，从而使学生乐于表达、易于动笔。只有明晰儿童立场，才能走出以教为主的窠臼，真正做到教服务于学，还课堂于学生，让学生真正发生。

2. 优化环节，化繁为简突出重点

课堂教学的时间有限，教学环节的精简优化尤其重要。如果贪多求全，样样都要，其结果就是蜻蜓点水，什么都没有达成。有时候放弃也是一种智慧，有舍才有得。将时间花在刀刃上，重点化解学生切实需要解决的一两个问题，给学生留下点什么，也总比浮光掠影、隔靴搔痒的教学要有效得多。

3. 转变理念，从“立言”迈向“立人”

习作教学的起点是“立言”，引导学生关注生活，用笔来还原生活，用各种语言和写作方法表达对生活的感悟。久而久之，写作才能成为学生生活的一种需要，成为指导学生做人的一种手段，引导学生端正生活态度，最终实现习作“立人”的目标——让学生在写作中不断完善自我，做一个关注生活、热爱生活、诚实表达、人格健全的人。教育不止是为了学生的今天，更是为了学生的未来，从“立言”走向“立人”这是写作教学的诉求与追求，也是立德树人的彰显。

感谢这段磨课经历，磨课即成长。在习作教学之路上，我将坚守初心，为学生的学而教，不断实践探索，寻找习作教学上属于自己的“句子”。

（撰写 / 金立义名师工作室李雯）

（此文刊载于2021年第10期《小学语文教学》）

第二节 习作教学设计

一、《小小“动物园”》教学设计

【教学内容】

统编教材四年级上册第二单元《小小“动物园”》

【教学目标】

1. 把家人和动物联系起来，写出家人和动物相似的地方，突出家人的特点。

2. 在介绍自己家的小小“动物园”时，还需要写写自己在“动物园”的感受。

3. 学会欣赏他人的习作，提高学生评价与批改习作的能力。

【教学过程】

板块一：寻找“动物”

1. 趣味谈话

同学们，我们都知道，要想看动物，就要到动物园去。但是，老师要说其实我们每个家庭都是一个小小的“动物园”，你相信吗？

2. 家人变动物

（1）出示句子：小明家的“动物园”——

我的爷爷很威严，就像一只大老虎；爸爸胖胖的，很憨厚，像一头熊；姐姐游泳特别好，在水里像一条自由自在的鱼。

（2）小明家像一个“动物园”吗？（有……有……有……）

3. 寻找“动物”

你家里有这样的动物吗？请你说一说。

【设计意图：通过谈话，阅读例句，让学生转变意识，转换思维，把家庭想象成“动物园”，家人变成“动物”，既能激趣，又能揭示本次写作的任务。】

板块二：介绍“动物”

1. 家人居然像动物，你觉得哪些地方像呢？

学生交流，讲的可能不全，没有关系，学生之间相互启发。

2. 看图讨论，拓展思路。

讨论：为什么说妈妈像一只绵羊呢？

（发型、吃的食品、性格三个方面都像绵羊）

3. 家人像动物，究竟有哪些方面像呢？

（1）出示片段，学生阅读。

片段1：在我们家，妈妈可是一只母老虎。她虽然没有尖锐的牙齿，也不爱吃肉，但十分“凶猛”。有一次，我没洗澡就上床玩了，爸爸喊了我好几次去洗澡，我都装着没有听见。妈妈知道了，一个箭步冲到我的床前，横眉怒目，一声咆哮：“快去洗澡！”我一下就蔫了，连滚带爬下了床，跑进卫生间。

片段 2：爸爸就不好说了，他有时像一头猪，因为他喜欢睡懒觉，想让他早早起床，妈妈只有去掀开他的被子，他才会不情愿地起来。他有时像一只大象，力气非常强大，旅行时全家行李被爸爸一人承包了。他有时还像熊猫，特别“护崽”。当我犯了错误，妈妈要打我时，他会立刻为我搭出一道人墙，横在我和妈妈之间，我趁机逃掉“一劫”。

（2）读了这两个片段，你觉得家人哪些地方像动物呢？

师适时总结板书：外形、性格、爱好、本领等。

4. 指名学生介绍自家人像什么动物，哪里像。

教师随机评价，让学生从多方面把相似点说清楚，说具体。

【设计意图：习作教学只有打开思路，才能打开言路。通过活动一的学习，学生感觉到了家人的确像动物，但不知道究竟哪里像，所以一时思路还打不开。这个环节，教师采用了多种方法拓展学生的思路，有看图讨论，有片段引领，有学生现场描述，教师相机总结。学生的思路打开了，就能把家人和动物的相似点进行无缝对接，把家人的特点写得清楚、具体了。所以要想打开学生的思路，支架先搭好，路径先铺好。】

板块三：创建“动物园”

1. 家庭是小小的动物园，当然不止一个动物，肯定有很多动物。你家的动物园有哪些动物呢？什么地方像动物？学生根据思维导图进行补充。

2. 组织学生小组内交流。

学生 4 人一小组，交流一下自己的思维导图，其他同学帮他提提建议。

3. 出示要求，学生完成习作。

①要求：你的家人和哪些动物比较像？什么地方像？每天生活在这个“动物园”里，你有什么感受？

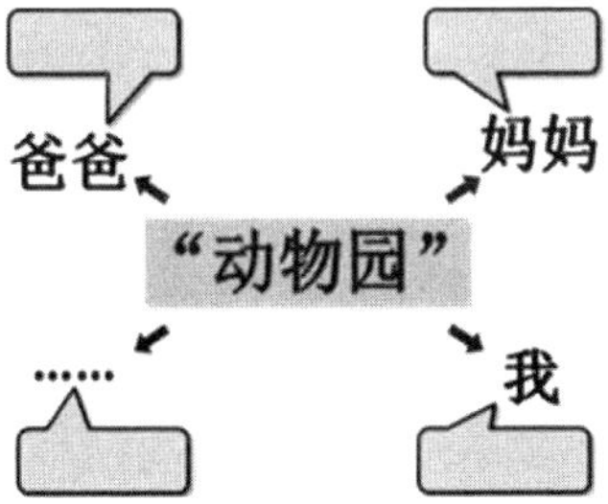

②学生完成习作，教师巡视。

【设计意图：从介绍一个动物到介绍一群动物，家庭小小“动物园”自然诞生了。而“动物园”的创建采用了思维导图的方式，其目的就是帮助学生在作前建构文章的框架，理清写作的思路。从活动一到活动三，教学的设计由易到难，循序渐进，最后水到渠成，达成教学目标。】

板块四：选拔“动物”

1. 四人一小组，小组内交流各自的作文。交流的要求如下：

看看有没有不通顺的句子，家人和动物写得像不像？请同座位给你提出修改的建议。

2. 小组选拔“动物”。

选拔标准：

①选拔一个“动物”

推荐一段话，某个“动物”描写得特别生动、形象。

②选拔一群“动物”

选拔标准	加星	评　价
病句较少，错别字少	★	
家人和动物有相似点	★	
能从不同角度写出家人和动物的相似点	★	
能写出生活在“动物园”里的感受	★	

能得到3-4颗星就可以推荐了。推荐的方式可以是小组推荐，也可以是毛遂自荐。

3. 推送班级网页

（1）每个小组把推荐的片段和文章发送到班级的网页上。

（2）每个同学也可以自我推荐习作发送班级网页上。

（3）老师同时推送两个片段到班级网页上。

片段1：我从来都不会担心上学迟到，因为我有一位会按时打鸣的公鸡奶奶。奶奶每天早上五点五十准时起床，来到每个人的房间门口叫床，清脆的声音犹如公鸡打鸣一般。“六点了，上班的该上班，上学的该上学了”。只要你不起床，这个声音就会没完没了地响彻在你的周围，让你睡意全无。最有意思的是“老虎”（爸爸）有时候恋床，大公鸡在屋里叉腰一站，“老虎”也打蔫了，夹着尾巴出来了，“大蚂蚁”（哥哥）更是爬的比谁都快，赶快出来洗脸刷牙，准备上学。

片段2：我的妈妈像一头“母老虎”，非常凶。有一次，我考得不好，一回到家，妈妈就直盯盯地望着我，眼中闪着寒光，就像一头老虎盯上了一只猎物，她厉声问道：“这次数学考了多少分啊？”我不敢说话，她又问了我一遍，我才支支吾吾地说：“我……我……只考了87分。”“好啊，你这个瘟猪，看我怎么收拾你！”边说边拿着鸡毛掸就冲了过来，只听见“啪啪”两声，我的手上就多了两条红红的印子，疼得我哇哇大叫，要不是“及时雨”婆婆赶来救驾，估计我的屁股也会多几条印记了。

学生围观和跟帖要求：点评这个家人和动物哪里像？小作者是怎么描写的？

【设计意图：让学生选拔动物，就是换种方式让学生学会评价别人的习作。选拔的方式有小组内推荐，也有自我推荐，还有老师推荐。保证了习作具有一定的代表性。习作选拔出来后，发在班级网页上，让学生围观评价，这样的方式新颖别致，保证了人人都能看到，也方便学生跟帖点评，让信息技术和习作教学实现了融合。】

板块五：欣赏“动物”

1. 选出围观和跟帖最多的三个片段，让学生欣赏。

①适时组织学生讨论：

家人什么地方像动物？小作者又是如何描写的？对你有什么启发？

②请小作者发表感言。

你是怎么想的？为什么写得这么生动？

（留心生活，注意积累。）

2. 选出网页上评价最高的两篇文章，让学生欣赏。

①让小作者自己读自己的作文。

②浏览跟帖评价的内容。

③你认为这篇文章里的动物写得好在哪儿？

【设计意图：引导学生从欣赏的角度来评价他人的习作，既是进一步指导本次习作，拓展思路，吸收他人的智慧，同时也是提升学生评价习作的能力，进一步明白如何写好家人和动物之间的相似处。小作者现身发表感言对学生写好作文也具有很大的启发性。】

板块六：回归“动物”

1. 把你写的作文带回家读给家人听一听，请家人评价一下写得像不像。

2. 在家人评价的基础上，自己再修改习作。

（此文刊载于 2020 年第 9 期《七彩语文·教师论坛》）

二、《生活万花筒》教学实录

【教学内容】

统编教材四年级上册第五单元习作《生活万花筒》

【教学目标】

1. 让学生分享彼此成长中的故事，记录生活中印象深刻的事。

2. 按一定的顺序来叙事，注意交代清楚起因、经过、结果。

3. 在叙述事情的重要内容时能注意对人物进行描写，把重点内容写清楚。

【教学实录】

第一板块：走进生活万花筒

师：中国古语说“有朋自远方来，不亦乐乎”，今天能和咱班的孩子一起上课，老师非常开心。现在我要送一份礼物给大家。（出示表情图）看到这幅图，你想到了什么词？或者是什么事情？

生：从第一幅图我想到了开心，笑是因为得到了满足而高兴。

师：你说出了词，还讲出了原因。

生：第二幅图是很生气的表情。

师：“很”代表了生气的程度。有什么让你生气的事情吗？

生：那次，我和一个同学约好星期天去小区踢球，左等他不来，右等他不来，打电话给他，他居然说忘了，我很生气。

生：第一、第二幅图放在一起让我想到了“悲喜交加”这个词。

师：你是个会整体考虑问题的孩子。

生：看了四幅图，我想到了“喜怒哀乐”。

师：对呀，这四幅表情图表现了喜怒哀乐，而喜怒哀乐构成了我们多彩的生活，多彩的生活背后蕴藏着许多故事。这些故事有你的，有我的。今天，我们就来分享多彩的生活故事。

【板书课题：习作：生活万花筒】

师：你知道为什么称生活为“万花筒”？

生：因为它多姿多彩。

生：就像老师刚刚给咱们分享的表情图一样，生活中有许多心情故事。

生：因为生活像一个神奇的盒子，你永远不知道下一秒会发生什么事。

师：孩子们，你们说得真好！让我忍不住想奖励你们——和你们分享一个我生活万花筒中的故事，这个故事让我记忆犹新，终身难忘，想听吗？

生：特别想！（异口同声，激动）

第二板块：打开我的生活万花筒

师：周老师和你们一样大的时候，每到周末，就光想着玩。这不，又一个周末来临了，我痛痛快快地玩了两天，把老师布置的小作文早已抛到九霄云外了。星期一早上，我兴冲冲地走进教室，一只脚刚迈进教室的门，就听见组长喊我：“周周！”“哎！啥事儿？”我笑眯眯地回答。“交作文本！”“啊？”（生大笑）

师：你们笑什么啊？

生：你惨了。

师：你一定猜到我当时内心的感受了，能帮我描述一下吗？

生：你当时一定很慌张。“完蛋了，完蛋了，只顾着玩把作文忘记了，现在该怎么办呀？”

生：我猜想你当时一定很紧张。小组长催交作业的声音如同晴天霹雳，脑袋“轰”的一下要炸了。

师：这个句子讲得好！完美地诠释了我当时的心情。为你鼓掌！（生鼓掌）

生：你当时一定在绞尽脑汁想办法，不能坐以待毙啊！千万不能让老师知道。

师：你真是我的知己！我当时眉头一皱，计上心来。组长是我的好朋友，于是我亲热地走上前拉着她的手，说起了我周末玩的游戏……

师：我边说边比画，声情并茂，那描绘的，叫一个精彩！说着说着，组长也按捺不住把作文本放在了桌上，追着我屁股后面问“后来怎么样啦？”（生笑）

师：你们又笑什么？

生：你的“计谋”成功啦！

生：你肯定非常得意，心想，瞧瞧我多厉害，三言两语就把组长搞定了！耶！顺利过关！

师：你太懂我了，简直就是当时的我。可是，我的心理除了你们说的高兴之外，还有一种情绪，你能想到是什么吗？

生：紧张。万一组长想起我的作业怎么办呢？

师：（和该生击掌）真是人生知己！就在我怀着这份忐忑不安的心情继续聊着的时候，天助我也！上课铃响了！我当时那个开心啊，简直无法用语言形容。我手舞足蹈地蹦回自己的座位。但是——（故作神秘，拖长语调）

生：（好奇，伸长脖子）然后呢？

师：（叹气）唉，凡事最怕有个“但是”。老师进来了，他说，今天语文课我们来评讲上周末写的小作文。现在请几个同学把自己写的作文读给大家听听。周周同学，你先来吧。

（生再次哄堂大笑）

生：哪壶不开提哪壶！你太倒霉了！

师：（无奈，摊手）老师一个劲儿地催我：“周周，你怎么不动啊？”你们说我该怎么站起来？在老师和同学的注视中，我缓慢地站起来说：“我……我……我作文……忘带了……”当时真想有个地缝好钻进去。我的脑海里想到一个词语——滥竽充数，终于体会到南郭先生落荒而逃的心情了。我暗暗下决心：今后再也不能干这种事了，太丢人了。我的故事讲完了。

（生鼓掌）

师：孩子们，我这个故事之所以吸引你们，知道为什么吗？

生：你一直在描述你当时的心理活动，让我们身临其境，仿佛看到了你当时的处境。

师：是的，你听得很仔细。因为我一直在抓住“心理”在刻画，所有你们才听得这么津津有味。（板贴：心理描写）

师：我小时候的生活还有其他故事，你能尝试帮我讲讲吗？（PPT 出示图片）

生 1：我想讲讲第一幅图。运动场上，100 米短跑比赛即将开始，5

名小运动员精神饱满地站在起跑线上。随着裁判员一声令下，5名运动员犹如一只只勇猛的小老虎，飞快地向前方冲去。被称为“飞毛腿”的周周同学像一支离弦的箭，一眨眼工夫便把其他队员甩在了后面。“冲刺！冲刺！”“快啊！快啊！”啦啦队员们喊得更起劲儿了。这时，周周同学一挺胸，一下子就冲过了终点。顿时，运动场上响起了一片欢呼声。

师：谁来评一评他讲得怎么样？

生：他描写了周周同学的动作，让我们仿佛置身在100米决赛精彩的现场。

师：你也是会听的孩子，发现了他抓住了人物的动作来描写的。（师板书：动作描写）还有谁想讲？

生2：今天晚上，妈妈做了一桌丰盛可口的饭菜。爸爸拿起筷子尝了一口，说：“嗯，真香！”我也赶紧尝了一口，说：“不仅看着香，吃着更香呢！”妈妈听了，笑着说：“快吃吧！都饿坏了吧！”妹妹在一旁急得直叫：“妈妈，妈妈，我也要吃嘛！”妈妈连忙给妹妹夹了一块无刺的鱼，说：“来，吃吧，怎么能少了我们家小宝贝呢！”就这样，我们吃着，说着，笑着……

生：饭菜可口是通过全家人所说的话来体现的。（师板书：语言描写）

师：咱班的孩子真厉害，不仅会说，更会评！孩子们，一件事总有发生的过程，过程中总有一些重要的内容，这些内容要写具体，才能表达清楚。怎么写具体呢？就是要抓住人物的语言、动作、神态等，进行细致刻画，让人物栩栩如生，让事情清清楚楚，给读者一种身临其境的感觉。

师：我还给刚才讲的故事，起了一个好听的名字《做了一回“南郭先生”》。你觉得这个题目怎么样？

生1：我觉得这个题目很好，一看这个题目就很想知道是个什么样的故事。

生2：这个题目很好玩，比较有新意。

师：是呀，孩子们，我们的故事不仅要讲得清楚，还要给它配上有意思的名字，这样才能引人入胜。

第三板块：描摹你的生活万花筒

师：孩子们，听了我的故事，是不是也勾起了你的回忆？在你的生活中有哪件印象深刻的事或故事要和大家分享呢？来，每人思考一分钟，先把题目想好，能不能用个新颖有趣的题目先引发大家的兴趣呢？

生 1：《厨神大赛》。

生 2：《飞毛腿断腿记》。

生 3：《小霸王学包粽子》。

师：孩子们，三个同学说的题目你感兴趣吗？

生：我觉得这些题目特别有意思，很喜欢，很想读具体的内容。

师：是的呀，连我都特别感兴趣呢！真的期待这些小朋友写的故事。孩子们，一件事或一个故事仅仅有过程，就行了吗？

生：不行。我们还要向别人交代故事发生的时间、地点、起因、结果等等。

师：是的，就是咱们平常经常说的写事文章的六要素，叙事有了六要素，事情就有了一定的顺序，自然就条理清晰，一目了然了。（板书：按顺序写）

现在，每个同学想一想，你的故事起因、经过和结果是什么样的，把书上表格填好，等会交流。

（生自主填写）

生 1：我想写的是《买吊床》，事情的起因是自己一直想有个吊床，然后到庙会上去买，问了好几家，价格高，钱不够，爸爸告诉我等庙会快要结束的时候再去买，一定能买到，等到庙会快结束了的时候，我发现商家开始大甩卖，我不仅买到了吊床，而且还省了一块钱。

生 2：我讲的故事是《孵小鸡》，故事的起因是小时候，我看到别人家的老母鸡带着一群小鸡在嬉戏，很是羡慕，再看看自己家的老母鸡整天只知道吃，也不会生蛋，更不会孵小鸡，于是我准备教它孵小鸡。我找来了脸盘，鸡蛋，还有板凳，把老母鸡压在盆里，让它孵小鸡，我坐在板凳上遐想如何成为养鸡专业户的老板，结果老母鸡找准机会，逃之夭夭，脸盆翻了，蛋也打了，我空欢喜一场。

师：刚才几位同学，围绕事情的发展顺序，把事情的来龙去脉说得很清楚。现在请同学们看清本次习作要求，动笔写自己的故事吧。

师出示习作要求：

选择一件印象深刻的事情（故事），按照一定的顺序把事情写清楚，重点部分写具体，注意对人物进行描写。

第四板块：我的习作，请你来评

师：孩子们，咱们一起来评价一下你们写的作文吧！你觉得哪些是我们评价的标准呢?

生：能注意到叙述的顺序，把事情的前因后果，来龙去脉写得很清楚。

生：对事件中的人物，特别是主要人物，当时是“怎么说的”“怎么做的”，又是“怎么想的”，描写得很具体。

生：我补充这个同学说的，也就是抓住了人物的语言、神态、动作、心理活动，进行了细致的描写，写得很逼真。

生：能尝试使用已学过的优美词句，让语言更加生动。

生：我还要说一点，就是题目要能吸引人，题目给人一亮的感觉。

生：书写很也重要，要工整，标点使用正确。

生：我觉得语句要通顺，错别字要少。

师：孩子们，你们说得真好！老师根据同学们的发言，把几条重要的评价标准概括如下：

1. 能按照一定的顺序来写，把事情叙述得很清楚。（30 分）

2. 能把重点部分写具体，注意到对人物的语言、动作、心理和神态进行了描写。（20 分）

3. 题目有一定的引力，让人读题就想知道究竟发生了什么事。（10 分）

4. 语句通顺，错别字少。（20 分）

5. 书写工整，标点使用正确。（20 分）

那现在我们一起来评一评下面这篇作文吧。

第一次捉鱼

每当想起第一次捉鱼时的情景，我都会感到无限欢欣和愉悦。

那是暑假中的一天，我和几个小伙伴一块到河边乘凉。我们坐在河边，正感到无比的凉快、舒服时，一群鱼游了过来。它们摇头摆尾，快活极了，时而追逐嬉戏，时而寻觅食物，时而又呆立不动，要不就慢慢游着，还淘气地吐着水泡，真有趣。于是我走到河边，招呼伙伴们来捉鱼。

我挽起袖子，迫不及待地下手就抓，因为没有经验，手刚一伸，小鱼就跑了。鱼还没捉到，水却溅起老高，弄了我一脸。这还不说，由于重心靠前，我的两只手深深地插到泥巴里去了。拿出水面一看，两只大黑爪不露一点肉色。我又好气又好笑，无可奈何地去找新的鱼群。

我沿着河边向前走，发现了一个新目标。嘿！这是条又肥又大的草鱼，看着真惹人馋。这回我吸取了教训，没有急于下手。我蹑手蹑脚地走到鱼群旁，轻轻地把手伸到水里去捉。姜还是老的辣，这条大鱼可真精，尾巴一摆，“嗖”的一下脱离了“危险区”。虽然它跑了，可我并不甘心，接着又是猛地一捉，因为用力过猛，一下子扑到水里去了。嘴里一喊“哎呀！”河里翻上来的脏水就涌进嘴里。岸上的小伙伴们看我这狼狈样，笑得前仰后合。就在这时，我脚下踩到一个软乎乎的东西。我猜想：是钱包，还是大包袱？鱼没捉到，却有意外的收获。我喜出望外，把它捞出水面。小伙伴们笑得直打滚，原来是只破皮鞋。我也忍不住大笑起来。

第一次摸鱼，记忆犹新，忍俊不禁。

师：孩子们，我们评价同学作文的时候，应该尽可能用欣赏的眼光去评价。当然，对于作文的不足，也可以提出好的建议来。千万不要全盘否定他人的作文。现在就开始发表你的意见吧。

生 1：我觉得他的文章可以拿 99 分。每个方面都做的很好。

师：那为什么还要扣一分？

生 1：不扣一分，怕他骄傲。（生大笑）

生 2：这篇文章虽然采用了倒叙的手法来写的，但是事情的来龙去脉说得很清楚，我给它打 100 分。

生 3：这篇文章最精彩的是两次捉鱼的过程。作者重点描写了捉鱼时的动作、神态和心理活动，让人觉得捉鱼的过程很紧张，也很有趣味性。我给这篇作文打 110 分。

生 4：我觉得这篇文章的题目可以再考虑一下，比如叫《捉鱼记》等，所以我给他 95 分。

师总评：

本文叙述了第一次捉鱼的经历。开头采用了倒叙的手法来写，有悬念，事情的来龙去脉叙述得很清楚。最精彩的是两次捉鱼的过程，虽然都以失败而告终，但是过程充满了乐趣。小作者抓住了自己捉鱼时笨拙的动作，狼狈的神态，可笑的心理进行了细致的描写，让人读后忍俊不禁。

师：孩子们，“文章不厌百回改”，对照标准要求，再把你的文章修改修改，老师期待看到你们的大作！

【点评】

习作要回归儿童的“万花筒”

生活是写作不竭的源泉。习作的内容要直面生活，贴近学生实际，回归儿童生活的“万花筒”，让学生易于动笔，乐于表达。要让学生能深切地感受到习作并不难，写作就是把生活一步步地还原出来，习作就是用笔来反映生活，表达自己对生活的真实感悟，最终实现习作的育人目标——教育学生要关注生活、热爱生活、留心生活，表达真情实感，学做真人。

周静老师执教的这节课，正是体现了这样的教学理念。

一、走进“万花筒”

刘勰说：“夫缀文者情动而辞发，观文者披文以入情，沿波讨源，虽幽必显。”心理学研究表明，情绪是智慧的高级组织者，情绪、情感对习作活动具有明显的诱发和推动作用。赞可夫曾这样说：“只有在学生情绪高涨，不断要求向上，想把自己独有的想法表达出来的气氛下，才能产生出使儿童的作文丰富多彩的那些思想、感情和词语。”

上课开始之际，首先要把学生的情绪调动起来，这是关键，也是智慧。课始，周老师四幅表情图的呈现，一下子点燃了学生的热情，把学生带进了生活的画卷之中，让学生感受到生活就是一个“万花筒”，多姿多彩，有滋有味，学生的话匣子被打开了。面对表情图有的想到了词语，有的想到了事情，话题和生活实现了无缝对接。

二、打开“万花筒”

现在的小学生生活其实是很丰富的，但是一到写作的时候，脑中就没有了日常生活中触动他们情感的那些生活表象，似乎缺乏写作的素材。其实不然，学生缺少的不是生活积累，而是缺少唤醒记忆与积累的有效方法。

作为教师要千方百计地想出妙计，“引爆”学生的生活，让那些触动他们情思的生活积累萌发涌动起来，撞击学生的胸膛，打开他们的话匣子，让话语像洪水一样倾泻而出。

周老师在本节课中用的法子很高明，她声情并茂地讲述了自己由于贪玩忘了写作文的囧事，幽默的语言、诱人的悬念、精彩的互动……妙趣横生，激发了学生的好奇心和想象力，让他们思维活跃了，情思触动了，生活唤醒了，“万花筒”被打开了，为后期学生轻松提取到习作的素材做了铺垫。

学生听完故事，周老师还领着学生寻找故事有趣的原因。在寻找中，学生探寻到了写好事情的秘诀：要注意对人物的动作、语言、心理进行描写；给故事起一个有悬念的名字。这样的写作知识教得很技巧，是自然点化与渗透，不是强灌。

三、描摹“万花筒”

小学生的习作应该从儿童的视角出发，去描绘童真童趣的世界，用自己的笔去记录五彩缤纷的童年生活，在生动的现实生活中去寻找美，发掘美，记录美，让其他的孩子和成年人分享自己的喜、怒、哀、乐。

在第三板块，周老师让学生依据自己选择的事情，写出事情发生的起因、经过、结果，确定写作的顺序，这样做最大的好处就是在作前理清了思路，把事情的来龙去脉说得清清楚楚，让习作有了条理性，实现了本次习作的重点目标“按一定顺序把事情写清楚”。

从后期学生交流的情况来看，学生的思路是清晰的，不仅把自己的故事叙述得清清楚楚，而且也注意到了重点部分，把人物很多细节作了描述，这和周老师前面提炼出的写作技巧是匹配的，是呼应的。

学生之所以把自己的生活描述得这样清楚，一方面得益于老师的指导，另一方面是写作的内容是指向学生生活的，学生有话可说，有情可抒。也正应验了叶圣陶先生所说的：“要写出诚实的，自己的话，空口念着是没有用的，应该去寻找到它的源头，有了源头才会不息地倾注出真实的水来。”

四、欣赏“万花筒”

苏霍姆林斯基说：“老师要像对待荷叶上的露珠一样，小心翼翼地呵护每个孩子的心灵。”冰心说：“要让孩子像野花一样自然美丽。”茅盾先生曾经说过：“幼稚粗拙是壮健美妙的前奏曲。”三位大师的话带给我们的启示是：习作讲评教师要呵护童心、童言、童真、童趣。

心理学家指出：一个人只要体验一次成功的欢乐，就会激起继续奋斗的情趣。因此作文的讲评要多赏识，多鼓励。重在兴趣的培养，因为兴趣是最好的老师；重在信心的提升，因为信心是写作的动力。

学生辛辛苦苦地完成一篇习作，很是弥足珍贵，在他们的内心深处，渴望得到别人的认可、欣赏，教师要满足学生的这种心理。必须让学生的作文有更多的倾听者、欣赏者，让学生得到情感满足，积蓄力量，练好习作。

周老师组织学生讨论了本次习作评价的五个标准，然后让学生按照这样的标准给学生亮分。在学生评价之前，周老师还给学生做了提醒，尽可能带着欣赏的眼光去评价同学的作文。这个提醒给评价定了调，真正发挥了评价的正能量。

果然学生的评价导向非常好！从长处去欣赏他人的习作，并没有吹毛求疵，都给出了高分，这样做最大的好处就是给写作者信心和勇气，为下次的写作积蓄能量，写出更好的作文来。

学生的潜能就像空气一样，给他多大的空间，他就有多大的发展空间，宽容每个学生的个性，给学生心灵以充分的自由，才能让学生在习作中展示独一无二的“自我”，用童心童言去写童趣童真，找回儿童习作应有的本色，努力实现学生习作的“原生态”。因此，老师要善待学生的习作，呵护学生的习作，珍视学生的习作。

（执教 / 金立义名师工作室周静　评析 / 金立义）

（此文刊载于 2021 年第 10 期《小学语文教学》）

三、《记一次游戏》教学设计

【教学内容】

统编教材四年级上册第六单元《记一次游戏》

【教学目标】

1. 鼓励学生在游戏中按先后顺序，细致观察，进行个性化体验。

2. 把游戏过程写清楚，写出自己的真情实感。

3. 用修改符号改正习作中的错别字和不通顺的句子，并在交流中进一步修改、完善自己的习作。

【教学过程】

板块一：激趣导入，明白规则

1. 同学们，平时你们最喜欢玩什么游戏呢？

2. 生交流。

3. 课余生活中，丰富多彩的游戏带给了我们许多快乐。今天，我们在课堂上就来玩“击鼓传花”的游戏，好不好？

4. 谁能说一说，玩游戏前，我们需要注意些什么？（板书：游戏前）

5. 是的，游戏前，我们首先要明确游戏的规则。谁来读一读游戏的规则？（板书：游戏规则）

鼓声响起，“花”按座位的先后顺序依次传开；鼓声停止，拿到“花”的“幸运儿”上台完成纸条上指定的任务。

6. 游戏即将开始，老师做“鼓手”，“花”要开始传了，所有同学各就各位。（停顿）老师来采访一下：你现在心情如何？（紧张、担心、期待）

7. 看来，大家怀着不同的心情，等待着游戏的开始。

【评析：小学生在习作中，常因无话可说而产生畏难心理，并逐渐淡化对习作的兴趣。游戏是小学生喜闻乐见的活动形式，在习作教学中组织游戏，寓教于乐，可以大大提高其学习兴趣，从而提高习作教学的实效性。在学生明确游戏规则的基础上，教师营造紧张的气氛，请学生交流游戏前的心情，吊起了学生的胃口，为游戏热身，为后续指导习作关注心情变化埋下伏笔。】

板块二：参与游戏，感受乐趣

（一）一轮游戏，体验心情

1. 开展第一轮“击鼓传花”的游戏。观察重点：体验自己心情的变化。

2. 第一轮游戏结束，老师想来采访一下几个同学：在传花的过程中，花还没到你手里时，你的心情如何？当花传给别人后，你又是怎样的心情？（生交流心情变化）

3. 下面，让我们掌声有请“幸运儿”上台。采访首位“幸运儿”：恭喜你成为首位“幸运儿”！即将开启第一个“任务单”，此刻，你是怎样的心情？猜一猜，是什么任务？（可能要表演节目，我很紧张，我不会唱歌，唱歌会吓倒同学的。）

4. 请首位“幸运儿”开启“任务单一”，念出其中的任务。

获得奖励：得到“花”的同学将获得精美笔记本一本。

5. 采访“幸运儿”：这样的任务，跟你预想的一样吗？此时，你有什么获奖感言想对大家说？

6. 小结：同学们，刚才传花游戏中，每个人都随着鼓声的起伏，体验到了不同的心情变化：或紧张、或害怕、或激动、或遗憾……（板书：游戏中 心情）

【评析：习作中如何写好心情的变化是难点。学生在实际写作中，很难写出游戏过程中心境细微的变化。原因是学生在玩游戏时，缺少用心体验。教师在游戏中通过一系列有针对性的采访，就是引导学生关注自己心理活动的变化，写作时方能表达自己的真实情感。无论是“幸运儿”的“害怕”到“惊喜”，还是其他同学的“紧张”到“遗憾”，所有同学都在用心体会心情的变化，情感的释放。】

（二）二轮游戏，关注细节

1. 下面，我们进行第二轮“击鼓传花”的游戏（请首位“幸运儿”做鼓手）。

2. 让我们用掌声有请第二轮的“幸运儿”上台。老师想问问你：此刻你的心情怎样？

3. 第二个“任务”究竟是什么呢？请你读一读“任务单二”吧！

出示“任务单二”的内容：

“模仿秀”表演：请模仿大猩猩走路。

4. 采访第二位“幸运儿”：接到这样的任务，你有何感言？

5. 下面，老师为“幸运儿”配乐，其他同学仔细欣赏，观察重点：注意他的动作和表情。（音乐响起，学生表演）

6. 老师看到许多同学笑得前仰后合，看来这段表演得到了大家的认可。老师想问问你们：他的表演给你印象比较深的是什么？

7. 生交流印象深刻的场景。

8. 可能有的同学还意犹未尽，别急，老师将刚才的“模仿秀”用手机录制了下来，我们一起再来回看一遍吧，注意捕捉精彩的场景。

9. 这么精彩的“模仿秀”令人意犹未尽，谁愿意做解说员，给这段表演配上一段解说词呢？（学生结合视频，进行解说）

师相机点评：引导学生抓住表演者的动作、表情和语言等细节进行解说。

10. 小结：同学们，游戏的过程中，除了体验自己独有的心情外，如果我们能善于用眼去看，用耳去听（板书：所观 所闻），留心参与者的动作、表情、语言（板书：动作 表情 语言），也能给我们带来意想不到的乐趣和收获。

【评析：游戏习作课不是活动课，学生不应只是玩玩，而应在游戏中积累习作素材。可学生往往会陷入玩时很开心，写时无话说的窘境。这与学生不善于捕捉稍纵即逝的画面、人物活动的细节等有关。因此在第二轮游戏之前，老师特别强调学生要注意对表演者的动作和表情进行观察。观察有了目标，说与写就有了内容与细节。此时教师借助“看视频、配解说词”这一任务，重现鲜活、精彩的画面，再进行适时评价，学生对表演者的动作、表情、语言等细节的描述就具体化了，教学在无痕之中，学生学会了观察，学会了细致的描写。】

（三）三轮游戏，结合“点”“面”

1. 老师发现很多同学还意犹未尽，下面，我们进行最后一次游戏。看一看，这一次又“花”落谁家呢？（请第二位“幸运儿”做鼓手）

2. 欢迎第三位“幸运儿”上台，读出“任务单三”上的内容。

我演你猜：根据词语的意思进行表演，全班猜，猜中者与表演者均有奖；若无人猜不中，表演者唱一首歌。

3. 第三位“幸运儿”根据词语意思进行表演，观察重点：幸运者的表演动作与表情，观众的反应。

4. 表演者表演哪个词语的场景给你印象深刻？他的表演让你当时联想到了什么？

（板书：所思　所想）。

5. 猜词的过程中，观众们又有怎样的反应？

6. 小结：同学们在交流时，既有对表演者这一“个体”动作、表情等方面的介绍（板书：个体），又有对现场观众这一“群体”的介绍（板书：群体），这样个体与群体结合（板书：结合）起来，让没有参与游戏的人，看了都感受到了游戏的精彩、有趣！

【评析：每个人在活动中的体验与感受不尽相同，“文如其人，言为心声”，习作正是学生心灵感受的自我表达。教师在指导习作时，要从学生的实际出发，尊重学生自身的不同体验与感觉，允许多元化的观察、感悟，鼓励学生自由表达，写出富有个性的习作。此环节，教师除了提醒学生观察表演者的动作、表情、语言等细节，还鼓励学生在观察中展开联想，揣摩内心活动，同时引导学生从不同的视角观察参与者，做到点面结合，拓展思维的广阔性。】

板块三：回顾游戏，学生写作

1. 同学们，今天的“击鼓传花”游戏到此结束。这三轮游戏中，哪轮游戏给你留下了深刻的印象？为什么？

2. 生选择一轮游戏，交流其中印象深刻的地方。

3. 游戏结束了（板书：游戏后），大家有什么想法或感受想与我们分享呢？（板书：想法 感受）

4. 师结合板书，引导学生总结、提炼写作要点：

①游戏前，写明游戏规则，或者做过哪些准备？

②游戏中，注意描写自己独特的心情变化；结合自己的所观、所闻、所思、所想，抓住人物动作、表情、语言等进行细节描写；尝试运用个体与整体相结合的方法描写游戏场面。

③游戏后，可以写写自己的想法或感受。

5. 现在请同学们动笔写写今天玩的游戏，也可以写一写自己曾经玩过的一个游戏，按玩游戏的顺序写清楚游戏，注意写写自己当时的心情，表达真情实感。

6. 学生写作，教师巡视。

【评析：写作是自由化表达，个性化表达，在学生具体写什么时，老师把选择权下放给了学生，可以写课上玩的游戏，也可以写以往玩的游戏。学生选材的空间大了，易于动笔，乐于表达。但是万变不离其宗，本课的写作要点学生边玩边学会了，在写作时会尝试运用，教学目标自然实现。】

板块四：多元评改，展示交流

1. 出示要求，自主修改。

读一读自己的习作，用修改符号改正其中的错别字和不通顺的句子。

2. 同伴互评，依据评价标准给同伴的习作打“★”。

评价标准：

① 语句较通顺，没有或很少有错别字。给★

② 能按照游戏前、游戏中、游戏后三部分完整写出游戏过程。再给★★

③能抓住游戏者的动作、表情、语言等，将游戏中印象最深的场景写具体，还注意到了自己当时心情的描写。再给★★★

3. 同伴交流建议，学生根据建议有二次修改自己的习作。

4. 选择两个精彩的片段，让学生欣赏评价。重点评价如何把印象最深的场景写具体，如何描写自己心情的变化。

5. 选一篇结构完整的习作，全班交流，组织学生评价如何写清楚游戏。

【评析：写作评价要依据教学目标，重视引导学生在自我修改和相互评改的过程中提升表达能力。四年级的学生自我修改能力有限，依托星级评价，可激发学生习作的兴趣，珍视学生的习作结果，增强写作的动力。习作的评价要唤醒学生的主体意识，树立写作者的信心，这是写作教学的第一要义。】

板块五：自由拟题，体现感受

1. 俗话说“好题文一半”，你的习作题目是什么？你是怎么想到这个题目的？

2. 全班交流，思辨题目：你们认为哪个题目好呢？说说理由。

3. 本次习作的题目可以用游戏的名字，也可以用自己的感受来命题，想想自己作文的题目，看看有什么需要修改的。

4. 出示写作方法小结，学生齐读：

游戏作文有顺序，

印象深刻写具体，

动作表情才有趣，

题目确立有新意，

表达感受求真情。

（设计 / 金立义名师工作室李妙然　评析 / 金立义）

（此文刊载于 2020 年第 8 期《小学语文教学》）

四、《游______________》教学设计

【教学内容】

统编语文教材四年级下册《游___________》

【教学目标】

1. 学习在写作之前，编写游记提纲。

2. 按一定顺序把游览中的所见所闻写清楚，注意各部分之间的过渡。

3. 品读例文，学习把印象或感受深刻的重要景物如何写生动具体。

4. 学会评价他人的习作，进一步感悟写游记的要领。

【教学流程】

第一板块：温故知新说游记

一、谈话导入，了解难点

师：今天和大家聊聊难忘的一次出游。用“时间 + 和谁一起 + 地点”的句式简单介绍一次出游经历。

生：去年暑假，爸爸妈妈带我去了杭州西湖。

生：今年过年，我和好朋友去了一次香港。

师：把出游的具体经历写下来，就是“记录旅行见闻”的游记。写游记你觉得自己还有什么问题？小组内先讨论，提出自己的问题，把不能解决的记录下来。

生交流，师汇总展示。

师：老师梳理了大家的问题，主要是以下三个方面——

①不知道按什么顺序写游记，条理不清晰。

②容易写成“流水账”，没有突出的景点介绍。

③不知道如何确定重点景物。

师：这节课我们一起向课文学习，研究游记的写法，寻找解决问题的方法。

二、回顾课文，寻找方法

师：本单元有两篇大师级作家的游记，巴金的《海上日出》和叶圣陶的《记金华的双龙洞》。（出示表格）我们来回忆下课文，小组合作完成表格。

篇目	写作顺序	重点内容	是否解决了你的写作困难
《海上日出》			
《记金华的双龙洞》			

师：从这两篇课文中，你知道了写游记有哪些顺序？

生：写游记的顺序可以是空间转换，也可以是时间变化，这样文章就有线索了。

师：写游记有顺序，可以让文章条理清晰，这就叫“观之有序，言之有序。” 课文中作家所用的“移步换景”就是游览顺序在变化。游记写作要遵循的第一个要领就是“一条线索”。

生：《记金华的双龙洞》作者去了好几个地方，但详写的是外洞和内洞之间的孔隙，让我们知道了空隙的特点。

师：真了不起！游览胜地往往有许多景点，写作时要学会选材，作出取舍安排，有详有略，重点突出，才能给读者留下深刻印象。这是第二个要领“一处重点”。

师：那如何确定重点景物呢？

生：最有特点的景物。

生：自己最喜欢的景物。

生：印象最深刻的景点。

师：说的都对！旅游是快乐的，参观过程中的一切都是新鲜有趣的，围绕什么来安排写作的重点呢？这就不得不提到写作的第三个技巧“一种情感”。这种情感就藏在文字之中的。或表达喜爱之情，或抒发赞叹之情……有情感的文字，读起来也更有温度。

师：一起来复习一下游记写作要做到的“三个一”：

（师板书，生跟读）一条线索，一处重点，一种情感

师：遵循这样的方法，咱们来编写游记的写作提纲。

第二板块：七嘴八舌话游记

师：请同学们根据提示完成写作提纲。再和小组内的同伴交流一下。

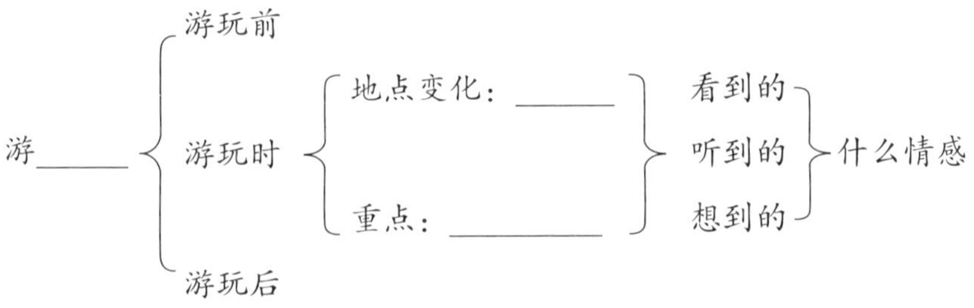

生：完成提纲，先小组内交流，再全班交流。

师：自己确定的重点景物要详细描写，抒发出自己的真情实感，那其他景物是不是可以不写啦？

生：不对！要有详有略，可以略写。

师：对的，游览的过程当然是重点，但参观前和参观后的一些内容不是不要，而是次要的，可以简单带过，这样才是一篇完整的游记。

第三板块：火眼金睛评游记

师：如果把一篇游记比喻成一个人，提纲是它的躯干和四肢，那么想要把这些部分连接起来让人自如的活动，就得需要“关节”。请大家再默读两篇例文《颐和园》和《七月的天山》，尤其注意旁边的“学习提示”，想一想什么是连接游览过程的“关节”。

生：我发现《颐和园》里“走完长廊，就来到了万寿山脚下”这样的句子过渡很自然，作者像个导游一样，领着读者移步换景，看完了全部的景色。

师：《七月的天山》里有没有类似这样的过渡？

生：有！“进入天山——再往里走——走进天山深处”，这几句也是起过渡作用的。

师：真是火眼金睛！游记不同段落之间都有起过渡作用的词句，这些词句让文章更加完整、连贯、顺畅。这些让游记“四肢”灵活自如的重要关节叫过渡句。所以写好游记的最后一个技巧：“一个过渡”。（板书）

老师把写游记的要领编成了一个小口诀，大家一起读读——

游记歌

游记并不难，生活是源泉。

一条顺序线，变化交代清，

一处重点景，独特趣无限，

一片真情注，抒发喜乐见，

几个过渡句，转换求自然。

师：对照小口诀，我们再到两篇例文中寻找同学们最困惑问题的答案：怎样才能解决“单调不生动”的问题呢？那大家快速浏览一下两篇例文，找一找作者重点描写的是什么？

生：《颐和园》在四、五两个自然段，重点描写了昆明湖。《七月的天山》在第四自然段，写的是野花。

生：同意，我还发现这两处重点描写都是围绕“美丽”写的，作者的语言也都很美丽。

师：那就请大家再仔细阅读这几个段落，分别把你认为作者写的最美丽的句子划下来，再品读品读，和小组成员再讨论讨论，作者是如何把景点写具体生动的？

生：我划的是《颐和园》里的句子：“昆明湖静得像一面镜子，绿得像一块碧玉。游船、画舫在湖面慢慢地滑过，几乎不留一点儿痕迹。”把湖面比喻成镜子很常见，比喻成“碧玉”的不多，既有形状的相似，也有颜色的相似，十分贴切。

师：为你们小组的发现点赞。要把景物写具体形象，第一把“金钥匙”就是“善于联想”。写景物不仅要具体描写它的形状、颜色、味道等，还要展开想象，把由景物联想到的内容也写出来，虚实结合，景物就具体生动了。

生：老师，我们小组对这句话也有话说。句子中的“滑”字用的太绝了。讨论的时候我们还争议了一下，为什么是“滑”而不是“划”，因为“划”要用船桨，感觉会打碎如镜的湖面，而“滑”字突出了昆明湖水平如镜的特点。

生（插嘴）：对对对！《七月的天山》里“只要稍一伸手就可以捧到满怀心爱的鲜花”一句里的“捧”也有异曲同工之妙！人都没离开马鞍，不是“摘”，不是“拿”，也不是“取”，一个“捧”字反映“无边繁花”之多，多到都要捧不下啦。

师（鼓掌）：“吟安一个字，捻断数茎须。”写作时如果不对我们使用的字句反复推敲、仔细斟酌，写出来的东西肯定无法吸引人的。锤炼词句（板书）就是描写生动的第二把“金钥匙”。

生：《七月的天山》里我划的是“马走在花海中，显得格外矫健；人浮在花海上，显得格外精神。”本来就是单纯觉得句式对仗，读起来像诗一样工整，非常生动。现在想想，一个“浮”字也写出了花多，用的妙，作者肯定也是经过斟酌的。

生：关于这一句我们还有补充，它不是直接写野花的美，而是通过写马的矫健和人的精神来侧面衬托野花美丽的。这让我们想到了这个单元里《记金华的双龙洞》入洞前路边的映山红，同样也是侧面描写。我们在写游记的时候也可以参考学习。

师：你们的发现，就是第三把“金钥匙”！（板书：侧面烘托）不得不说，你们真是“火眼金睛”。那还等什么呢？带上这三把“金钥匙”，去完善自己游记的提纲，注意把重点景点和景物描写具体，生动。

第四板块：集思广益改游记

师：大家的游记都写完啦，接下来举行“游记评改 PK 赛”，请对照评价表要求和“游记歌”，对同座的习作进行评改。觉得好可以打一星，最高五星，看看谁是咱们班星级最高的“游记导游”。如果觉得同学做的

不好的地方，可以直接帮他修改，也可以简要写出自己的建议。开始吧！（出示评价表，生自主评价）

“书面导游”评价表

项目	星级	建议
是否有游览顺序		
是否有重点景物的生动描写		
是否过渡自然		
是否表达出了自己的情感		

生：我特别喜欢施红同学写的“游庐山”，作文中“移步换景”交代得很清楚，游览顺序一目了然，尤其是她笔下的庐山瀑布，简直就像她在文中引用的诗句“飞流直下三千尺”，她对瀑布的描写从两个方面进行的，一是形态，二是声音，在描写的过程中，还展开了想象，写了许多联想，比如瀑布的声音犹如轰隆隆的机器声等。

生：童心的“游梅花山”我觉得特别精彩，尤其是详写“梅花美”的部分，小作者多角度地描写了梅花，有形态，有颜色，有味道，还有动静结合，侧面烘托，太生动啦！让人心驰神往。

生：蔡明也是写的游梅花山，描写梅花的第三段特别好，用词很讲究。比如花香“混着”泥土的芬芳，树枝上“抽出”粉粉的叶子。感觉每个字词的使用都是反复推敲的，读来让人好佩服。

生：林方的《游仙林大学城》，按地点变化写了游玩的“科学馆”“生物馆”和“图书馆”，但三个地方都描写得太简单了，没有给我留下深刻印象。三个地方的转换也没有连接好。我想对她说：“你尝试用上一开始我们去了……随后我们又来到了……最后参观的是……”，这样叙述，条理清晰，段落之间也连贯。

生：我写的也是游大海，但和同座李乐的作文比起来，我缺少具体的描写，情感也看不出来，不像李乐着重写了海边玩沙子的过程，有自己的经历，才更有意思，更有情感，等会我得仔细修改一下。

……

师：同学们学习写游记非常认真，点评游记也是头头是道。祖国处处是风景，等着你去游玩观赏。请大家课后认真修改自己的习作，这次习作将结集成册，共赞祖国的大好河山。

【点评】

让写作要素一以贯之

一、设计要明晰写作要素

统编教材提出了“语文要素”这一全新的概念，其实语文要素落实到习作教学中，我们不凡称之为“写作要素”。多年来，我们的习作教学一直存在一个痼弊，那就是教学目标不明，一节课，教师不知要干什么，这是习作教学效率不高的根源。

有了习作要素，教学目标就清晰了。本节课，教学目标十分明晰：让学生学写游记，学会做到“四个一”——一条线索，一处重点，一种情感，一个过渡。其中“一条线索，一处重点，一个过渡”是落实本单元习作要素的具体要求，“一种情感”是隐性的要求，游记本身就是借景抒情，陈瑶老师把这一要求显性出来了，提出了“四个一”，无论是指导环节，还是评改环节，这个目标是一以贯之的，实现了“一课一得”，确保了本课教学的有效性。

二、指导要落实写作要素

教学的设计有了写作要素，还停留在纸上，还没有落地。在习作指导环节要落实，要让它真正成为教学目标，牵引着教学行为的推进。

陈瑶老师是这样来落实这一写作要素的：首先让学生回忆所学的课文《海上日出》和《记金华的双龙洞》，完成表格的填写，探寻游记写作的秘诀。学生根据表格的提示，很轻松地完成了任务。接着陈老师组织学生根据栏目内容去发现游记写作的技巧，学生通过交流，很快就找到了写游记的诀窍“四个一”。在“四个一”中，对于学生最难的就是如何把景物描写具体生动，陈老师充分利用两篇习作例文，让学生思考讨论，作者是如何把景点写具体生动的，学生通过交流碰撞，总结出把景物描写具体生动的三把金钥匙：善于联想、锤炼词句、侧面烘托。

至此，学生对此次的写作要素有了充分的感性认识，最后老师让学生完成写作提纲，去消化、理解、运用本课的写作要素。

整个教学环节设计环环紧扣，层层推进，既始终关注重点，又巧妙突破难点，找写作要素、理解写作要素、运用写作要素，学生在教师的引导下，一步步探寻、发现、自得，较好地实现了教学目标，同时学生的主体性得到了充分地彰显，学生主动地走在了教师的前面。

三、评改要强化写作要素

习作的评改实则是二次作文指导。这次指导和第一次指导最大的区别在于学生有了写作的经历，有了写作的体验，也有了写作的结果，教师再围绕写作要素评改学生的习作，学生对习作要素就会有更深的理解，也能反观要素，去发觉自己习作的得与失，这是习作评改课最理想的境界。

陈瑶老师在强化写作要素时，让同座对照着写游记的四个一要领，采用打星的方式，互评互改，这实际上让学生带着写作要素，在评析同桌的习作中再次观照写作要素，发现成功之处，也发现问题，强化对写作要素的再认识。因为学生多次接触了写作要素，透彻地理解了写作要素，所以学生不仅指出了同座习作的得与失，更惊喜的是学生发现了自己习作存在的问题，这是这节课最大的亮点，也是学生的最大收获，学生自能评改习作能力明显提高，让我们见证了学生在课堂上的真成长。

（执教 / 金立义名师工作室陈瑶　评析 / 金立义）

（此文刊载于 2021 年第 10 期《小学语文教学》）

五、《家乡的风俗》教学实录

【教学内容】

统编教材六年级下册第一单元习作《家乡的风俗》

【教学目标】

1. 以参加“南京民俗博物馆”举办的“我为南京风俗代言”活动为任务驱动，唤醒学生内在的表达欲望；

2. 抓住风俗特点，把重点部分写具体、写出特点。

3. 强化“读者意识”，培养学生养成主动修改习作习惯和能力。

【教学实录】

板块一：畅所欲言 选定内容

（一）创设情境，聊风俗

（课件呈现本单元各地风俗图片）

师：百里不同风，千里不同俗。在本单元的学习中，我们随着作者，穿越古今，了解了各地的风俗。

师：有哪些风俗给你留下了深刻的印象？

生：我印象最深的是藏戏，它和京剧一样也有各种颜色和形状的面具，但比京剧要恐怖的多！（学着藏戏面具做了个鬼脸，引得大家哈哈大笑。）

生：“日暮汉宫传蜡烛，轻烟散入五侯家。”古时候，在寒食节都不能生火，吃冷的东西，太特别了！

生：要我说，当然是腊八了，腊八有腊八粥喝！

生：北京不仅有腊八粥，还有腊八蒜。大年初一还可以去逛庙会。

师：这都是咱们中国人特有的风俗。所以呀，风俗就是一定地方的人，总会在一个时间里，去做一件事，而且一直都是这么做的，所以很多风俗都是历史悠久的。

（二）头脑风暴，晒风俗

师：咱们南京被誉为“六朝古都”，一定也有不少咱们南京的老风俗。告诉大家一个好消息，最近，“南京民俗博物馆”打算邀请大家参加“我为南京风俗代言”活动，将票选出最具特点的“十大南京风俗”。

师：之前大家已经对自己心仪的某个风俗，做了资料搜集。快来晒一晒吧！

生：我要晒的南京风俗是正月十六爬城头。这一天南京人都要和家人，爬上城墙看看美景。祈盼赶走疾病，求得平安。过去可以登三山、石城、聚宝（中华）、通济四城门。现在只有聚宝门（中华门）可以爬上去咯。

生："三月三，荠菜花赛牡丹。"南京人，每到这天，都会用荠菜花煮鸡蛋，我妈说可以治头痛。我查了资料，知道这叫"上巳节"，始于六朝东晋，人们把荠菜花挂在门头、锅灶上或床上，妇女则把荠菜花戴在头上，藉以消灾灭难。

生：我老家在南京高淳，我要晒的是你们没见过的跳五猖。它是南京高淳的一个春节习俗。表演时，场地用各色彩旗圈起来，一群人有的走，有的跳。他们戴着狰狞的面具，穿奇特的衣服，动作也很怪异，充满神秘感，据说这是庆祝丰收和祈祷来年好运的一种仪式。

生：民以食为天。我要晒的是南京人吃的风俗。南京人最喜欢吃的鸭血粉丝汤。粉丝晶莹剔透，又柔软又光滑，拉都拉不断！鸭血滑滑的很爽口，鸭肝粉粉的糯糯的，鸭肠有一点脆，吃起来很有嚼劲。在粉丝上面撒上了一香葱和香菜，再浇上点点辣油，天啦，简直就是"人间美味"！（学生一边大笑，一边忍不住咽口水。）

……

（三）众里挑一，选风俗

师：刚才同学们介绍了那么多的风俗， 有没有发现，其实风俗有这么几类。鸭血粉丝、小笼包、鸡汁回卤干等，那是南京的饮食风俗；跳五猖、爬城头、三月三等，那是南京特有的节日风俗；还有云锦、金箔、竹刻等，那就是南京的民间艺术了，也是一种风俗哦。

师：你最想为哪种风俗代言？你的代言怎么才能脱颖而出，吸引读者为你投票呢？

生：跳五猖。它太特别了，别的地方都没有。我要写它的特别之处。

生：鸭血粉丝汤。我吃过呀，有真实的体验，这样写出的内容别人才相信。

生：云锦。我知道它的传说，这个内容会很吸引人。

……

板块二：回顾课文 清晰思路

（一）分享交流，明要求

师：大家很有自己的想法嘛！其实第一单元的习作要求就给了我们提示哦！快去读一读吧！（师出示要求）

生：老师，我发现为风俗代言可以有两种方式。一是“介绍风俗”，另一个是介绍自己参加风俗活动的亲身经历。

师：第一种“介绍风俗”，有点类似我们平常写的说明文。

生：“介绍风俗”，要先想一想这种风俗的主要特点是什么，分哪几个方面来介绍，先介绍什么，再介绍什么，重点介绍什么。在介绍的时候，可以适当写写自己对这种风俗的实际体验或者是感受、看法。

生：介绍自己参加风俗活动的亲身经历，我想就是写事的记叙文了！

生：写自己参加风俗活动的亲身经历，一定要把自己看到的场面写清楚，写具体，要写出自己的感受。

师：是的，想为南京的风俗代言可不容易。首先，一定要想清楚选择哪种方式介绍风俗。选材的内容不同，表达的重点也不一样，自己需要想清楚。

（二）回顾课文，知写法

师：选择好用上面哪种介绍方式后，我们就需要想一想，手中已有的各种资料，都要用吗？又怎么用呢？这个时候，单元导语中的习作要点可以帮助我们。

生：抓住重点，写出特点。

师：是的，老舍先生介绍“北京的春节”是怎么做到这两点的呢？

生：他重点写了腊八、腊月二十三、除夕、正月初、正月十五这几天，其他的日子一笔带过。

师：这就是详略得当，抓住重点来写！

生：即使重点写腊八、初一那几天，也不是铺开写，而是突出写最具特色的一两个民俗活动，给人印象深刻。

师：是的，北京的春节不是别的地方的春节，要写就要集中笔墨写最有北京特色的风俗，写出特点。

师：沈从文先生的《腊八粥》和老舍先生的《北京的春节》介绍方式一样吗?

生：不一样。他写了一个孩子参与腊八粥制作、品尝的亲身经历。

师：对，是第二种介绍方式。他又是怎么做到“抓住重点，写出特点”的呢?

生：他重点写了这个孩子等粥的场景。因为这最能看出孩子对腊八粥的期盼。

师：孩子急不可耐的情景描写得特别细致、精彩。亲历者的真实感受最能打动读者的内心。同学们，写这篇作文，我们要抓住“特点”和“重点”这两个关键词，想清楚再下笔。

（三）思维导图，搭框架

师：向这些文学大师学习了写作思路，你一定有了自己的想法。现在请你用思维导图的方式把自己要代言的南京风俗，列一个介绍提纲吧。

【学习活动一：完成思维导图，初步构思自己的风俗分哪几个方面来介绍，重点介绍什么。】

生：我要写正月十五，自己参加秦淮赏花灯的活动。我重点写灯会的盛况，描写人多和灯多。灯多是其中详细要写的部分。

师：有重点，详略得当。那你准备从哪几个方面写灯多呢?

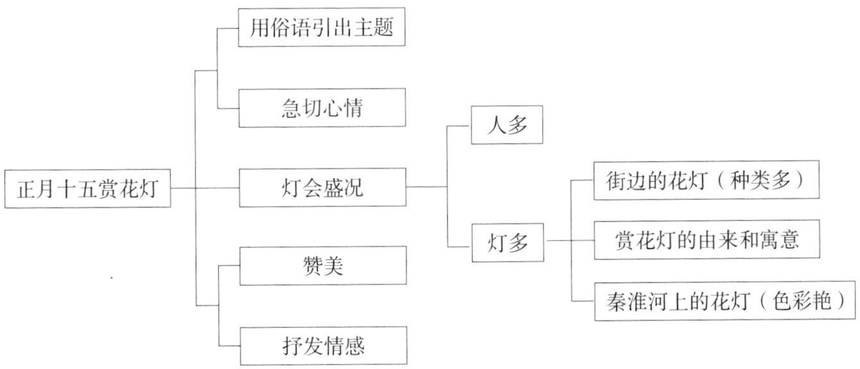

生：花灯的种类与造型很多、花灯的颜色也是五彩缤纷的，秦淮河中花灯的倒影也是光怪陆离的。

师：很棒，秦淮河和两岸的灯相映成趣，这就是秦淮灯会的特色。如果中间穿插介绍点秦淮灯会风俗的由来，那就更棒了！有了这样清晰的思路，你的风俗活动一定能抓住重点，突出特点，期待阅读你的精彩作文。

板块三：聚焦片段　突破难点

（一）锁定重点，写片段

师：从大家的思维导图中，我们不难发现所要代言的风俗重点应介绍什么？

生：重点写风俗的特点。

生：写参与风俗活动的亲身经历，重点就写活动现场的情况和自己的感受。

师：对。那么现在我们限时 8 分钟，把你所要介绍风俗的最精彩的重点部分写一写，好吗？开始吧！

【学习活动二：明确要求后，学生开始写片段。】

（二）对比品评，得标准

师：时间到。同桌先交换读一读，再画一画从哪些语句感受到这一风俗的特点，如果他介绍的南京风俗吸引了你，给文章打三角星。

【学习活动：同桌互相品评】

师：哪组同桌愿意合作展示你们互评的结果？

生：“外婆，端午快乐！”我笑道。

谁知婆婆却急了：“啊呀，知道端午节怎么来的吗？是纪念屈原的节日嘛，祭祀节日，怎么能说快乐？端午安康，安康啊！”

“知道啦，祝外婆端午安康。咱们今天吃什么呀？”我吐了吐舌头。

婆婆扶了扶眼镜，“今天呀，我们吃‘五红’呀！”

“‘五红’是什么？”

“看，就是你爱吃的烤鸭和龙虾，还有苋菜、红油鸭蛋、雄黄酒。”外婆指着一桌的饭菜说着。

“为什么端午节一定要吃‘五红’呢？”

“这有个传说呢。很久以前，玉帝宣布，天上的毒物要等春雷响第一声才可以到凡间去，所以人们都叫那个时候为惊蛰。不过有的毒物怕冷，于是，它们就约好到端午节天气暖和后再一起去人间。这五个毒物就是蛇、蜘蛛、蝎子、蜈蚣，还有壁虎。它们在端午节时候来到了人间，刚到一户人家的门口，就听见这家女主人在说，快吃，这是油炸的五毒。五个毒物大吃一惊，便趴到窗户上看，只见桌上五个盘子里有红红的五道菜。那女主人一边吃一边说，这五毒菜真好吃。“五红菜”在五个毒物的眼里变成了它们的血，五个毒物吓得魂飞魄散，急忙从这户人家逃走了。”

生：我同桌介绍的是过端午节的风俗。我觉得他介绍的很吸引我，我给他打三个星。

师：嗯，什么地方吸引你？

生：“五红”是什么？为什么吃“五红”？他叙述得很清楚，很具体。

师：是的，他做到了“抓住重点，写出特点”这个要求了。

生：我介绍的风俗是南京江浦区的手狮舞。

手狮舞是南京江浦地区的一种特有的民俗舞蹈。起源于太平天国，为当时太平军战士健体强身，布兵练阵，以及与民同乐时所用的舞蹈。

去年春节的时候我随妈妈去外婆家，在江浦市民广场就看到了一场精彩绝伦的手狮舞表演。只见随着音乐的响起，手狮舞表演队的队员们手持手狮陆续走来，在锣鼓的指引下，忽而“就地翻滚”，利落而精神抖擞，忽而“二狮抢球”，精彩而又可爱，时而“八狮串井”，威猛而又灵动，赢得了现场观众的热烈掌声。

生：虽然他写的手狮舞场面挺精彩的，但我觉得还不怎么吸引我。

师：哦，说说你为什么有这样的想法？

生：看了手狮舞的表演，心里会有什么感受呢？而我的同桌没有写。

师：没有自己的感受或体验，就不吸引人。

生：手狮舞和一般的舞狮究竟有什么不同呢？我觉得还没有写出它的特点。

师：是的，为南京风俗代言，一定要写出这种风俗的独特之处。

师：不过，你的同桌在介绍“手狮舞”表演场面时，还介绍了手狮舞的来历，这点是很棒的哦！

生：谢谢老师肯定，我知道怎么修改了！

师：看到没有，读者都是很挑剔的。如果我们都站在读者的角度去考虑，这篇南京风俗代言的优秀标准也就出来了。可以问这样的几个问题：

介绍风俗	A. 风俗特点我听出来了吗？	
	B. 在重点介绍这个特点吗？	
	C. 文中有自己的感受吗？	

介绍自己参加风俗活动的亲身经历	A. 活动现场的情况我看到了吗？	
	B. 活动时的自己体验或感受具体吗？	
	C. 穿插介绍了风俗的来历或特点了吗？	

（三）锦囊妙计，学技巧

师：刚刚我们欣赏了两组同桌的互相品评。为什么有的同学风俗介绍不够吸引人呢？看来精彩的风俗介绍还需要技巧。我们再次回到课文向大师学习几个锦囊妙计吧。

师：这是《北京的春节》中对大年初一的描写，老舍先生是怎么把风俗的特点写具体的呢？

生：作者比较了初一和除夕的不同，先概括介绍了初一的特点——城里比较冷清。

生：他还具体写了男人们、女人们、小贩们在大年初一做了什么，感觉更加具体了。

师：你们有一双会发现的眼睛。要想把风俗的重点部分介绍具体，可以先用比较的方式概括说特点，再具体说说不同的人是怎么做的。这

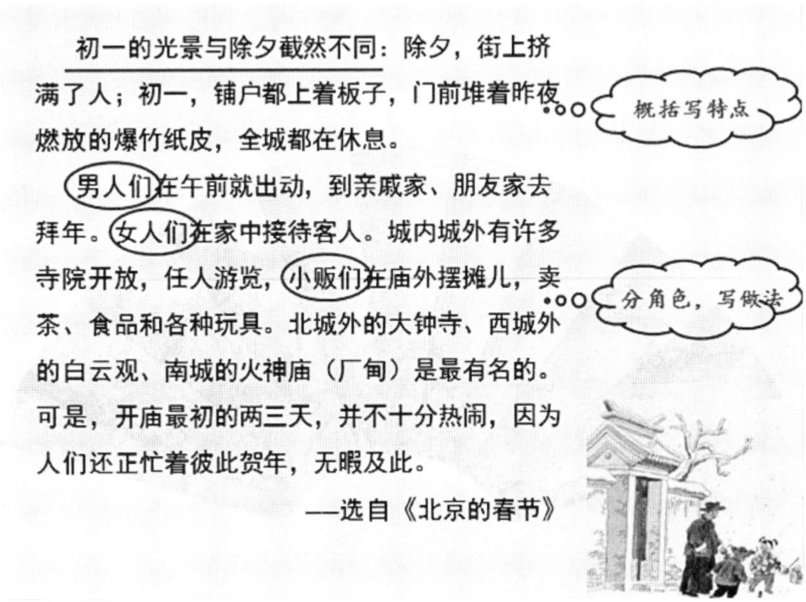

是老舍先生送你们的第一个锦囊妙计：分角色，说做法。

师：我们再来看看这两个片段，又能学到什么介绍风俗的技巧呢？

生：这两段都在写自己之前的回忆，经历。

生：回忆外婆凌晨三点就为除夕忙碌的那段，特别感人。赤着脚为

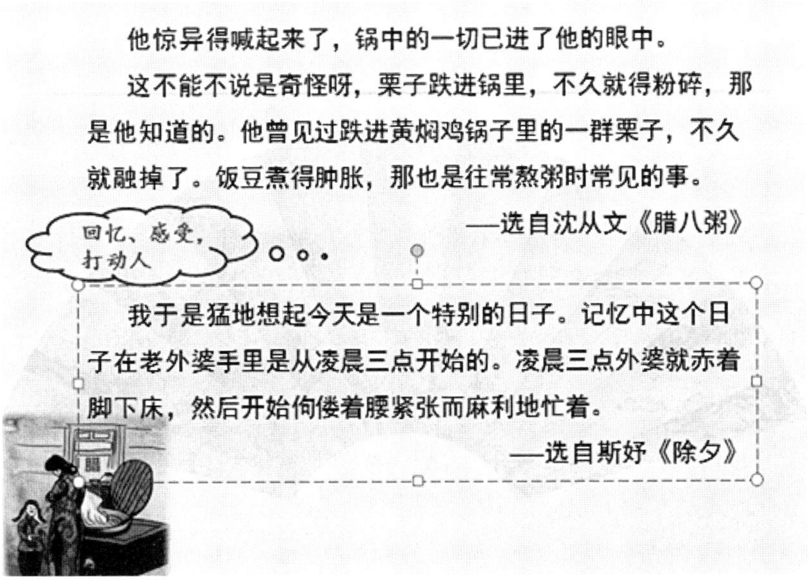

了不吵醒家人，一早忙碌为了全家团圆。

生：团圆就是除夕最大的风俗，所以外婆才会这么重视。

师：写自己的亲身体验、感受、回忆最打动人，可以让风俗的特点更加突出。这就是写作大师们送你们的第二个锦囊妙计：融入体验和感受。

师：相信有了这两个锦囊，你一定可以为南京的风俗做出最精彩的代言。

现在请大家再次动笔，用上锦囊妙计，修改写的重点片段，并完成整篇文章。

【学习活动三：生修改，完成初稿。】

板块四：提供平台 展示作品

一、众说纷纭，评风俗

师：同学们是不是迫不及待想知道，谁才能胜出“南京民俗博物馆”的“十大南京风俗”呢？咱们现在就来评头论足，投出自己宝贵的一票哦！

师：还记得评价标准吗？要注意，对于不同类别的习作，评价的关注点也就不同哦。票选正式开始！谁先自告奋勇来代言。

生：大家，来看看我的代言吧——南京的元宵节。

正月十五闹元宵，红红红火火过大年，元宵节是中国的传统节日，每年的这个时候，家家户户忙得不可开交，就是为了庆祝这个喜庆的日子。

大家知道元宵节的来历吗？正月十五真正作为民俗节日是在汉魏之后，东汉佛教文化的传入，对于形成过元宵节的风俗有着重要的推动意义。本称“上元”是农民祈求丰收的日子，也是道教的天官诞。人们在田野持火把驱赶虫兽，希望减轻虫害，祈祷获得好收成。这天是第一个月圆之夜，人们也在这天祭月和赏月，祈求丰收。

元宵节习俗自古以来就以热烈喜庆的观灯习俗为主。传统习俗出门赏月、燃灯放焰、喜猜灯谜、共吃元宵、拉兔子灯等。此外，不少地方元宵节还增加了耍龙灯、耍狮子、踩高跷、划旱船、扭秧歌、打太平鼓等传统民俗表演。

在我们南京，我们主要以吃元宵，赏花灯为主。每年的这一天，最令我难忘，全家团圆在一起包元宵的那个情景，很温馨很温暖。别看吃到嘴里有滋有味的元宵，可做起来真是费了不少精力，先是和面，再擀好元宵，再放入各种馅，馅还分好几种，有香喷喷的芝麻馅，有甜滋滋的红豆馅等。元宵做的好不好吃，每道程序都很重要，当然啦，是一家人用心用爱做起来的元宵，怎么吃都香。

吃完元宵，孩子们就是期盼猜灯谜赏花灯，五颜六色的花灯漂亮极了，看得眼睛都要花了，一边赏花灯，一边猜灯谜，热闹极了。

瞧，我们南京的元宵节热闹吧！

生：我听出南京元宵节的风俗特点了，就是吃元宵和赏花灯。我要给她第一颗星星。

生：她在介绍吃元宵的风俗时，重点写了全家一起包元宵，突出了元宵节团圆的含义。如果能像老舍《北京的春节》学习，分角色写出每个人分工干什么，就更具体了。

师：是啊，锦囊妙计可要学着用起来哦！

生：她在介绍吃元宵时，还写了自己的感受“元宵做的好不好吃，每道程序都很重要，当然啦，是一家人用心用爱做起来的元宵，怎么吃都香”。我觉得特别好，很温暖。我要给她第三颗星！

师：这份代言写得挺不错，同学们给你打出了两星半的高分，恭喜仇晨菲同学哦。文章不厌百回改，同学们建议的小细节咱们再改改，一定更棒！

生：我也介绍“南京的元宵节”。

师：哦？一个节日风俗，打起擂台来了！

生：我和她的介绍不同，我写的是自己参与元宵节的过程。

师：我们很期待你不同的视角哦！

生：俗话说“十里不同风，百里不同俗”。每个地方都有自己独特的风俗习惯。当然我的家乡南京也有独具一格的风俗，那就是正月十五逛秦淮灯会。

在南京无论是男女老少，只要是一提到秦淮灯会，脸上总是洋溢着开心和激动。正月十五这天，一大早我便开始等待。

在急切的盼望当中，夜幕终于降临了。我和爸爸妈妈都怀着激动的心情来到了夫子庙。夫子庙里张灯结彩，前来赏灯的人络绎不绝。小一点儿的孩子被大人们举过头顶，骑着“人头马”；大一点儿的孩子牵着“兔儿灯”在人群中挤来挤去。每个人的脸上都乐开了花，好不热闹！

放眼望去，庙里人头攒动，灯火辉煌，人声鼎沸。我漫步在这灯的世界，细细观赏。有鲤鱼跳龙门，荷花，小猪放鞭炮，孙悟空等花灯，个个栩栩如生，非常好看。你看那荷花灯，粉红色的花瓣就像仙女的裙子，荷叶展绿叠翠，浑圆宽阔，碧盘滚珠，皎洁无暇；你看那孙悟空，火眼金睛，他举着金箍棒正要打妖怪呢，多神气呀！

最吸引我的是龙灯。这条巨龙长约9米，像连绵起伏的山脉，真像随时都会腾空而起。头抬得高高的，嘴巴张得大大的，拳头一样的眼睛瞪出，两条长长的龙须在风中一翘一翘。身上的龙鳞染上了黄、橙、红三种颜色，灿烂夺目。四只爪子又粗又锋利，给龙增添了威猛。龙尾巴也高高翘起，显得更加霸气。

听老人们说赏花灯这个习俗还有来历呢。相传在东汉时期，明帝提倡佛教，听说有正月十五点灯敬佛的做法，就命令这一夜晚在皇宫，寺庙里点灯敬佛，令士族庶民都挂灯。后来这种佛教礼仪逐渐成为正月十五的民间习俗了。现在人们赏花灯是给佳节增光添彩，祈求平安。

璀璨的灯光，欢乐的人群，秦淮河灯会真是一场视觉的盛宴，我默默在心底许下一个愿望，明年的正月十五我一定还来逛灯会。

生：这篇文章写得太好了！她写的是元宵节的秦淮灯会，这可是我们南京特有的元宵节风俗。

师：写出了特点！很棒！

生：我感觉自己就像和她一起去逛灯会了一样。

师：她写自己参与秦淮灯会，看到的人、看到的灯，还有灯和秦淮河相映生辉的情景，非常具体！

生：对，对，他写看灯的人，就分角色写了小孩子和大孩子的不同表现。

师：她得到老舍爷爷的真传！

生：她写看到的灯，不是泛泛而谈。重点描写了三种灯，写的最细致是龙灯，非常有重点。

师：人热闹、灯神奇，自己还许下了愿望，逛灯会也融入了自己的感受！

生：你们听到没，她还把风俗来历穿插在赏灯中介绍，我觉得特别自然。

师：那么，大家给她的星级是——

生：满星，三——颗——星！

师：恭喜王芮获得满星！

二、微信汇集，展风俗

师：大家是不是都迫不及待想拿自己的习作，去参加“为南京风俗代言”活动呢？那么同学们回去后对照标准再次精心修改习作，我们将用班级微信平台推送每个同学的习作，邀请家长、老师、同学共同围观、推荐、点赞。

【点评】

《家乡的风俗》是统编版教材，本单元的习作能力要求是“习作时，注意抓住重点，写出特点”。

教材安排了三个板块。一是出现了春节拜年、元宵闹花灯、除夕包饺子等风俗图片，唤起学生的生活体验，激发写作兴趣。二是提供两个话题：介绍一种风俗或写一写参加一次风俗活动的经历，并提出了相应的要求。三是对习作后的评改和展示提出了具体建议，通过编写风俗作品集，为学生创设分享、展示习作的平台，增强习作的成就感。

李洁老师这节课有三个突出的意识：

一、目标意识

习作教学每次总得要有一个目标，有了目标，教学就有了方向，习作的评价也有了标准，否则评价时就是东一榔头，西一棒，不知道老师想干什么。

统编教材出现的语文要素就让师生很快能捕捉到教学目标和学习目标。其中语文要素有一部分是指向写作方法和写作能力的。比如本单元的语文要素是“习作时，注意抓住重点，写出特点”。

李洁老师教学就聚焦了这个语文要素，设计了四个板块，除了第一个板块“畅所欲言，选定内容”是在引发学生的表达欲望之外，后面的三个板块“回顾课文，清晰思路；聚焦片段，突破难点；提供平台，展示作品”始终是围绕这一语文要素在展开教学的。清晰目标、聚焦目标、达成目标，整节课一气呵成，简洁高效。

二、主体意识

习作完成的主体当然是学生，学生经历了习作的全过程，且一直充当主角，方能提高习作的表达能力。因而习作教学老师的心中要有“人”。教学设计要能唤醒学生的主体意识，把教程变成学程，从学生写作的起点就开始设计学程，情景创设、唤起记忆、打开思路、列出提纲、下笔行文、修改评价，教学流程都应该从儿童出发，从学出发，让学生亲历实践过程，在实践中提升写作能力。

李洁老师设计的四个板块，“畅所欲言，选定内容”意在诱发学生的表达欲望，打开学生的话匣子，把学生从冷状态调整为热状态，激发写作的热情。“回顾课文，清晰思路”这个板块主要目标是拓展学生的思路，学生的思路开了，言路才能开，才能易于动笔，乐于表达。“聚焦片段，突破难点”完全是从学生的实际需要出发而设计的，为学生铺设路径，搭好支架，解决困难，更好地完成目标。“提供平台，展示作品”是让学生获得写作的成就感，提升写作的信心，从“立言”走向“立人”，让学生的生命得以敞亮。

三、读者意识

写作有了交流目的及交流对象，写作才有意义。这次统编教材非常强调作后的修改和交流。和同学交流习作就是在寻找读者，培养写作者的读者意识。其实学生完成一篇习作之后，在内心深处最渴望的是得到别人的认可。读者越多，认可程越高，写作的信心就越足。所以老师要搭建平台，提供学生习作“发表”的机会，让他拥有更多的读者，多给他圈粉。

李洁老师深谙这一点，很是了解儿童之心。让学生自告奋勇上台自读习作，组织学生积极评价同学的作文，让学生再细改作文，用班级微信平台推送每个学生的习作，让老师、家长和同学去围观、评价，所做的一切就是帮助学生逐步积累信心，树立信心，悦纳自我，发展自我，完善自我，超越自我。

（执教 / 金立义名师工作室李洁　评析 / 金立义）

（此文刊载于 2020 年第 11 期《语文教学通讯》）

第五章 简约语文视域下评价机制探微

第一节 “简约语文”课堂评价探索

“简约语文”，大道至简，简约不简单，强调在教学活动中删繁就简、返璞归真，让语文课变得丰盈。如何评价一节简约语文课呢？

一、直面现实——语文评价的现状剖析

评价是教学必不可少的环节之一。终身学习时代，传统评价已无法满足学生成长的需求。通过对语文教学现状的分析与调查，发现现行评价主要存在以下几个问题：

1. 评价失当

评价目的的功利性，让语文评价长期陷入“唯分数”的困境，教师评价侧重点往往集中于知识的掌握，但对学习的过程和方法，学生表现出的情感、态度价值观则几近忽略。把考试当评价唯一手段，把成绩当质量的评价唯一指标，都是评价价值取向的失当。

2. 评价失序

语文教学评价有着明确的学段要求，统编教材提出的语文要素也是按照“螺旋式上升”的理念序列编排的。但由于一些语文要素比较抽象，无法考核，教师对学生学业质量的考核有时候是凭着经验和感觉在命题，导致评价的指标常常处于“无序”状态。

3. 评价失衡

在我们常见的语文学习过程中，评价大都集中在语文老师身上，而家长和学生参与较少，评价的主体不够多元。评价的目的是促进学生的

成长，因此被评价者的发声应该是评价是否成功的必要标准。不科学的评价不仅会给学生增加压力，还会引起学生自我感受的失衡。

4. 评价失趣

儿童的学习动机往往与学习活动有着直接的联系，年纪越小，学习动机更易受到学习兴趣的影响。在语文教学中，教师都应创设情境激发学生的学习热情，评价的过程比结果更重要，过程会更直接影响到后续的学习动力。可是当下语文更重结果，轻过程，而且结果更关注在书面的考试分数上，呈现方式单一，缺乏趣味，长此以往难免挫伤学生主动学习的动力。

二、优于系统——有效评价的设计原则

《语文课程标准》（2022 版）对语文学业质量提出了明确的说明：学业质量是学生在完成课程阶段性学习后的学业成就表现，反映核心素养要求。从课标要求来看，学业质量是对学生学习语文成就作整体性的刻画和评价。

实施简约语文有效评价探索的初衷，在于响应国家《深化新时代教育评价改革总体方案》的号召，“改变人们对教育的关注点，从过分关注结果转向更关注过程，从过分关注条件转向更关注培养，树立起内生的教育发展观和科学的教育质量观”（陈明等，2021）。我们认为，评价不应该是“对于学习的评价”，而应是“为了学习的评价”，不应该是“对于人的评价”，而应是“为了人的评价”。简约语文的有效评价是以客观性、激励性、有效性为原则，检测目标达成的一种形式，对原来语文测评方式进行调整和完善，并加以创新和突破。

1. 聚焦全面性，让评价科学合理

科学的评价应该是全面的，语文评价若只是围绕基础知识展开，根本无法促进核心素养的提升。有效的评价应有大局意识、整体意识和全程意识。简约语文所提倡的评价，是对于整个学习过程的评价，也是对除了知识层面外的素养、态度情感和价值观的评价。尤其语文学科不同于

其他学科有固定答案，当学生提出不同理解的时候，教师的评价不应全盘否定，而应通过追问、分析，助力孩子思维的提升或改正。语文是工具性和人文性的结合，而简约语文的有效评价是科学性与思想性的结合，是整体而全面的评价。

2. 强调趣味性，让评价生机盎然

简约语文的有效性评价目的是为了激发学生学习语文的兴趣，突出一个“变”字，让评价方式“花样百出”。例如把“常规评价”和“创意评价”结合起来。常规评价因为常见孩子没有新鲜感，而创意评价则会更好地影响和激励学生的成长。例如我校一位教师在教学汉语拼音的时候，开展班级拼读竞赛，对拼读又快又好的孩子颁发自制“拼读小能手”小奖状，全班学生都为争夺小奖状展开了你追我赶的拼读练习。再如，把“线下评价”与“线上评价”结合起来，大数据时代网络理应成为教育的“助手”，相较于线下熟悉同伴的评价，来自更大范围、更广人群的评价会让学生更有动力。孩子的精彩演讲、优秀作业都可以随时拍照或视频记录，再配以音效等制作成相册、微视频，发布在 QQ 或者微信，让家长、学生和老师共同参与点赞、评论与转发，发挥网络评价的最大价值。

3. 关注人文性，让评价以生为本

有效的评价不是为了把学生分成“三六九等”，而是为了促进全体学生的发展。整齐划一、千篇一律的评价必须要摈弃，核心素养背景下的语文学习评价要有层次性，因人而异，因材施教，努力让每一位学生都成为“更好的自己”。例如在教学“复述”这个语文要素时，面对优等生，我们可以直接提出“有顺序、完整地复述故事”的要求。但对于学困生，教师还需要提供关键词或课文插图等讲述“支架”，学生做到“基本有顺序，比较完整”即可。因人而异的评价有助于发挥每个孩子的最大学习潜能，实现个人现有基础上的进步与成长。

语文学科的育人价值很独特，过细过高的要求都不利于孩子说真话。教学口语交际“长大以后干什么”这个话题时，笔者班级有孩子说出了“动物饲养员、公交车司机”这样的答案，教师的评价适时跟上，同样肯定了他们的价值，还鼓励他们好好学习，争做自己行业里的精英。这种极具针对性的评价，不仅可以让他们学习更有热情，也能激励他们亲近生活、热爱语文。简约语文的有效评价不是为了“甄别选拔”，而是真正的“以生为本”，助力学生，促进发展。

三、强于驱动——有效评价的操作策略

1. 基于“简约”理念精准设计评价

简约语文是有高度的简单，与之匹配的有效评价要想同样有深度，必须紧紧围绕语文核心素养实施展开，从科学性、有效性、发展性角度设计评价模型，

如图所示：

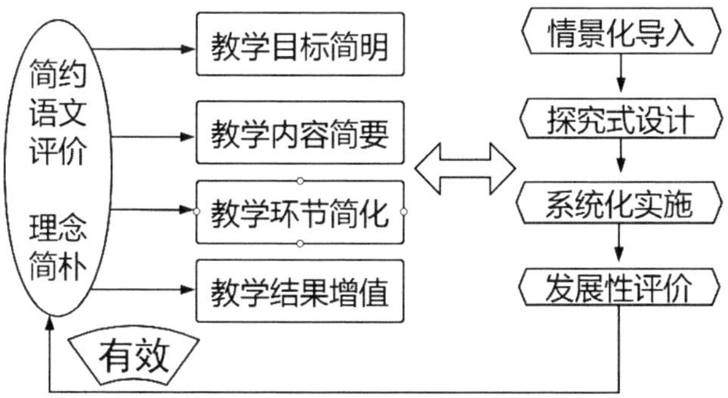

①教学目标简明

简约语文课堂教学目标必须清晰，可观可测，直击教学重难点突破，而且要发挥其作为评价激发和引导的功能。例如特级教师金立义设计的《夹竹桃》第一课时教学目标是：（1）正确、流利、有感情地朗读课文。（2）三品夹竹桃的“韧性”，学习认识事物特点和描写事物特点的方法。其中目标（1）是基础性保底目标，而目标（2）则是个性目标。根据这样的目标，学生在课堂展开系列学习活动，化知为能，提高了言语表达能力。判断教学目标是否简明，必须特别关注它是否能贯穿整个学习历程，

是否能持续激发学生学习能力发展。

②教学内容简要

教学内容评价围绕是否“适切”有两条基本标准：一是是否符合当前学情，满足学习需求；二是是否可以促进进一步的学习行为。统编教材三年级初次引进了文言文的学习，金立义名师工作室的陈瑶老师在执教《司马光》一课时，先选择了《宋史·司马光传》中司马光儿时介绍让学生深入理解司马光从小爱读书，冷静机智，异于常人，又补充了文言文版《文彦博灌水取球》的故事，让学生现场使用课堂学到的方法阅读新文章，迁移运用，举一反三，形成阅读能力。不得不说，围绕落实语文要素要求，依据文体特征，重构教材，精选核心教学内容，对这节课的成功起到了关键作用。

③ 教学环节简化

简约语文课堂是板块化设计教学，注重语文实践活动板块的设计，坚持以儿童为首席，让学生在实践活动中学语文，用语文，提升语文的核心素养。比如学习统编教材六上《只有一个地球》，可以设计这样的几个实践活动板块：

一、初读课文，整体感知：课文是从哪几个方面提出了“保护地球”这一观点的？（美丽渺小，资源有限，无法移居）二、品读课文，探寻原因：仔细读课文，说一说为什么要保护地球？三、回顾反思，发展思维：再回顾全文，思考作者是怎么一步一步得出“我们要精心地保护地球，保护地球的生态环境”这个结论的？（先说原因，再说结果，叙述有条理）四、写倡议书，语言运用：写一份倡议书，呼吁人们共同保护人类的家园——地球。说清楚为什么要保护地球（运用课文的观点），怎么保护地球（提出自己的想法）。四个板块的设计聚焦在学生概括能力、品味语言文字能力、思维品质和迁移运用能力的提升，彰显了语文核心素养的培养。

④教学结果增值

增值评价的意义在于将学习置于一个不断前进的过程，侧重于激发学生学习的内驱力，为他们后续的成长提供支持与帮助。金立义名师工作室刘清娴老师执教《古人谈读书》课后，拿出了事前准备好的书签：“如果要挑选一句今天学到的关于读书的名言抄写在书签上送给别人，你想选哪一句？送给谁？为什么？”学生的答案各种各样，有挑“敏而好学，不耻下问。”送给哥哥的，也有挑“以思，无益，不如学也。”送给自己的。最后还有学生表示，要去找《论语》再读一读，找别的写上再送。显然，学生不仅从这节课上获得了方法策略的提升，还有情感态度的发展。这样的教学结果才是“为了改进学习，更有价值。”

2. 基于年段学情精心设计评价

小学语文教学是一个完整的系统，但不同年段又各有侧重。低年段评价重点主要围绕识字写字、朗读、写话等方面展开。仅以写字教学为例，我们设计了评价表如下：

等第	字形正确	关键笔画到位	结构合理
优秀			
良好			
及格			

老师拿到这样的评价表，在课堂上先按照“观察结构——书空，强调关键笔画——整体评价”的顺序展开教学，再按照评价表对个体学生写的汉字开展全班评议，最后让生生之间再按表评价。“教——学——评”各个步骤完全契合，用起来也非常方便。

中年段评价则大都围绕阅读理解和表达重点展开。以统编教材六上第二单元为例，这是一个“读写结合”单元，口语交际内容是“演讲”，结合“了解课文是怎样点面结合写好场面”这一阅读训练要素，我们对口语交际梳理出了以下评价标准：

<table>
<tr><th colspan="2">评价标准</th><th>评价说明</th></tr>
<tr><td rowspan="3">演讲艺术</td><td>聚焦主题（★★）</td><td rowspan="4">1. 合理运用至少两种演讲艺术。
2. 演讲效果好，打动人。
3. 得四颗★以上即为优秀演讲。</td></tr>
<tr><td>运用侧面描写（★★）</td></tr>
<tr><td>巧用点面结合（★★）</td></tr>
<tr><td colspan="2">演讲效果（★★）</td></tr>
</table>

这样的评价标准，既是对单元内容的回应，也是对之前学习到的语文要素的落实与巩固，实现了教学评一体化。

3. 基于作业类型不同精确设计评价

① 抄写积累类作业——展示互评

语文作业中最常见的是抄写类作业，抄写生词、背诵的课文段落或摘抄积累词句。这类作业难度不大，教师评价多以书写工整、有无错误为标准。对于机械性作业的评价，容易让人产生厌倦感。针对这个问题，教师可以采用展示互评的方式激励学生。比如周末布置摘抄作业："这周好词佳句名段摘抄采用创意表达的形式，你可以配上图画，还可以在排版上想点金点子让页面更美观。下周全班投票产生最有特色的10份作业，登载在班级黑板报上展示。"这样的评价方式，有利于调动学生的学习兴趣和积极性，培养学生的创造力。

② 演说交际类作业——语言点评

课本剧、口语交际、美文吟诵、讲故事等演说交际类作业可以提高学生口头表达水平，也是语文教学中必不可少的。面对这样的作业，实时语言点评的评价引导，既可以满足学生当时期待肯定的心理，又可以根据点评展开反思和提升。比如学生背诵完古诗，现场提示他（她）语速放缓更能体现诗人情感。再比如班级课本剧演出结束，提出个别演员台词和动作上的修改意见，帮助他们登上更大舞台演出。将学生表现与及时语言引导、评后反思改进三者联通起来，方能将评价效益发挥到最大。

③ 写作创编类作业——小组协作

习作是语文教学中一项重要内容，而它的评价也是最让老师头疼的。有没有好办法让学生自主发现问题并乐于修改呢？"我手写我心"是习作教学的一个基本原则。儿童是习作的主人，也理应成为习作评价的主人。而小组协作是引导"每一个学生"发展的优势之选。教师可先将学生按写作能力和性格爱好因素分开，再相互搭配分成异质学习小组。在小组内按照"习作三方评价表"（见下文）开展习作评价时小组协作互评，提出优点或改进方法，在相互交流中获得心理和行动支持，提高大家的学习效率，最后再由老师也给予评价。不同水平的孩子都能参与评价，扬长避短共同进步，这正是语文教学应该追求的有效评价。

评价内容	自评	他（她）评	师评
中心（10分）			
选材（10分）			
构思（10分）			
手法（10分）			
语言（10分）			
他人寄语			

④ 学科融合类作业——网络点评

新一轮课改提出要“淡化学科界线”，提出了“跨学科学习”。小学各门学科之间本来就有着千丝万缕的联系，学科之间的学习可以相互促进，互相启发。根据这一特点，设计一些与其他学科知识互相渗透的作业，学生会很感兴趣，也符合语文综合性学习的要求。在此基础上与网络评价相结合，可以确保更新的及时性，还可以记录学生所有学习行为和成果，为评价提供完整依据。例如学完“荷花”系列古诗后，笔者利用班级QQ群布置了以下学科融合作业，供学生选做：（1）利用假期去观察玄武湖的荷花，拍摄照片或绘画图片，并配上解说词，制作成电子照片传到群相册，供互相学习欣赏；（2）搜集一些关于荷花歌曲听一听，也可以跟着学唱，发送歌曲链接或你的嗨唱音视频到群里；（3）印度数学家有一首有趣的“荷花问题”是以诗歌形式出现的：今有池方一丈，葭生其中央，出水一尺，引葭赴岸，适与岸齐，问水深葭长各几何？你能不能用课堂学到的理解古诗的办法，解释一下这道数学题的意思，把你的答案打成文字稿，以学号命名传到群共享；（4）关于荷花的创意作业，你还有什么好的点子，也可以随时把成果发给大家欣赏。这一类型的作业其实没有可量化的标准，为了鼓励学生的积极性，我们制作了“星级学习评价表”，每人持表在线征集各方评价集星，星星数不设上限，每次活动结束凭星星数量均可兑换不同级别的奖品。因为评级以激励为主，所有学生均可感受到乐趣，在线的形式也是喜闻乐见的，学习的积极性与主动性自然也高了。

评价指标	内容标准	评价形式
阅读与思考	阅读学习材料时乐于阅读，边读边思考。	学生自评 师长评价 小组互评 家长评价
想象与表达	将自己的想法通过多种形式表达出来。	
实践与思考	提出自己不懂的问题并尝试自己解决。	
综合学习表现	综合运用学习所得进一步发现学习。	
最终得星数		

评价与学习始终是密不可分的，简约语文的有效评价需要科学全面，导向正确，在实践过程中我们始终遵循不断改进过程评价和探索综合评价的宗旨。坚信有效的评价是撬动学生学习内驱力的最佳杠杆，让学生在此过程中获得满足感与自信心，并逐步学会自我认识和自我管理，最终助力学生语文核心素养的不断提升与发展。

（撰写 / 金立义名师工作室陈瑶）

（此文刊载于 2021 年第 10 期《小学语文教学》，略有改动）

第二节　统编教材语文命题要聚焦“五五诀”

教育评价关乎教育发展的方向，有什么样的评价指挥棒，就有什么样的办学导向。坚持立德树人，牢记为党育人、为国育才使命，充分发挥教育评价的指挥棒作用，这应该是每一个教育者坚守的初心。

小学语文考试命题也要坚守育人为宗，培根铸魂，为学生全面发展为原则，以语文课程核心素养为考察目标，做到积累为基，理解为要，能力为本，通过情境化、综合性、实践性试题的创新设计，实现从单一的知识点考察转向立体多维的素养测评，发挥考试的诊断、反馈和激励功能，为小学语文教学传递正能量，为学生成长赋能、增值、助力。

一、聚焦五个重点：统编教材考试命题的诉求

现行的统编教材和以往的教材相比，无论是编写的理念、体例，还

是选文、设练，都有较大的改变，尤其是有很多创新之举，因此考试命题也应该随之匹配，彰显教材的特点，呼应教学的诉求，适应时代的要求。

1. 聚焦传统文化

中华民族发展至今仍然屹立于世界民族之林，根基在于五千年连绵不断、博大精深的文化滋养。继承、弘扬中华优秀传统文化，以增强学生对中华文化的认同感和自豪感，这是这套统编语文教材的一大特色，也是承载的一项重要使命。

本套语文统编教材传统文化元素更丰富，比重大大提高。选文的类型、数量，以及教材中的插图，都体现出统编教材对优秀传统文化的关注。

一至六年级的古诗文增加到129篇，平均每个年级的古诗文有20篇左右。语文园地中“日积月累”栏目更是优秀传统文化的集中体现，主要安排了古诗词、成语、谚语、格言等，丰富了学生的语言素养，厚植了民族文化的根，促进了学生精神的成长。

传统文化分量的增加，考试命题必然要聚焦这部分内容。将深厚的家国情怀以贴近学生的方式，生动地呈现在试题中，体现考试的“育人”功能。

2. 聚焦语文要素

统编教材创造性地提出了“语文要素”这一全新的概念，为一线的教师解决了多年来不知道为什么教，教什么的困惑。语文要素主要指学习习惯、阅读和习作的方法、策略及能力。

语文要素如何考察，有些老师在命题时，直接把语文要素出成填空题或问答题，要求学生回答。这样的题目最大的问题是把语文要素作为一个死知识来考查学生，窄化了对语文要素的理解，学生即使答出来了，也不能说明学生就掌握了这一语文要素。

语文要素究竟如何考察？笔者认为应该做到“考而无痕”，放在具体的语境、短文阅读、习作表达中考察，考察的目标是检验学生对这种语文要素内化吸收、理解感悟、外显表达的能力。

比如四年级上册对“学会提问”这一语文要素的考察，可以在短文阅读之后，让学生针对短文提出几个问题，看看学生能否从不同的角度去提问，而不是考察学生提问有哪几个角度这种陈述性知识。

3. 聚焦课外读书

统编教材总编温儒敏先生多次强调：“应当把阅读放在首位”“培养读书兴趣是语文教学的‘牛鼻子’”“不关注课外阅读，语文课就是‘半截子’的”“统编语文教材专治不读书”。2022年版《语文课程标准》把“整本书阅读”单独作为一个任务群，可见读课外书的重要性。

统编教材中出现了“和大人一起读”“快乐读书吧”这样的栏目，编者的用意可谓良苦用心，旨在鼓励学生，多读书，读整本书，开展海量阅读，徜徉书海，与书结伴，与书同行。

如何考察课外阅读，对于语文老师来说，是一道难题。课外阅读评价当然应该重视过程性评价，定量考察很难。当然，也可以在试卷中研制一些开放性的主观题。

比如五年级上册试题：请你给同学推荐一本民间故事书，完成填空。

书名：____________；作者：__________；推荐的理由：____________。

这道题目落实了本册教材“口语交际”和“快乐读书吧”的要求，因为这两个栏目的主题都是“民间故事”。

4. 聚焦阅读鉴赏

2022年版《语文课程标准》提出各学段的目标，其中“阅读与鉴赏”是每个学段的一个重要目标。

统编教材努力在更新教师阅读教学的理念，改进教师的教学行为。从语文要素的提出到课文之后助教助学系统的呈现，都在指向一个重要目标：培养学生阅读与鉴赏的能力。

语文试卷当然要重点考查学生独立的阅读与鉴赏能力。阅读与鉴赏能力的考察聚焦学生对文本信息提取、归纳、概括的能力，对文本主要事件、人物、篇章结构、语言风格等方面的理解与评价能力。

首先短文阅读材料的文体要符合学情。根据课程标准的要求，低年级应选择浅显的童话、寓言、故事和诗歌作为考试命题的材料；中年级以叙事性作品作为主要的考试命题材料；而高年级阅读考核材料除了选择叙事性文章、说明性文章和诗歌，还应选择非连续性文本。

其次短文阅读材料的考点要能体现本册的语文要素。当然，不是所有的语文要素都要考察。要有所为，有所不为。选文既要做到文质兼美，同时也好出题，能考查学生对语文要素的掌握情况。教师要对教材的语文要素进行梳理，筛选出适合考察的语文要素。针对这些语文要素，再寻找适宜的短文。

比如三年级下册短文《锡林郭勒大草原》（内容略）可以设计这样的几道试题：

1. 请画出短文的中心句。

2. 短文是从＿＿＿＿＿＿、＿＿＿＿＿＿、＿＿＿＿＿＿动物及四个方面写出了草原的美丽和欢腾。

3. 短文第一段是围绕哪句话来写的？

4. 在短文中找出关键词语来解释“草原还是个欢腾的世界”。

这四道题目覆盖面广，针对性强。考察了本册教材中出现的好几个语文要素：“了解课文是怎么围绕一个意思把一段话写清楚的”“借关键语句概括一段话的大意”“运用多种方法理解难懂的句子”“了解课文是从哪几个方面把事物写清楚的”“了解故事的主要内容”。

5. 聚焦表达交流

统编教材非常重视习作的训练，3–6 年级安排了几个特殊的习作单元，每册安排了 8 篇习作的内容，文后还设计了多篇小练笔。每个年级还安排了 3 次以上的口语交际内容。习作的安排和以往教材相比，分量加大，训练有梯度，教学有层次和支架，编排上有突破。可见，统编教材非常重视表达与交流。表达与交流也是 2022 年版《语文课程标准》提出重要目标之一。

习作的命题比较好操作，口语交际的命题有些棘手。方式有两种：一种形式是在语文试卷上单独成一个板块，给一个话题或交际语境，让学生完成相应试题；另一种形式就是和短文阅读放在一起考，让口语交际成为其中的一道题目。

比如五年级下册课外阅读短文《假如人不睡觉会怎样》，可以设计了一道劝说题：刘星是个“夜猫子”，经常半夜不睡觉，请你至少运用文本中的两处信息对他进行劝说。

二、彰显五个性质：统编教材考试命题的要义

1. 基础性

统编教材非常重视语文的双基训练，文后都安排了生字词的学习、课文的朗读，有的还有背诵。尤其是“语文园地”中“识字加油站”“词句段”内容的安排，体例独特，内容丰富，形式多样，创意颇多。

“识字加油站”贯穿于小学各年段的语文园地中，尤其在中、低年级很突出。而这一内容的安排重在引导学生发现汉字规律，找到快速识字、深度记忆的有效方法，是识字教学的有力抓手。

“词句段运用”是以学生语用能力培养为目标的重要栏目，有利于学生语言文字迁移和应用能力的培养。这个栏目尤其在句段式的训练上思路开阔，形式多样，除了一些常见的句式，比如学习比喻句、排比句、连动句等，还推出了具有创新的题型，比如长话短说、一词多义写句子、围绕一个中心词写一段话等。学生通过学习与模仿，能初步掌握语言规律，获得语感经验，再迁移运用，形成语用能力。

命题时，教师要针对课文内容、语文园地内容罗列出本册教材基础知识细化考察表，重点考察应知应会的内容，让命题贴近教材，做到保底，夯实基础，不缺位，不越位，让教师教有所得，学生学有所获，考的有成就感，不要让师生失落，觉得学习教材一点用处都没有。

2. 情境性

现在的语文命题中普遍存在着“知识为本”“脱离情境”“疏远生

活”等问题。语文命题应贴近学生生活经验和情感体验，创设生活中常见的真实场景，设计多样的问题和任务，激发学生答题的内在动机和欲望，考察学生的多种能力。情境既可以是真实生活的情境，也可以是虚拟生活的情境，让学生仿佛置于生活之中，让试题富有亲和力，缓解学生考试紧张的情绪。

情境的创设可以让学生发现问题、分析问题、解决问题，强化在生活中学语文、用语文的意识，培养学生语言文字真正的运用能力。

统编教材出现了很多非连续性文本，这些文本都和学生实际生活的情境密切关联。比如交通图、说明书、路牌等。非连续性文本主要考查学生提取信息、选择信息、判断信息、运用信息，解决生活中遇到的实际问题的能力。

如五年级上册试题：家住科技馆的李林要回家，现在他本人在二桥路，请为他设计一个回家乘车的线路。

王家湾 ⟶ 39路 ⟶ 王家湾

王	二	十	**七**	火	钟	古	武	玻	宝	砖	集	王
家	桥	里	**里**	车	家	琴	胜	璃	丰	桥	庆	家
湾	路	铺	**庙**	站	村	台	路	厂	路	口	门	湾

桃花岛 ⟶ 56路 ⟶ 怡居苑

桃	灯	动	五	永	公	**七**	陆	兰	前	科	麒	怡
花	饰	物	里	宁	园	**里**	家	陵	进	技	麟	居
岛	城	园	墩	巷	路	**庙**	嘴	路	村	馆	路	苑

这道题是学生阅读了交通路牌之后，提取、筛选和运用有效信息，才能设计合理的方案，解决乘车的问题，这是语文学习服务于生活的实例，让学生深切地感受到学语文是有用的，是一种生活教育。

再比如四年级下册试题：刘晓红特别喜欢诗歌。她记住了艾青说的一句话“诗是人类向，诗给人类以朝向。”杜甫、韩愈、________、________等古代诗人，她都喜欢。她尤其喜欢毛泽东主席的这句诗：“待到山花烂漫时，________________。”而冰心奶奶的诗句“心中的风雨来了，________________。”让她感受到了母爱的伟大。她的书房里还挂着王冕的诗句：“____________________，只留清气满乾坤。”

这道试题创设了刘晓红喜欢诗歌的生活场景，把本册中学习到的诗歌内容作了一个整合，既有现代诗，也有古诗；既有诗歌名言，也有诗人名人，学生依据情境复现、运用，掌握情况一目了然。

对于积累的名言警句，理解是前提，运用是升华。学生要能做到读得进，记得牢，用得出。要巧妙创设情境，把消极的语言转化为积极的语言，以此提升学生的表达能力。

3. 综合性

当下小学语文试题存在一大弊病，考察的知识点单一，死记硬背的内容经常出现，这样的试题呆板，含金量不高，不利于学生思维的提升，不利于语文核心素养的培养，不利于学生的健康发展。

语文是综合性很强的一门学科。2022 年版《语文课程标准》提出了“跨学科学习任务群”，目的就是要引导学生拓宽语文学习和运用的领域。因此考试命题要让学生综合运用语文知识及能力，解决问题或完成项目任务。语文命题要增加具有探究性、开放性、综合性的试题比例，避免用单一的知识点和能力点设计考题，确保试卷的信度和效度。

综合性试题的研制可以围绕一个小主题，比如爱国诗句；可以围绕语文一个小项目，比如课文背诵填空，重组语境，多维度考察学生的语文综合素养。

三年级下册试题：三（3）班两位同学围绕传统节日在开展竞赛活动。主持人李琳问：“谁知道传统节日的诗句？”田红抢着回答：“________________，________________。”

万芳也不甘示弱，开口就说：“______________，______________。”“那你俩知道端午节是哪天吗？有什么习俗？”万芳脱口就说：“端午节是________________。”还没等万芳说完，田红赶紧答道：“端午节的习俗有________________、________________。”

此道题目综合性强，一举多得。既有课内所学的诗句，也有课外所了解的知识；不仅考察了知识，还考核了情感、价值观及学习方式。

4. 人文性

命题者心中要装有学生，不出偏题，不出怪题，不为难学生，设身处地为学生多考虑，让学生乐于答卷，易于动笔。

每一道题目出好后，想一想，题干是否简洁明了，学生一看就懂，有没有干扰学生思维；再朝前想一步，这道题大部分学生跳一跳，能否摘到桃子；问题的答案是否可以多元化，按等级给分，给学生施展个性的空间，而不禁锢学生的思维；每一套试题出完后，自己先考一遍，亲身体验一下试卷的难易度，再做适度微调。

尤其是习作的命题要有足够的“温度”传递给学生。要尊重不同层次学生的差异性，关注个体的处境和需要，让每一个学生都能绽放作文的生命之花。

首先作文命题理念要变革。习作要从“有意义”走向“有意思”；从“有思想”走向“有观点”；从“健康向上”走向“实话实说”。

其次习作要给学生留有较大的选材空间。命题要对接学生的生活，尽量让学生人人有话可说，有情可抒，能表达自己的真情实感。命题的形式要不拘一格。主题命题、话题命题、读写结合、看图写话、想象作文等，都可以呈现在试卷上。

最后还要设计好习作提示。学生看到习作题目的那一瞬间，思维常常是冷状态的，一时不知道写什么，因此提示语就显得特别重要。提示语要能唤醒学生丰富的生活积累和情感记忆，帮助学生拓展思路，打开言路，易于动笔，乐于表达。

比如六年级上册习作题目：生活中做任何事情都不容易。每天坚持跳绳，锻炼身体不容易；遇到一道数学难题，经过好长时间才能攻克它，不容易；做一次手工，从准备到完成，不容易；背一篇课文，反复背了很多次，也不容易……正是不容易，才换来了成功，让我们有了收获，提振了做事的信心。请以“真的不容易”为题，写一篇作文，具体叙述一件事情，表达出自己的真情实感。

这道习作题很有生活性和人文性。提示语中描绘的都是学生生活中经历的事情，目的是帮助学生勾起生活的回忆，打开记忆的仓库，便于学生快速提取到写作的素材。同时“表达真情实感”也是本册教材出现的语文要素。

习作的命题要趋于生活化，关注学生生活的真实感悟、自我成长的个性体验以及对社会人生的理性思考，要引导学生亲近自然，热爱生活，做生活的有心人和思考者。鼓励学生多写自己成长的故事，让习作成为学生生活的一种需要。

5. 层级性

所谓的层级性，就是试题要有一定的区分度，有等级之分，有思维的高低之分。一些题目要指向学生高阶思维的考察，考核学生分析、综合、评价和创造的能力。

试题的层级性主要集中在短文阅读这个板块。借鉴“国际学生能力评估项目”（简称 PISA）的理念，阅读能力可以界定为三类：提取信息、合理解释文本、反思与评价。

提取信息：能准确地从一段、多段或全文中提取到有效信息，完成指定的任务。比如对文本的整体感知，理清写作顺序，或概括出主要内容。

合理解释文本：对文中关键词句有一定的感悟和理解，并体会其表达效果；直接利用或整合文本中的相关信息，对一些问题作出合理的解释；阅读说明性文章，能抓住要点，把握事物特点，了解基本说明方法及作用；初步了解环境描写、景物描写、人物描写等基本表达方法及作用。

反思与评价：对文中的人物进行简单的评价；对文章所表达的观点提出自己的判断及理由；对文章的遣词造句和表达方法具有一定的鉴赏与评价能力。

目前小学语文短文阅读后面的试题缺乏层级性，同一层级的题目较多，而其他层级的题目少，甚至没有。题目排列的顺序也不恰当，应该由易到难。通常情况下，这三类试题难度是逐层加大的。

阅读命题不能跟着感觉走，应该涵盖这三大类阅读能力的考核，这样才能全面考察学生的阅读能力，给平时的阅读教学指引正确的方向。

比如五年级上册短文阅读《给别人留一点缝隙》（内容略），文后设计了这样的几道题目：

1. 这篇短文是按照时间的顺序来写的，具体的时间是（　　　）→（　　　）→（　　　）。

2. 根据短文内容，你认为是________（谁）拿走了雨果的钢笔，理由是什么？请在文中用“——”画出。

3. 钢笔不见了，雨果建议老师用____________方法来找笔，而普瓦图老师采用的方法是____________。

4. 写出“给别人留一点缝隙”这句话给你的启示。

5. 你赞成普瓦图老师的做法吗？为什么？

这五道题目都是围绕阅读能力来考核的，层级清晰，难度适中。1–3题都是考查学生在短文中提取信息的能力。有些题目学生可以在文中直接提取到信息，而有些题目要学生整合文中的信息，做出综合回答的。第4题是考查学生合理解释文本的能力。这道题目学生必须结合全文内容，从文字到文本的主旨来思考，指向学生高阶思维考察的，有一定的挑战性。第5题是考查学生评价能力的。学生要判断普瓦图老师的做法好与坏，必须要结合文本内容和自己的思考，做出个性判断，并说明理由。语文测试应支持学生合理表达自主认识与批判性思考的见解，注重评估学生思维过程的逻辑性与合理性。

（本文刊载于2022年第11期《教育研究与评论》上，略有改动）

参考文献

［1］中华人民共和国教育部. 义务教育语文课程标准（2022年版）［M］. 北京：北京师范大学出版社，2022.

［2］潘文彬. 还学习本来的样子［M］. 上海：华东师范大学出版社，2022.

［3］余文森. 核心素养导向的课堂教学［M］. 上海：上海教育出版社，2017.

［4］金立义. 守望简约［M］. 江苏：南京师范大学出版社，2011.

［5］周洪宇. 陶行知教育名片精选［M］. 福建：福建教育出版社，2013.

［6］钟启泉. 读懂课堂［M］. 上海：华东师范大学出版社，2015.

［7］成尚荣. 儿童立场［M］. 上海：华东师范大学出版社，2018.

［8］裴海安. 写作教学的秘妙［M］. 上海：华东师范大学出版社，2019.

［9］于永正. 我怎样教语文［M］. 北京：教育科学出版社，2012.

［10］罗伯特马·J. 扎诺. 高度参与的课堂［M］. 北京：中国青年出版社，2019.

［11］安德烈·焦尔当. 学习的本质［M］. 上海：华东师范大学出版社，2015.

［12］叶圣陶. 作文轮［M］. 北京：北京教育出版社，2014.

后 记

仰首是春，俯首成秋；四季轮回，岁月如歌。在我书写后记之际，猛然发现恰逢我的五十六岁生日，于是这部书稿就有了别样的意义。

光阴似箭，十年即逝。2012 年我出版了自己的第一本专著《守望简约——我的小学语文教学观》，当时的情景历历在目，记忆犹新。

十年前，我对“简约语文”开始了叩问，开启了对“简约语文”研究的航行。启航，意味着找到了目标，有了动力，开启了航程，驶向了目的地。其实目的地只是暂时的港湾，教学的探索是永无止境的。近十年来，对“简约语文”的研究从未停步，也不敢停歇。因为对语文教学的那份钟爱与情愫，是难于割舍的，于是且学且思，且思且行，在时间的指缝里书写着对语文教育的初心与忠心。这本《简约语文的思与行》是对《守望简约》的再出发、再实践、再反思、再提升。

常常在思索：小学语文教学真的有那么复杂与深奥吗？我们能否寻找到教学的本质，遵循语文的规律，尊重学生的主体，用最简单的法子去耕耘语文的教学基地，丰盈语文的课堂？

“博观约取、大道至简、立言树人、轻盈行走”，是我研究“简约语文”遵循的原则，也是我追寻的目标。

从 2007 年提出“简约语文”，到如今整整十七年，十七年不算短，也不算长。“看似寻常最奇崛，成如容易却艰辛”。这期间经历了痛苦、纠结、犹豫、彷徨，也品尝了期许、幸福、怦然心动、豁然开朗、信心满满……苦尽甘来终有时，一路向阳待花期。2018 年统编教材的问世，给我带来了极大的惊喜与欣慰，我发现“简约语文”的很多想法和统编教材的编写理念不谋而合，顿时信心倍增，能量满满，踔厉前行。

“简约语文”一路走来，一路挑战，一路超越。从提出概念，到模型建构、完善体系；从申报南京市十二五市级规划课题，到申报江苏省十三五规划课题，今年顺利结题；从获南京市首届教科研创新奖二等奖，到江苏省首届教学成果奖二等奖；从南京市课堂教学展示，到江苏省名师空中课堂专题介绍；从第一篇“简约语文”的文章刊发在《中小学教师培训》，到几十篇见诸各类杂志，甚至是全国中文核心期刊，多篇被中国人大书报资料中心全文转载……一点点，一滴滴，都是探索足迹的见证。

“简约语文”的提出得益于师兄、著名特级教师潘文彬校长；“简约语文”的深度研究要感谢江苏省教育科学院宗锦莲博士的悉心指导，我的挚友著名特级教师李琳校长的一路关心，《语文报》社裴海安副社长等一批资深编辑的鼓励与扶持；“简约语文”的探索还要感谢我的工作室一群小伙伴的参与和实践，而这本书的出版更要感谢南京市教科所所长刘大伟博士的厚爱与支持。

在本书付梓出版之际，内心充盈的满是感谢、感动、感恩。由于书稿收录的文章都是在语文新课标颁布之前发表的，和新课标的理念还有一定的差距，再加上学疏才浅，时间仓促，书中肯定有不少疏漏之处，敬请各位同仁斧正赐教，不深感激。

金立义作于燕子矶玉兰公馆

2024 年 7 月 26 日

南京教育文库

（已出书目）

第一辑　生活·实践教育系列成果（9 种）

序号	书名	作者
1	中小幼教师如何做好教科研	刘大伟
2	思辨性阅读——儿童思维品质的涵育	杨树亚
3	小学数学职初教师的专业发展	王　凌
4	数学课堂成长型思维培养	朱国军　李　冉
5	慢养语文	贾　卉
6	小学数学结构化学习教学指导	吴玉国　孙　谦
7	中小学“校－家－医协同”心育工作路径	王天文　张　燕
8	小数的意义	孙　谦　杨梅芳
9	用字母表示数	吴存明　姜梦莹

第二辑　一线名师示范实践（23 种）

序号	书名	作者	序号	书名	作者
1	小学语文	杨树亚　洪劬颉	13	初中英语	李爱云　尚媛媛
2	小学数学	吴玉国　毛文波	14	初中道德与法治	王存贵　王小叶
3	小学英语	韩佩玲　周春燕	15	初中地理	孙小红　张　静
4	小学道德与法治	唐隽菁　缪　青	16	初中历史	孙　进　王　伟
5	小学科学	冯　毅　成金燕	17	初中美术	张　屹　邵惠敏
6	小学美术	张　屹　张　静	18	初中生物学	岑　芳
7	小学体育与健康	倪晨瑾	19	初中体育与健康	周　云　戴守慧
8	小学信息科技	李有翔　王苏明	20	初中物理	孙留桥　季卫新
9	小学音乐	叶　军　何　伟	21	初中信息科技	高建君　董　苏
10	劳动	刘权华　王洪贵	22	初中化学	董　海　包义才
11	初中语文	王跃平　洪劬颉	23	初中音乐	何　伟　叶　军
12	初中数学	叶旭山　黄秀旺			

第三辑　生活·实践教育系列成果（7 种）

序号	书名	作者
1	理趣数学的价值意蕴与实践探索	余　颖
2	适合发展：小学数学智慧教学的理论与实践	王九红
3	简约语文的思与行	金立义
4	小学语文沉浸式教学——以小学古诗文教学为例	唐文国
5	中学语文整本书阅读教学探索	王跃平
6	“一核三式”历史教学法——指向思维的历史教学	卞姗姗
7	和谐的古典舞——诚实教育与美好生活	李亚娟